Steffen Jacobs
DER LYRIK-TÜV

Die Andere Bibliothek
Begründet
von Hans Magnus Enzensberger

STEFFEN JACOBS

DER LYRIK TÜV

*Ein Jahrhundert
deutscher Dichtung
wird geprüft*

EICHBORN VERLAG
Frankfurt am Main
2007

ISBN 978-3-8218-4565-4
Copyright © Eichborn AG
Frankfurt am Main 2007

Für Theresia

INHALT

Zu Beginn
Seite 9 bis 14

I
Zu guter Letzt
WILHELM BUSCH
Seite 15 bis 46

II
Der Stern des Bundes
STEFAN GEORGE
Seite 47 bis 79

III
Die Sonette an Orpheus
RAINER MARIA RILKE
Seite 81 bis 111

IV
Adel und Untergang
JOSEF WEINHEBER
Seite 113 bis 140

V
Statische Gedichte
GOTTFRIED BENN
Seite 141 bis 178

VI
Irdisches Vergnügen in g
PETER RÜHMKORF
Seite 179 bis 209

VII
Blindenschrift
HANS MAGNUS ENZENSBERGER
Seite 211 bis 247

VIII
Das gewöhnliche Licht
HARALD HARTUNG
Seite 249 bis 279

IX
Körper in Cafés
ROBERT GERNHARDT
Seite 281 bis 316

X
Falten und Fallen
DURS GRÜNBEIN
Seite 317 bis 342

*

Zum Nachlesen
Seite 344 bis 350

ZU BEGINN

Zugegeben, noch vor kurzem hielt ich Bibliophilie für einen psychischen Defekt, reizvoll allein für Befallene und deren Betreuer, interessant nur für Leute, die entweder aus Neigung oder von Berufs wegen mit Phänomenen wie Kleptomanie, Bulimie und Koprolalie befaßt sind. Besonders anrüchig erschien mir in diesem Zusammenhang eine Subspezies von Perversen, die sich auf das Sammeln literarischer Erstausgaben verlegt hat.

Und es hat ja auch etwas ungemein Wichtigtuerisches und Gehabehaftes, wenn bei einer Einladung flugs der Hausherr herbeieilt, den gerade eingetroffenen Gast vertraulich am Jackettärmel zupft, ihn von lockenden Getränken weg- und verschwörerisch in ein Regaleck hineinlotst, um dort unweigerlich zwei oder drei seiner neuesten Neuerwerbungen hervorzuziehen: stinkige alte Schwarten, die er summend im Arm wiegt, als wären's zarte Neugeborene. Mit schwitzigen Fingern fährt er über den Buchrücken, mit zittriger Stimme weist er auf den kaum beriebenen Kalbsledereinband hin. Hier lobt er den fast intakten Goldschnitt, da streicht er den berühmten Paginierungsfehler der handsignierten Vorzugsausgabe heraus, dort bestaunt er das Exlibris Kurfürst Johanns II. Andere mögen das für einen Ausweis höherer Kultur halten, ich hingegen fühle mich bei solchen Anlässen an fahrige Haschischkonsumenten erinnert, die zungenschnalzend zwischen nassem Afghanen und krümeligem Berber unterscheiden.

Nein, das ist keine Art, mit Büchern umzugehen. Bibliophile und Erstausgabensammler sind Süchtlinge, denen der Umgang mit Literatur untersagt werden sollte. Literatur will nicht gestreichelt und gehegt, Literatur soll gebraucht und benutzt werden. Auch hat sie es durchaus gern, wenn man sie mal hart rannimmt. Enthemmte Dekonstruktion geht natürlich zu weit. Aber gegen radikal subjektive Auslegung zu persönlichen Zwecken ist überhaupt nichts einzuwenden. Genausowenig wie gegen das Ausschmücken des Leseaktes mit eigenen Phantasien und Bildern. Aber sie einfach so daliegen zu lassen und nichts zu tun, als ihren Nagellack, ihr Parfüm und ihre Dessous zu bewundern – das geht einfach nicht. So weit war ich, wie gesagt, vor einigen Wochen. Doch die Zeit spült uns alle weich, und manchmal genügen wenige Tage, um lebenslang gehegte Vorurteile ins Wanken zu bringen. Was mich betrifft, so waren es zwei Einsichten, die zu einem überraschenden Stimmungswandel führten.

Erste Einsicht: Wenn man heute mal in großbürgerliche Zusammenhänge gerät, dann fällt der Befund deutlich anders aus als noch vor zwanzig, dreißig Jahren. Gehörten Klassikerausgaben damals zum selbstverständlichen Inventar bildungsbürgerlicher Seelen- und Lebenshaushaltung, so findet sich heute, eine Generation später, an gleicher Stelle ein ganz anderes Sortiment.

Sehen wir von der obligatorischen Duftlampe und dem muffigen Blütenpotpourri auf dem teuren Shaker-Tisch im Salon des Hauses einmal gnädig ab. Nebenan jedoch findet sich ein Mischmasch windschiefer Paperbacks, von dem abzusehen schon weit schwerer fällt. Da steht ein Band »Hexen und Heiler« gleich neben »Hildegard von Bingen: Ihre Zeit und ihre Rezepte«. Frau Hildegard lehnt ihrerseits haltsuchend an »Wallanders« erstem Fall, der wiederum notdürftig von Harry Potters »Feuerkelch« gestützt wird. Zum krönenden Abschluß dann der Band, der alles Versäumte wettmachen und dem ganzen wackligen Bau festen Halt geben soll: Dietrich Schwanitz' »Bildung«. Wenn man *den* hat, braucht man *die* nicht mehr, Gott hab' ihn selig.

Natürlich darf man über zeitgenössische Verirrungen nicht wirklich schimpfen, weil man sonst unweigerlich in die kulturpessimistische Ecke gedrängt wird. Aber behutsam bedauern und betrauern, das darf man hoffentlich schon. Ich beeile mich, zu versichern, daß ich nichts gegen gut geschriebene Kriminalromane und buntschillernde Genrevertreter habe – auf meinem Nachttisch liegen einige davon, und andernorts noch ein paar mehr. Doch ein innere Zusammenhänge stiftendes Gedankengebäude will sich aus derlei Zerstreuungen nicht zimmern lassen. Da erscheint mir der Buchfetischist mit seinen liebevoll gehegten Erstausgaben von Barock bis Dada fast schon als Bruder im Geiste. Er denkt noch, daß mit Gottfried Benn mehr Staat zu machen sei als mit Donna Leon, der gutgläubige Tölpel. Er meint sogar, daß eine Signatur Franz Kafkas mehr wert sei als Thomas Gottschalks Autogramm im Gästebuch.

Zweite Einsicht: Es ist etwas Besonderes um Haptik und Optik eines Buches. Durch sie erhält die Stimme der Dichtung einen Körper, und das ist entgegen meinen früheren Vermutungen eine ganz und gar nicht unsinnliche Angelegenheit. Die Olfaktorik nicht zu vergessen. Gehören Sie auch zu den Leuten, die gern an Büchern schnuppern? Nur keine falsche Scham, es gibt mehr von uns, als man glaubt. Nicht wahr, das Papier mancher Bände verströmt noch nach Jahrzehnten einen feinen, würzig-aseptischen Geruch. Vor allem in der Nähe des Rückens. Andere wiederum duften nach mürbem Apfel oder einer Mischung aus Feinschnitt und feuchtem Keller. Auch sehr delikat.

Sofern man neben dem Körper auch Gesicht und Stimme eines Buches wahrnimmt, wüßte ich nicht, was gegen das Sammeln alter Schwarten sprechen sollte.

*

Ich möchte auf den folgenden Seiten gern Gedichtbände in Augenschein nehmen. Meine besondere Aufmerksamkeit soll dabei Erstausgaben gelten, zumindest aber Editionen, die der ursprünglichen, vom Autor gewollten Textgestalt folgen. Warum gerade Lyrik? Dafür gibt es einen einfachen Grund: Ich habe eine Schwäche für Gedichte. Es gibt aber auch mehrere nicht ganz so einfache Gründe, die vielleicht interessanter sind. Denen sollten wir uns kurz widmen, ehe es wirklich losgeht.

Zum einen sind Gedichtbände in besonderem Maß von Zersetzung bedroht, und zwar auf eine Art, die nichts mit Nissenfraß und Säurehaltigkeit zu tun hat. Einen Roman kennt man, wenn man ihn denn kennen will, im allgemeinen auch ein, zwei Jahrhunderte nach seinem Erscheinen noch in der Gestalt, in der ihn sein Schöpfer in die Welt gesetzt hat. Außerhalb der engen Zirkel, in denen leicht verdauliche Exzerpte erzählerischer Schonkost vertrieben werden (»Reader's Digestive«), kommt heutzutage kaum je ein irregeleiteter Editor auf die Idee, literarische Prosa in mundgerechte Häppchen zu zerteilen. Ein anderer altbekannter Widersacher, ich spreche natürlich vom garstigen Zensor, spielt in unseren Kulturkreisen derzeit ebenfalls keine nennenswerte Rolle mehr. Nur die Idee, der Jugend dieser Welt die Werke der Weltliteratur in entstellten Fassungen nahezubringen, erhebt gelegentlich ihr häßliches Haupt. Doch auch dieser Kampf wird wohl in absehbarer Zeit ausgestanden sein.

In der Lyrik ist wie so oft manches anders. Obwohl die Auswahl und Anordnung von Gedichten in Büchern spätestens seit Mallarmés Zeiten zu einem wichtigen Teil der lyrisch-literarischen Arbeit geworden ist, obwohl demzufolge fast jeder nennenswerte Gedichtband der letzten hundert Jahre mehr ist als die Summe seiner Einzelteile, finden Gedichte meist nicht in ihrem ursprünglichen Zusammenhang, sondern nur in versprengten Stoßtrupps zum Leser. Schuld daran sind natürlich die groß oder zumindest breit angelegten Gedichtanthologien, die vom

Publikum weit lieber und jedenfalls öfter gekauft werden als die schmaleren Bände einzelner Poeten. Allen guten Absichten der Anthologisten zum Trotz sind es nämlich leider nicht immer die besten, sondern oft nur die plakativsten, dem jeweiligen Zeitgeschmack am ehesten entsprechenden, am leichtesten zu kategorisierenden Werke, die auf diese Weise übermittelt werden.

Nicht nur die Käufer arbeiten den Anthologisten zu; selbst in den Reihen der Dichter hat es solche gegeben, die ihnen in die Hände spielten – allen voran jener Gottfried Benn, der behauptete, daß von jedem großen Dichter nach allem Schaffen und Wirken abzüglich unvermeidlicher Verirrungen gerade mal sieben (acht? sechsdreiviertel?) haltbare, die Zeiten überdauernde Gedichte übrigblieben. Eine rhetorisch geschickt eingefädelte und entsprechend einprägsame Behauptung ist das, aber ich glaube kein Wort davon. Allein aus Benns vergleichsweise schmalem lyrischen Werk würden mir geschätzte vierzig Gedichte einfallen, die ich für einzigartig und unwiederholbar halte. Ich wage zu behaupten, daß Benns Zitat inzwischen zu einer Intellektuellen-Schnurre verkommen ist, einem mittelschlechten Partyscherz unter Gebildeten.

Warum also Gedichte? Weil Gedichte der Inbegriff einer Art von Bildung sind, die den durchschnittlichen Schwanitz-Benutzer höchst unvertraut anmuten wird. Ich spreche nicht von Faktenhuberei zwecks Distinktionsgewinn. Ich spreche von einer Bildung der Empfindung, des Geistes und der Wahrnehmung, die sich selbst Ziel und Zweck genug ist. Einer Bildung, die ihren formalen Ausdruck in Stil findet statt in Pose. Einer Bildung, die selbstredend nicht nur in Gedichten anzutreffen ist, geschweige, daß ihre segensreiche Wirkung – aller Selbstgenügsamkeit zum Trotz – auf den Bereich der Poesie beschränkt wäre. Die aber nirgendwo besser aufgehoben ist als in einer Gattung, die Wahrnehmung nicht mittels Sprache transportiert, sondern zu Sprache *transformiert*.

Und so brechen wir denn auf zu einer Zeitreise durch die lyrische Dichtung der letzten hundert Jahre. Für jedes Jahrzehnt werden wir einen Lyrikband auswählen und auf den TÜV-Prüfstand stellen. Nicht nur große Dichter, auch große Scharlatane werden unseren Weg kreuzen, und manch einer vereint gar beide Rollen in einer Person. Kleine Hochstapler und schmierige Trickbetrüger werden unsere Nähe suchen, doch selbst, wenn sie sich hinter berühmten Namen verbergen, darf uns das nicht täuschen. Die meisten von ihnen haben ohnehin keine Chance, auf den kommenden Seiten erwähnt zu werden, denn unsere Tugenden lauten Beschränkung und Konzentration.

Daß wir interessante Beobachtungen machen werden, unterliegt keinem Zweifel. Ob wir zu einem für die Dichtung glücklichen Ende gelangen werden, ist zumindest fraglich. *Eine* Frage aber sollten wir am Ende klar beantworten können: Welcher Dichter hat mit welchem Gedichtband dem Zahn der Zeit am nachhaltigsten getrotzt?

Obwohl ja wenige Dinge nachhaltiger von der Zeit bedroht sind als gerade ein Zahn. Fragen sie meinen Dentisten.

I

ZU GUTER LETZT

Vor mir liegt ein Gedichtband, der mehr als hundert Jahre alt ist. »Zu guter Letzt« lautet der Titel des im Jahr 1904 »im Verlag von Fr. Bassermann« erschienenen Werkes, das ich im Internet erstaunlich günstig erworben habe. Das Buch ist keineswegs eine Rarität: »1.–10.Tausend« steht auf dem Umschlag gleich unter dem Namen des Verfassers; der Verleger hat sich von dem deutlich plazierten Hinweis wohl eine verkaufsfördernde Wirkung versprochen. In der Tat: Nur bei einem ungewöhnlich populären Dichter wird man eine (für die bescheidenen Verhältnisse der Lyrik) derart hohe Erstauflage wagen. Ein schönes Beispiel dafür, wie Erfolg den Erfolg befruchtet?

Nur zum Teil, denn »Zu guter Letzt« ist erst der zweite Gedichtband seines ansonsten recht produktiven Verfassers. Und das, obwohl dieser zum Zeitpunkt des Erscheinens alles andere als ein junger Hüpfer war; zwei Jahre zuvor hatte er unter Anteilnahme der ganzen Nation seinen siebzigsten Geburtstag gefeiert, vier Jahre später wird er – starker Raucher, der er ist – einer Herzschwäche erliegen. Der Titel ist des nahen Endes schon mit ruhiger Gewißheit eingedenk. Tatsächlich ging es unserem Dichter nicht um kokette Ziergriffe: »Zu guter Letzt« bleibt, in unscheinbarem Kleinoktav, mit grober Klammerheftung und schlichtem Pappeinband, die letzte Veröffentlichung zu Lebzeiten.

Sogar der Kaiser hatte dem Dichter zum Siebzigsten gratuliert. Gravitätisch würdigte er »dessen köstliche

Schöpfungen voll echten Humors«, ehe er ihm »den 15.4. um 7 Uhr V« noch rasch einen »schönen Lebensabend« herüberwünschte aus dem Berliner Schloß in die niedersächsische Provinz. Doch solcher Wilhelminismus ist Sache des Wilhelms am anderen Ende der Poststrecke nicht. Mit der kürzestmöglichen Formel spricht er »Ew. Majestät« Wilhelm I., Rex seinen »herzlichen Dank« aus, ehe er sich wieder in ein hartnäckig verteidigtes Privatleben zurückzieht. Unterzeichnet hat er die Dankesnote wie meistens als »Wilh. Busch«, mit gekapptem Vornamen also. Es dürfte nicht viel gefehlt haben, und er hätte seinen Kaiser mit der Signatur »W.B.« beschieden, die ihm sonst alleweil am liebsten ist.

Man findet die Initialen auch unter seinem vielleicht bekanntesten Selbstporträt, einer Zeichnung aus dem Jahr 1894. Zehn Jahre vor Erscheinen von »Zu guter Letzt« entstanden, ziert es seitdem die Umschläge ungezählter Hausbücher mit des Dichters »köstlichen Schöpfungen«, wobei es freilich mehr verbirgt, als es zeigt: Der Mann hinter den Initialen ist unter dichtem Vollbart, aufsteigendem Tabaksqualm und breitkrempigem Hut kaum auszumachen. Lediglich seine Augen sehen den Betrachter so aufmerksam, spöttisch, ja stechend an, als solle dieser, der Betrachter nämlich, nächstens porträtiert werden. Und dieses Porträt dürfte dann allerdings um einiges entlarvender ausfallen als das wohlkalkulierte Selbstbildnis mit Rauschebart.

Buschs knorriger Habitus und sein schlapphütiges Künstlerhabit sind zur Pose geronnener Ausdruck einer persönlichen Problematik, der wir uns hier annähern wollen. Wie alle Posen sind sie gleichermaßen verlogen und entlarvend. Und bei aller ostentativ zur Schau getragenen Individualität sind sie – auch das ein untrügliches Kennzeichen des Posierens – durchaus zeittypisch, wie überhaupt der Erfolg von Buschs Bildergeschichten sich daraus erklären mag, daß einige seiner persönlichen Verstörungen mit denen seines Jahrhunderts untergründig zusammenschwingen. »Der Bart als männliche Maske: Rolle und Identität des Bürgertums im 19. Jahrhundert« wäre ein schöner Titel für eine Magisterarbeit, auf deren Lektüre ich erst nach kurzem Zögern verzichten würde.

Ehe ich den Band »Zu guter Letzt« wirklich aufschlage, halten wir besser fest, was es allemal festzuhalten gilt: daß dieses Buch das späte Werk eines Autors ist, der bei Erscheinen des Bandes noch dem vorangegangenen, dem 19. Jahrhundert angehört. Wie so oft beginnt das Neue nicht ganz anders, sondern ganz ähnlich, um sich dann desto schneller zu ändern.

*

Was für die Zeitläufte gilt, trifft erst recht auf den Dichtermann zu. Um Buschs zweiten Gedichtband »Zu guter Letzt« recht zu würdigen, empfiehlt es sich, auch dessen Vorgänger »Kritik des Herzens« kritischen Herzens zu mustern. Dieser wiederum wirkt im Umfeld der Biographie weit aussagekräftiger als im luftleeren Raum. So führt uns der Blick auf die späten Gedichte in einem biographischen Looping zunächst bis in die Kindheit des Dichters, um dann, zu guter Letzt, doch wieder am Ende der Geschichte, bei einem in die Jahre gekommenen Kind anzukommen. Aber ich greife vor.

Zurück ins Jahr 1904, zurück zu »Zu guter Letzt«: Busch selbst zeigt sich zehn Jahre nach dem Selbstporträt von 1894 schon ein wenig gewandelt, gealtert auch. Auf einem »Porträt des Verfassers« (diesmal ist es eine Fotografie im Profil) hat er den breitkrempigen Hut abgelegt, und die Augen unter dem schütteren Haar blicken weit am Betrachter vorbei. Das sichtbare Auge blinzelt krähenfüßig in die Gegend, und man weiß nicht recht, wie soll man diesen Blick deuten: schwer verschmitzt oder bloß leicht fehlsichtig?

Entwicklungslinien sind in Buschs Werk immer wieder eingeebnet und verwischt worden. Die allzu liebevolle Vereinnahmung des Dichters durch sein Publikum und die Verhausschatzung durch den Buchmarkt sind daran schuld. Das Schicksal des zur Einförmigkeit Entstellten teilt Busch mit allen Lieblingen des Volkes. Entwicklungen im Werk sind unerwünscht und werden, wenn überhaupt, nur mißfällig zur Kenntnis genommen. Wahre Volksschriftsteller sind deshalb so einsichtig, sich jeder Entwicklung zu enthalten und lediglich die nötigen Anpassungen an den Zeitgeist vorzunehmen.

Heute wird zwischen Buschs Gedichten und seinen Bildergeschichten kaum noch unterschieden. Ob sie eine Bildunterschrift aus »Plisch und Plum« oder eine Strophe aus »Fink und Frosch« zitieren, ist den Freunden geflügelter Worte ziemlich schnuppe. Das war zu Lebzeiten Buschs anders: Die Gedichte wurden von wenigen überhaupt zur Kenntnis genommen und auch nach Buschs Tod lange Zeit als Nebenwerke abgetan. Schuld daran sind weniger die Stücke selbst als vielmehr der überragende Erfolg der Bildergeschichten. Als er im Jahr 1874 mit »Kritik des Herzens« als Lyriker debütierte, war Busch zweiundvierzig Jahre alt und hatte nach ausgedehnten Sturm-und-Drang-Jahren mit »Max und Moritz« (1865) und der »Frommen Helene« (1872) bereits zwei veritable Bestseller in die Welt gesetzt.

In »Kritik des Herzens« folgt er jedoch nicht dem mittlerweile bewährten Erfolgsrezept aus Knittelvers und expressiver Zeichnung. Daß der Gedichtband auch nicht einfach Bildergeschichten ohne Bilder bietet, deutet schon der schöne und kluge Titel an, dessen ganzer trauriggefaßter Sinn sich erst dem erschließt, der darin nicht nur die treuherzige Kant-Paraphrase goutiert. Der neue Ton gibt sich darüber hinaus im weitgehenden Verzicht von Lautmalereien und Reim-mich-oder-ich-freß-dich-Assonanzen zu erkennen, wie sie Busch in den Bildergeschichten so bewußt und effektvoll eingesetzt hat. Hier, in der lyrischen Dichtung, ist mehr Sprachdisziplin gefordert, und Busch wird den Forderungen ans Gedicht auf Anhieb und in achtbarer Weise gerecht.

Gleich das erste Gedicht in »Kritik des Herzens« bietet eine Probe wohlkalkulierter Lakonie und Präzision, aber auch seltsamer Vieldeutigkeit:

> Es wohnen die hohen Gedanken
> In einem hohen Haus.
> Ich klopfte, doch immer hieß es:
> Die Herrschaft fuhr eben aus!
>
> Nun klopf ich ganz bescheiden
> Bei kleineren Leuten an.
> Ein Stückel Brot, ein Groschen
> Ernähren auch ihren Mann.

Was ist das: untertänigste *devotio,* ausgeprägtes Selbstbewußtsein, oder beides zugleich? Im Klartext sagt Busch: »Seht, hohe Herrschaften, um meine Gedanken zum Ausdruck zu bringen, muß ich viel weniger Worte machen als Ihr.« Und wie der Hausknecht im bürgerlichen Lustspiel spricht er beiseite: »Daß aber meine Gedanken weniger hoch wären als Eure, müßte erst noch bewiesen werden.«

Das fünfte Gedicht in »Kritik des Herzens«, auch so ein zweistrophiger Achtzeiler, äußert sich noch klarer im Sinne des Hausknechts:

> Der Hausknecht in dem »Weidenbusch«
> Zu Frankfurt an dem Main,
> Der war Poet, doch immer kurz,
> Denn wenig fiel ihm ein.
>
> Ja, sprach er, Freund, wir leben jetzt
> In der Depeschenzeit,
> Und Schiller, käm er heut zurück,
> Wär auch nicht mehr so breit.

Quod erat demonstrandum, und Schiller als Zentralfigur großbürgerlicher Bildung steht als der Dumme da. Der Hausknecht hingegen ist der kleinbürgerliche Gewährsmann des Dichters, ihm gilt seine Sympathie. Auch wenn Busch eine gewisse Distanz nach unten wahrt, gibt er doch klar zu verstehen, daß er »in der Depeschenzeit« ein nach feudalem Vorbild handelndes Bürgertum nicht mehr für zeitgemäß hält. Die Dichtung »von heute« kommt mit wenigen Worten aus, und sie kommt aus dem Volk. Wirklich?

Indem Busch sich zum frei zwischen den Klassen flottierenden Freigeist stilisiert, konstituiert er zugleich ein poetisches Programm der genauen Beobachtung: Er ist nicht Schiller, und er ist auch kein Hausknecht. Wenngleich sich seine Sympathie gesellschaftlich eher nach unten als nach oben richtet, erfreut er sich der inneren Freiheit, quasi mit dem Scharfblick des 94er Selbstporträts in beide Richtungen schauen und sich die ihm gemäße Position aussuchen zu können. Tatsächlich?

Damit steht Busch in der festgefügten Klassengesellschaft seiner Zeit einigermaßen einzigartig da. Gleiches gilt für seine berufliche Existenz: In ökonomischen Belangen ist der Sohn eines Kaufmannes aus der Provinz ein Emporkömmling, jedoch ohne die Bereitschaft des gesellschaftlichen Aufsteigers, sich an die Etikette des Großbürgertums anzupassen; als Künstler ist er ein relativ gut verdienender Selfmademan in der von ihm maßgeblich mitgeprägten Gattung der Bildergeschichte: einer, der es sich leisten kann, auf »hohe Gedanken« zu pfeifen, weil er mit »kleinen Gedanken« Erfolg hat. Ach ja?

Liest man zwischen den Zeilen, erscheint einem der Grad der Identifikation mit dem Hausknecht aus dem »Weidenbusch« doch höher, als Busch offiziell zugeben mag. Immerhin arbeitet dieser Mensch an einem Ort, der eine gewisse namentliche Ähnlichkeit mit Busch nicht verhehlen kann: »Weidenbusch«. Wie aber erklärt sich die Frankfurt-Connection? Lassen wir Buschs Biographen Joseph Kraus zu Wort kommen. Seine aus dem Jahr 1970 stammende Monographie über den Malerdichter bietet eine immer noch schlüssige und angenehm unpathetische Lebensdarstellung. Kraus schreibt:

> Von 1867 bis 1872 verkehrte Busch viel im Hause des Bankiers Keßler in Frankfurt am Main, in dessen Familie der Bruder Otto als Hauslehrer tätig war. Der Grund für die häufigen Besuche war nicht etwa eine besondere Zuneigung zum Bruder, mit dem er sich nicht sehr gut verstand, sondern die Anziehungskraft der Frau des Bankiers, Johanna Keßler.

Die Bankiersgattin Johanna Keßler ist eine der wenigen Frauen, die Busch treu und zäh umworben haben. Mit einer Treue und Zähigkeit, um genau zu sein, die fast schon Züge einer unguten Fixierung trägt:

> Seit dem Beginn seiner Freundschaft mit Johanna Keßler lebte Busch vier Jahre lang mehr oder weniger ständig in Frankfurt. Erst wohnte er als Gast bei Keßlers, hatte allerdings ein eigenes Atelier, später nahm er sich eine eigene Wohnung in der Nähe des Keßler-Hauses, und die Haushälterin der verehrten Bankiersfrau sah hie und da nach dem Rechten.

Daneben sehen wir die Fotografie einer monströsen großbürgerlichen Villa – man fühlt sich angesichts all der klassizistischen Bausubstanz eher an eine Bahnhofsvorhalle als an ein Wohnhaus erinnert. Allzu mondän sollten wir uns die Hausherrin dennoch nicht ausmalen. Auf einer Zeichnung, die Busch 1870 von Johanna Keßler angefertigt hat, ist eine Frau zu sehen, die eher dem pummelig-hausmütterlichen als dem weltbürgerlichen Typus zuzurechnen wäre. Wie qualvoll und unerlöst die Nähe zu der Umworbenen für den in Liebe brennenden Busch dennoch, oder gerade deshalb, gewesen sein muß, lassen folgende Zeilen aus einem Brief Buschs an Johanna Keßler erahnen:

> Sie vertraun dem milden Einfluß der Zeit. (...) Wohl und gewiß! Aber doch, derweil wir wandeln, geht all das Gute, was wir nicht gethan und all das Liebe, was wir nicht gedurft, ganz heimlich leise mit uns mit, bis daß die Zeit für dieses Mal vorbei.

In einem gar nicht bildhaften, sondern sehr bodenständigen Sinn hat Busch also in jenen Frankfurter Jahren an »einem hohen Haus« angeklopft, und in einem dann doch symbolischen Zusammenhang wurde ihm, dem Anklopfenden, beschieden: »Die Herrschaft fuhr eben aus.« Frau Keßler hatte – bei aller freundlichen Geneigtheit – Besseres zu tun, als ihre großbürgerliche Existenz für die Liebschaft mit einem Kunstmaler mittleren Alters aufs Spiel zu setzen.

Im Jahr 1872, zwei Jahre vor Erscheinen von »Kritik des Herzens«, gab Busch die Wohnung in Frankfurt auf und zog in seinen Geburtsort Wiedensahl bei Hannover. Die Produktion des ersten Gedichtbandes dürfte zu erheblichen Teilen in der Zeit des Schmachtens und der ersten Versuche, sich aus der Frankfurter Liebesfalle zu lösen, stattgefunden haben. Insofern ist das Selbstbewußtsein, das aus den beiden zitierten Gedichten spricht, nur die Kehrseite eines Unwertgefühls, das ihm der Umgang mit Frau Johanna beschert haben muß. Beide Gedichte legen nahe, daß Busch diese Minderwertigkeit sowohl in gesellschaftlicher als auch in künstlerischer Hinsicht empfunden hat. Mit einem Teil seines Empfindens bleibt Busch selbst nach dem Abschied aus Frankfurt der Mann im »Weidenbusch«.

Für die anhaltende innere Abhängigkeit spricht auch, daß er nun im Schreiben versucht, was Johanna Keßler ihm in der Malerei abverlangte: Er will Hochkunst produzieren und literarisch ernst genommen werden. An die Stelle der gereimten Bildunterschrift tritt das »anspruchsvolle« Gedicht, das auch ohne Illustration bildhaft und tragfähig sein soll. Sollte Busch angenommen haben, das Publikum werde seiner Poesie einen ähnlich begeisterten Empfang bereiten wie seinen Bildergeschichten, sah er sich freilich rasch enttäuscht. Seine Gedichte paßten nicht zum Lyrikbegriff eines Jahrhunderts, das mit dem 1850 verstorbenen Nikolaus Lenau gerade einen hochdotierten Weltschmerzdichter beigesetzt hatte. Lenaus musikalisches Lamento erzeugte in ungezählten, meist weiblichen Brüsten sanftes Wallen und jahrzehntelang nachklingende Echos. Busch zog mannhaft gefaßte Verzweiflung vor; wabernde Wehmut à la mode hatte er nicht im Sortiment.

Zwar gab es durchaus Zeitgenossen, die mit komischen Gedichten gewisse Erfolge verzeichnen konnten: der fünf Jahre jüngere Johannes Trojan etwa, mit Scherzgedichten regelmäßig im Berliner »Kladderadatsch« präsent, oder dessen Weggefährte Julius Stinde. Auch die Tradition des aufgeklärten Sinngedichtes lebte fort – ein paar ironische Epigramme zu produzieren gehörte für populäre Schriftsteller wie Paul Heyse, Otto Ernst oder Heinrich Seidel zum guten Ton. Und dennoch: Mochten sich die Witzreimer und Sinngedichtler auf satirische Polemik verstehen, Buschs untergründige, existentiell grundierte Schärfe ging ihnen ab.

Existentiell grundiert aber war sie in der Tat. Im siebten Band der »Sämtlichen Werke« findet sich der entscheidende Hinweis. Die Szene spielt im Jahr 1844 auf einem Acker bei Wiedensahl; zwölf Jahre ist Busch da alt. Drei Jahre zuvor haben die Eltern entschieden, daß es im Haus des Kaufmanns Johann Friedrich Wilhelm Busch zu eng geworden sei für die fünf Kinder. Wilhelm, der Älteste, wird in die Obhut eines Onkels im drei Tagereisen entfernten Ebergötzen gegeben, wo er fortan quasi als Waise aufwächst. Erst jetzt, im Jahr 1844, sieht Jung-Wilhelm die Mutter wieder.

Otto Nöldeke, Buschs Neffe und Herausgeber der »Sämtlichen Werke«, hat die Szene in einer dem siebten Band anhängenden Schrift mit dem Titel »Aus Gesprächen« wiedergegeben. In der Einleitung schreibt Nöldeke 1943: »Von den Gesprächen, die unser Onkel Wilhelm Busch im kleinen Kreise führte, haben mein Bruder Hermann Nöldeke und ich unmittelbar nachher allerlei aufgeschrieben. (...) Aus den umfangreichen Aufzeichnungen meines Bruders und meinen eigenen gebe ich hier nun alles wieder, was mir der Aufbewahrung und Mitteilung wert erscheint; selbstverständlich möglichst getreu in dem Wortlaut, wie wir es aufgeschrieben haben, und in der manchmal etwas bummeligen Ausdrucksweise, wie die Gespräche geführt sind.«

Bei aller Skepsis, die gegenüber solchen auditiven Editorleistungen gemeinhin angebracht ist, klingt das, was Nöldeke überliefert, in seiner unprätentiösen Art doch sehr nach Busch.

> Als ich zehn Jahre alt wurde, kam ich nach Ebergötzen, im Herbst (1841), die Zwetschen waren grade reif. Meine Mutter brachte mich hin, bis Lüthorst mit dem eigenen Wagen, von da weiter mit einem Einbecker Fuhrmann. Ich blieb drei Jahre fort, ohne meine Mutter wieder zu sehen. Mein Vater war in der Zwischenzeit mal in Ebergötzen. Als ich dann wieder nach Hause kam, ging meine Mutter grade ins Feld, den Leuten Kaffee bringen.

Es folgen zwei knappe Sätze, die das Wichtigste, die Empfindung, durch Auslassung beschreiben – ein Verfahren, das Busch auch in seinen Gedichten oft angewandt hat. So gesehen, bilden die wenigen von Nöldeke überlieferten Worte nichts Geringeres als ein verkapptes (und ausnahmsweise reimloses) Busch-Gedicht. Ich mache es der Forschung hiermit erstmals in Versform zugänglich:

> Ich kannte sie gleich;
> aber sie kannte mich nicht,
> als ich an ihr erstmal vorbeiging.
> So hatte ich mich verändert.

Eine erschütternde Szene, und um so erschütternder, als Busch offenbar auch nach Jahrzehnten fest entschlossen ist, steife Fassung und starre Haltung zu bewahren, koste es – knirsch! –, was es wolle.

Was uns zu einem teils kuriosen, teils klärenden Aufsatz mit dem Titel »Wilhelm Buschs menschliche Problematik« bringt. Er findet sich im Wilhelm-Busch-Jahrbuch des Jahres 1976 und wurde von einem gewissen Christian Dettweiler verfaßt, über den das Internet zutage fördert, er sei 1915 in Rostock geboren worden, habe Pharmazie studiert und nach einer Weiterbildung an der »Stuttgarter Akademie für Tiefenpsychologie und analytische Psychotherapie« bis zu seinem Tod im Jahr 1995 als Schriftpsychologe und Psychotherapeut in Stuttgart gewirkt. »Versuch einer psychoanalytisch-schriftpsychologischen Deutung« lautet der Untertitel seines rund zwanzig Seiten umfassenden Beitrages zur Busch-Forschung. Dettweiler hat seinen Befund unverkennbar in enger Zusammenarbeit mit der Gemeinschaftspraxis von Freud & Fromm erstellt. Das Psychogramm seines Patienten nimmt sich aus der Sicht des analytischen Graphologen wie folgt aus: »Sein ganzes Leben lang suchte er nach kindlicher Geborgenheit und Wärme, mußte aber intensive Angst bekommen, wenn es ernst damit werden sollte.«

Dettweiler sieht denn auch einen klaren Zusammenhang zwischen Mutter Henriette Busch und der Bankiersfrau Keßler aus Frankfurt: »Auch Johanna Keßler war eine solche Mutterfigur für ihn, ein unbewußter Selbstheilungsversuch mit dem Ziel, noch mal da anzufangen, wo die emotionale Entfaltung einst stockte.« Mit dem bekannten Resultat: »Ich klopfte, doch immer hieß es: / Die Herrschaft fuhr eben aus!« Ich habe mir erlaubt, Doktor Dettweiler als Gutachter vorzuladen; alles, was er in seinem zeittypischen kolloquialen Stil dem Gericht zu sagen hat, ist wörtlich dem 76er Jahrbuch entnommen.

VERTEIDIGER: Herr Doktor Dettweiler, teilen Sie uns doch bitte mit, zu welcher Einschätzung der Mutter des Angeklagten Sie bei Ihrer Untersuchung gelangt sind.

DOKTOR DETTWEILER: Ein Blick auf die Schrift der Mutter *Henriette Busch geb. Kleine* zeigt auch dem unkundigen Laien eine »ausgequetschte Zitrone«, eine Frau, die mit ihren Kräften am Ende ist.

VERTEIDIGER: Worauf würden Sie diesen Zustand zurückführen? Was wissen wir von ihr?

DOKTOR DETTWEILER: Daß sie, wie viele Frauen damals und auch heute noch, in der Hauptsache arbeiten mußte, in ihrer ersten Ehe drei inzwischen gestorbene Kinder gehabt und in ihrer dritten Ehe laufend Kinder aufzuziehen hatte und somit recht überlastet war.

STAATSANWÄLTIN: »Recht« überlastet ist gut. Wie würden Sie denn das Verhältnis zwischen der Mutter und dem Angeklagten charakterisieren?

DOKTOR DETTWEILER: Von Wilhelm Busch wissen wir nur wenig über sie. Das einzige Bild, das der Sohn von ihr zeichnete, zeigt sie von rückwärts mit einem Enkelkind auf dem Arm. Immerhin ist schon dies eine Aussage, daß diese Mutter für ihn kein »Gesicht« hatte.

STAATSANWÄLTIN: Und der Vater?

DOKTOR DETTWEILER: Er ist im Vergleich zur Mutter die starke Persönlichkeit in der Familie, hat aber auch seine Probleme für die anderen. Wie die meisten unehelich geborenen Kinder litt auch er an einem Mangel an Zuwendung, wie seine Schrift sehr ausgeprägt zeigt.

VERTEIDIGER: Lassen sich daraus Rückschlüsse auf das Ehe- und Familienleben der Buschs ziehen?

DOKTOR DETTWEILER: Daß hier eine unterschwellige Spannung nur so knisterte, versteht sich von selbst. Nach außen lebten beide ja »einträchtig« und ruhig; aber Kinder bekommen diese nichtverbale Kommunikation als Prägung voll mit.

RICHTER: *(Matt.)* Bitte ersparen Sie uns diesen entsetzlichen Psychojargon.

VERTEIDIGER: *(Eilig.)* Soweit ich weiß, hatten Sie auch die Gelegenheit, frühe Handschriftenproben des Angeklagten zu studieren?

DOKTOR DETTWEILER: Wir besitzen von ihm einen ersten Brief mit $9^{3}/_{4}$ Jahren an die Eltern von Weihnachten 1841. *(Reicht dem Richter eine Kopie des Briefes.)* In der ersten Zeile fällt uns im Worte »hingekommen« im ersten Abstrich des ersten »m« die sogenannte »sacre-cœur-Bindung« auf, die immer wieder auch an anderen Stellen, z. B. in »Euch«, Zeile drei, oft unauffällig, auftritt.

RICHTER: Wenn Sie das bitte so erklären würden, daß auch ein Laie es verstehen kann.

DOKTOR DETTWEILER: Sacre-cœur, das sind kurze unauffällige Deckzüge; der Schreiber will in Deckung gehen, weil er sich notgedrungen einfügen muß.

STAATSANWÄLTIN: Und was sagt diese Besonderheit über den Angeklagten aus?

DOKTOR DETTWEILER: Sie weist auf eine Erziehung hin, die dem Zögling nichts durchgehen ließ. Der aber ging mit seinen Aggressionen in den »Untergrund« und paßte sich nach außen – scheinheilig – an.

STAATSANWÄLTIN: Scheinheilig, na bitte!

VERTEIDIGER: Erlauben Sie mir, hier noch einmal nachzuhaken. Mein Mandant hat also keineswegs eine normale Kindheit erlebt, die ihn befähigt hätte, normale soziale Kompetenzen zu entwickeln?

DOKTOR DETTWEILER: Er durfte nicht wild sein wie andere Kinder und lernte auch nicht, seine Ellenbogen zu gebrauchen und sich im Lebenskampf in direkter Auseinandersetzung zu behaupten.

STAATSANWÄLTIN: Und das dürfte den Kessel früher oder später zum Überkochen gebracht haben, oder?

DOKTOR DETTWEILER: Die große Konfrontation mit der bisher noch nicht recht praktizierten »anderen Seite« seiner Persönlichkeit, dem »Schatten«, erlebte er mit zwanzig Jahren in Antwerpen zu Beginn des Studiums auf der Akademie der Schönen Künste. Er entdeckte sich selbst ein Stück lang jenseits jeden Kollektivklischees...

RICHTER: Bitte nicht wieder dieses Psychogewäsch!

DOKTOR DETTWEILER: *(Unbeirrt.)* ... und schrieb in sein Tagebuch *(Kramt nach einem Zettel.):* »Anvers. D. 26 Juni. 1852. Sonnabend. Von diesem Tage an datire sich die bestimmtere Gestaltung meines Charakters als Mensch und Maler. Es sei mein zweiter Geburtstag.« *(Blickt vom Zettel auf.)* Hier finden wir auch eine vollständig andere, vom Kollektiv abgelöste Gestaltung seiner Handschrift.

ANWALT: Das heißt, mein Mandant hat sich im Alter von zwanzig Jahren zu einem verantwortlichen Erwachsenen entwickelt...

STAATSANWÄLTIN: *(Unterbricht.)* ... oder zu einem haltlosen Traumtänzer, bei dem jederzeit die Sicherungen durchbrennen können.

DOKTOR DETTWEILER: Er ist nicht mehr der brave Junge, aber auch nicht der selbstbewußte und selbständige Mann, der sich im Leben durchsetzen könnte.

ANWALT UND STAATSANWÄLTIN: *(Gleichzeitig.)* Sage ich doch.

RICHTER: Frau Staatsanwältin, Herr Verteidiger, wenn Sie jetzt bitte wieder zur Sache kommen wollen.

*

Überlassen wir das Hohe Gericht seiner schwierigen Aufgabe, wie auch immer die Anklage lauten mag. Im nachhinein stellt sich das von Dettweiler erwähnte Antwerpener Erweckungserlebnis sehr viel weniger glorios dar als in dem Tagebucheintrag des Jahres 1852. Angesichts der Originalgemälde alter Meister will Busch eine derartige Ehrfurcht verspürt haben, daß er Jahrzehnte später schrieb: »Gern verzeih ich's ihnen, daß sie mich zu sehr geduckt haben, als daß ich's je recht gewagt hätte, mein Brot mit Malen zu verdienen, wie manch anderer auch.«

Es scheint, als habe Busch in seinem Leben immer wieder Anlässe gefunden, sich »geduckt« zu fühlen. Unser Gutachter sagt es in dankenswerter Deutlichkeit: Er »ging mit seinen Aggressionen in den ›Untergrund‹ und paßte sich nach außen – scheinheilig – an.« Auch die lyrische Programmatik der »Kritik des Herzens« entbehrt nicht solcher Scheinheiligkeit: »Ein Stückel Brot, ein Groschen / Ernähren auch ihren Mann«, behauptet Busch mit gar zu auftrumpfendem Kniefall, als daß man ihm die Bescheidenheit ganz abkaufen würde. Busch mag sich ducken, aber er bleibt ein aufmüpfiger Ducker.

Ästhetisch jedoch wandelt er seine Niederlagen in eine ganze Reihe von Triumphen um: den Triumph sprachlicher Präzision, den Triumph gedanklicher Schärfe, den Triumph unbestechlicher Beobachtung. Die Gedichte machen da keine Ausnahme, sie sind recht eigentlich eine Krönung bewußter artifizieller Gestaltung im Werk Buschs. Doch neben den kontrollierten Kunstanstrengungen finden sich auch weniger geklärte und steuerbare Elemente, die ebenso für seinen Erfolg verantwortlich zeichnen dürften wie die planvollen Ausgestaltungen eines anal-retentiven Pedanten.

Wann immer es um Aggressionen geht, um Wutausbrüche und Prügelszenen, läuft Busch zur Hochform auf; als Gewaltdurstiger fühlt er sich der Quelle seiner Motivation ganz nah. Selbst wenn er als scheinbar distanzierter

Beobachter von Jungenstreichen oder häuslicher Gewalt auftritt, ist seiner Haltung etwas genüßlich Sadistisches, zumindest aber klügelnd Herablassendes zu eigen. Vom »Eispeter« aus den Bilderpossen über »Max und Moritz« und »Pater Filuzius« bis zu »Plisch und Plum« durchzieht ein mehr oder minder unverhohlener und meist gar nicht heiliger Zorn sein Werk. Zwar zeigt er sich im allgemeinen bemüht, die Eruptionen von Gewalt moralisch zu legitimieren, doch letztlich ist es egal, ob der Schulmeister den Schüler züchtigt oder der Schüler dem Lehrer einen grausamen Streich spielt: alle Arten von Ausbrüchen geben Busch die Möglichkeit, sich an Gewalt zu delektieren und die eigene, biographisch induzierte Wut fruchtbar zu machen.

Vielleicht ist dies der Aspekt, in dem Busch das bürgerliche neunzehnte Jahrhundert insgeheim am treffendsten widerspiegelt. Wie die meisten seiner Leser agiert er nicht nur als Opfer, sondern auch als Täter einer schwarzen Pädagogik in Schule und Elternhaus – freilich als Täter nicht gegenüber leiblichen Kindern, sondern gegenüber den Kindern seiner Phantasie (ob das als strafmindernd oder strafverschärfend anzusehen ist, mögen andere entscheiden). Es dürften weniger die »köstlichen Schöpfungen echten Humors« gewesen sein, mit denen sich viele Leser Buschs so trefflich identifizieren konnten, als vielmehr die abgründigen, gewalttätigen Seiten seines Witzes: schwarzer Humor als Lebertran gegen schwarze Pädagogik. Ähnlich den »Reiseerzählungen« des Zeitgenossen Karl May nehmen sich Buschs Bildergeschichten bisweilen wie gut geölte Apparaturen zur Motivation von Gewalt und Häme aus.

*

Tatsächlich könnte sich Busch nach dem noch frischen Erlebnis des »Geducktwerdens« im Frankfurter Bankiershaushalt durch das Erlebnis des zunächst weitgehend resonanzlosen lyrischen *Gedrucktwerdens* ein weiteres Mal erniedrigt gefühlt haben; er war ja geübt in der Mimosenpose. Die äußeren Umstände jedenfalls sprechen für ein inneres »Das mache ich so schnell nicht wieder«: Dreißig Jahre wird es dauern, bis er wieder Gedichte veröffentlicht. Um so entschlossener treibt er seine Karriere als Zeichner und Reimer von Bildergeschichten voran. Das Volk will »köstliche Schöpfungen voll echten Humors«, und es soll sie bekommen.

Noch zehn Jahre lang fließt die Produktion der begehrten Ware. Bis 1877 erscheint zunächst die Knopp-Trilogie: »Abenteuer eines Junggesellen (Auflage bis 1904: 64.000 Exemplare), »Herr und Frau Knopp« (63.000) und »Julchen« (63.000): Alle drei Bände sind Verkaufserfolge, auch wenn ihre jeweilige Auflage bei Erscheinen von »Zu guter Letzt« nur die Hälfte eines frühen Bestsellers, der »Frommen Helene« (141.–145.Tausend), erreicht hat. Das karikierte Bürgertum erkennt sich in diesen Geschichten von gedrosselter Schärfe offenbar gern wieder. »Werkchen« nennt Verleger Bassermanns Reklame die Trilogie in einer Stilfigur, die wir fortan als »humoristischen Diminutiv« bezeichnen wollen.

Der Verkauf ist immer das dicke Ende der Produktion. Meine Erstausgabe von »Zu guter Letzt« führt am Schluß des Bandes, nach exakt hundert Gedichten auf einhundertsechsunddreißig Seiten, drei Seiten lang und breit des Verlegers Busch-Backlist auf. Wie vorn auf dem Umschlag soll auch hier mit Auflagenzahlen gepunktet werden, und Zahlenmaterial ist dazu wahrlich ausreichend vorhanden: Allein mit den vierzehn erfolgreichsten der insgesamt zwanzig annoncierten Bücher erreichte Busch eine Gesamtauflage von einer runden Dreiviertelmillion. Dabei taucht der eigentliche Spitzenreiter »Max und Moritz« gar nicht auf; den hatte Busch seinerzeit an den Münchner Verleger Caspar Braun verkauft.

Doch der Erfolg beim Publikum ist eine fragwürdige Größe. Mein Exemplar von »Zu guter Letzt« trägt in der hinteren Umschlagklappe den handschriftlichen Vermerk: »Gewonnen auf der Weihnachtskneipe 1905«. Ich weiß zwar nicht, was eine »Weihnachtskneipe« ist, aber es klingt doch verdächtig nach Männerbund, Spießers Familienflucht und heiligmäßigem Saufritual. Wie wenig Busch an der Anerkennung einer bestimmten Klientel gelegen war, zeigt das nachfolgende Zitat aus einem Brief von 1876 an den Ebergötzener Kindheits- und Jugendfreund Erich Bachmann (der zweite Band der Knopp-Trilogie war eben erschienen).

In Kreiensen zog (im Eisanbahnabteil) ein Herr meine Abenteuer eines Junggesellen aus der Tasche und las sie laut der Reisegesellschaft vor bis Nordstemmen. Es war mir sehr peinlich und ekelhaft; ich tat als wenn ich schliefe.

Schließlich entlädt sich Buschs Mißgunst auch auf die Kunst selbst: Sein Antwerpener Minderwertigkeitsgefühl kulminiert in »Maler Klecksel« (1884), seine Frankfurter Zurückweisung nimmt die Gestalt des verhinderten Dichters »Balduin Bählamm« (1883) an, in dem wir getrost einen Vorfahren des Jean Jacques Hoffstede aus Thomas Manns »Buddenbrooks« sehen dürfen. Wie so oft ist die Aggression ambivalent. Busch kämpft mit zweischneidigem Schwert und trifft, wo er austeilt, immer auch sich selbst: seinen Wunsch nach Anerkennung als Künstler, sein Gefühl der eigenen Minderbegabung.

Im Jahr 1884 zieht Busch einen Schlußstrich. Er stellt die kräftezehrende und zeitaufwendige Arbeit an den großen Bildergeschichten ein, tritt den Rückzug ins Wiedensahler Privatleben an und widmet sich fortan den Kindern seiner Schwester Fanny sowie seinen privaten Kunstinteressen: dann und wann ein kleinformatiges Landschaftsbild, hie und da ein kurzes Gedicht oder eine Fabel für die Nichten und Neffen. Man kann das als einen Akt der Souveränität sehen: Ein erfolgreicher Künstler wählt klug den Zeitpunkt seines Abgangs, läßt entspannt den Ruhm wachsen und genießt in Ruhe die Früchte seines Erfolges. (Busch, der die Rechte an früheren Werken noch für Fixhonorare verkauft hatte, erhielt von Bassermann ansehnliche fünfundvierzig Prozent vom Bruttoerlös.)

Man kann in alldem aber auch die Handlungen eines Enttäuschten erkennen: Mit der großen Kunst ist es nichts geworden, und die kleine Kunst hat ihm die Anerkennung eines ungeliebten Massenpublikums verschafft – kein guter Ersatz für gesellschaftliche und künstlerische Reputation und erst recht nicht für Mutterliebe. Auch mit Buschs innerer Ruhe und Abgeklärtheit ist es nicht weit her. Ob Pfeife oder Zigarette / Busch raucht täglich Kette – was ja meistens ein Zeichen dafür ist, daß einer auch innerlich unter Dampf steht. Wer will, kann in Busch also einen menschlich wie beruflich Gescheiterten sehen. Vereinsamt und verbittert zieht er sich aufs Altenteil zurück.

Die Wahrheit wird, wie so oft, in der Mitte liegen: Busch hat Erfolg, aber er steht ihm nicht unkritisch gegenüber. Er wurde von einer geliebten Frau verschmäht, aber er ist mehr oder weniger darüber hinweg. Er zweifelt gelegentlich an seinen Fähigkeiten als Maler und Dichter, aber er weiß auch, was er kann. Er hat mehrere Nikotinvergiftungen erlitten, die ihn fast das Leben gekostet hätten, aber er tritt jetzt etwas kürzer mit dem Rauchen und kommt suchtmäßig ganz gut klar. Manchmal fühlt er sich einsam, aber meistens ist er froh, keinerlei gesellschaftlichen Verpflichtungen nachkommen zu müssen. Kurzum, es läuft nicht alles wie erträumt, aber er ist mit sich soweit im reinen.

*

Die innere Biographie Buschs gilt es zu bedenken, wenn man die Gedichte von »Zu guter Letzt« liest. »Harmlosigkeit« ist ein häufig geäußerter Vorwurf gegen die Lyrik Buschs im besonderen und gegen Gedichte mit komischer Tendenz im allgemeinen. Nicht nur die Skeptiker, auch

Buschs falsche Freunde, die schmatzenden Genießer der »köstlichen Schöpfungen«, äußern sich vorzugsweise im humoristischen Diminutiv über all die köstlichen »Werkchen« und »lustigen Verslein«. Mittendrin und allen voran der stets zu Possierlichkeiten aufgelegte Biograph Friedrich Bohne, der sich seinem Meister ganz nah wähnt und in Wahrheit nix begriffen hat. In seiner triadisch dröhnenden Tirade »Wilhelm Busch. Leben – Werk – Schicksal« (1958) schreibt Bohne aus Anlaß von »Kritik des Herzens«, was auch für »Zu guter Letzt« nicht gilt: Der Leser werde »sich dieser fein pointierten Reimereien bemächtigen, wie man von einem sorgsam angeordneten Skizzenbuch Besitz ergreift«.

Falsch, ganz falsch. Busch liefert keine lyrischen Skizzen, sondern vollendete Lakonie, seine besten Gedichte sind bis zur Endgültigkeit entschlackt. Aber was kümmert's Bohne. Haltlos schwadroniert er weiter: »Hinter all dem witzigen Gereime verbirgt sich das ernste Mühen um philosophisch-psychologische Gewißheiten«. Hinter diesem Geschwafel verbirgt sich leider nicht ein Fünkchen der Erkenntnis, daß sich ernste Themen keineswegs irgendwo »dahinter« verstecken, sondern durch scharfe Gewitztheit und prägnante Reime überhaupt erst zum Vorschein gebracht beziehungsweise an den vorderen Bühnenrand gespielt werden. Wer den biographischen Hintergrund recht zu deuten weiß, fällt auf solche Verharmlosungen und exegetischen Quacksalbereien nicht mehr herein.

Ohnehin gilt: Buschs Gedichten muß keine kunstvolle Interpretation übergestülpt werden, um ihnen tieferen Gehalt zu geben. Seine innere Unrast ist fast allen Gedichten eingeschrieben, und sei es als Widerspruch zwischen Anlaß und Attitüde, zwischen menschlicher Anteilnahme und distanzierter Beobachtung. Auch seine scheinbar so beruhigte lyrische Welthaltung spricht mehr von Selbstberuhigung als von wirklicher Abgeklärtheit. Nehmen wir als Beispiel den in dieser Hinsicht gar nicht mal unähnlichen Kollegen Fontane. Eines der schönsten Gedichte Fontanes geht so:

> Erscheint dir etwas unerhört,
> Bist du tiefsten Herzens empört,
> Bäume nicht auf, versuch's nicht mit Streit,
> Berühr es nicht, überlaß es der Zeit.
> Am ersten Tag wirst du feige dich schelten,
> Am zweiten läßt du dein Schweigen schon gelten,
>   Am dritten hast du's überwunden;
> Alles ist wichtig nur auf Stunden,
> Ärger ist Zehrer und Lebensvergifter,
> Zeit ist Balsam und Friedensstifter.

Wer solche Gedichte schreibt, der ist alles andere als abgeklärt, der weiß vielmehr genau, wie sich die »Empörung des Herzens« anfühlt und das »Aufbäumen zum Streit«. So ein Gedicht schreibt kein Sanguiniker, so ein Gedicht schreibt ein Tendenz-Choleriker, der seine innere Seelenruhe immer wieder unter Mühen erlangen muß. Sein Gedicht ist kein altbackener Sinnspruch, sondern hart errungene Einsicht in menschliche Schwäche. Der Friede, der sich am Schluß des Gedichtes (und des Gedichteschreibens) – wenn überhaupt – einstellt, ist schwer erkämpft und zäh verteidigt.

Um Busch ist es nicht viel besser bestellt. Nach allerlei Fluchtbewegungen – aus der Kunst, aus den Städten, aus der Produktion von Bildergeschichten – weiß er gegen Ende seines Lebens: Die Lebensumstände kann man vielleicht ändern, sich selbst entkommt man nicht. Dazu mußte er nicht einmal die Treppe in den Keller des Unbewußten hinabsteigen; feine Risse werden schon im Erdgeschoß sichtbar. Auf Seite vierundsechzig der Erstausgabe von »Zu guter Letzt« findet sich ein Gedicht namens »Der Kobold«, das beide Einsichten so lapidar wie pointiert zusammenbringt:

In einem Häuschen, sozusagen –
(Den ersten Stock bewohnt der Magen)
In einem Häuschen war's nicht richtig.
Darinnen spukt und tobte tüchtig
Ein Kobold, wie ein wildes Bübchen,
Vom Keller bis zum Oberstübchen.
Fürwahr, es war ein bös Getös.
Der Hausherr wird zuletzt nervös,
Und als ein desperater Mann
Steckt er kurzweg sein Häuschen an
Und baut ein Haus sich anderswo
Und meint, da ging es ihm nicht so.
Allein, da sieht er sich betrogen.
Der Kobold ist mit umgezogen
Und macht Spektakel und Rumor
Viel ärger noch als wie zuvor.
Ha, rief der Mann, wer bist du, sprich.
Der Kobold lacht: Ich bin dein Ich.

Schön, wie Busch den Tonfall des guten alten Onkels, der uns umständlich eine Spukgeschichte erzählt, am Schluß explodieren läßt (besser gesagt: implodieren; es geht ja um Introspektion). Mal abgesehen von der clever gesetzten Pointe finde ich vor allem die Wortwahl zur Charakterisierung des inneren Kobolds bemerkenswert. Im fünften Vers heißt es, er habe getobt »wie ein wildes Bübchen«. Es ist sicherlich kein Zufall, daß Busch hier den Vergleich mit einem Kind wählt.

An anderer Stelle berichtet Busch von einem ähnlichen inneren Erleben bei ganz anderen äußeren Umständen:

Nachdem er am Sonntagmorgen
    Vor seinem Spiegel gestanden,
Verschwanden die letzten Sorgen
    Und Zweifel, die noch vorhanden.

Er wurde so verwegen,
　Daß er nicht länger schwankte.
Er schrieb ihr. Sie dagegen
　Erwidert: Nein, sie dankte.

Der Schreck, den er da hatte,
　Hätt ihn fast umgeschmissen,
Als hätt ihn eine Ratte
　Plötzlich ins Herz gebissen.

Da haben wir es wieder, in seltener Knappheit, Abstraktion und Schärfe: Buschs Trauma und Zentralthema der Zurückweisung durch eine Frau. Diesmal ist von probater Selbstberuhigung im Sinnspruch oder von einer versöhnlichen Pointe im humoristischen Diminutiv keine Rede mehr. Zwar kommt die dritte Strophe nach außen hin noch ganz im Habitus der Scherzreinbringerin daher, doch mehr als ein kurzes Auflachen dürften die beiden Schlußverse dem Leser schwerlich bescheren. Zu bitter ist die Wortwahl, zu schmerzhaft-verletzt das Bild von Ratte und Herz, zu deutlich spürbar die Enttäuschung des Verschmähten, zu groß auch die Kluft zwischen der frohgemuten ersten Strophe und dem jammervollen Ende. Diese Pointe verharrt im Schmerz, statt ihn im Scherz zu überwinden. Große Komik? Sicherlich nicht. Gute Dichtung? Aber sicher doch.

Eine Ratte ist ein kleines, tückisches Wesen, darin den »wilden Bübchen« gleich, die allerorts in Buschs Werk herumkobolzen. Ähnlich wie das Gedicht vom Kobold inszeniert das Gedicht vom Sonntagmorgen den Konflikt zwischen einem erwachsenen Mann und seinen inneren Dämonen als einen Gegensatz zwischen hochgemuter Selbsteinschätzung und betrüblicher Realität. Denn leider, die Dämonen sind nicht groß und fürchterlich, sie sind klein und gemein. Sie stammen ja auch aus Kindheitstagen und durften niemals über sich hinauswachsen.

Obwohl manches dafür spricht, daß Busch im Alter zu einer gewissen Abgeklärtheit gefunden hat, gilt doch auch das Gegenteil: Je oller, je doller beziehungsweise, wie ein gewisser Herwig Guratzsch seinen Essay über das Spätwerk des Malers Busch betitelt hat, »Je reifer, desto progressiver«. Und das heißt in diesem Fall auch, daß Busch aller Altersreife zum Trotz wie einst bei »Max und Moritz« zu seinem Urthema des zornigen Kindes zurückkehrt: wieder und wieder, Streich auf Streich. Man kann sich halt nicht aussuchen, was einen produktiv macht. Guratzsch schreibt denn auch:

> So sehr aber seine Selbstbiographien, die Briefe und seine literarischen Alterswerke eine in sich ruhende Persönlichkeit vermuten lassen, erscheinen seine Ölbilder und freien Handzeichnungen der Spätzeit als Psychogramm einer vitalen und temperamentvollen Persönlichkeit, deren äußere Wirkung, deren kontemplative Nachdenklichkeit solche Lebhaftigkeit nicht ahnen lassen.

Sehr wohl, sehr wahr, aber eben *auch* die »literarischen Alterswerke« betreffend, zumindest die Gedichte. In Buschs Malerei häufen sich zu dieser Zeit Motive mit Titeln wie »Landschaft mit roter Kuh und Blaujacke«. Doktor Dettweiler, was sagen Sie dazu?

> Im höheren Alter begann er auch intensiv Kühe in allen nur erdenklichen Stellungen zu zeichnen, als »Mutterfiguren«, als uraltes Symbol der nährenden und schutzgebenden, in sich ruhenden und unerschütterlichen Mutter.

Die Mutter also. Diesmal nicht »von rückwärts«, sondern »in allen nur erdenklichen Stellungen«. Wenn da mal nicht ein sodomitischer Ödipus durch Ihr Gutachten geistert, mein Bester. Oder ist das bloß kruder Analytikerhumor? Sei's drum. Wie lautet denn der graphologische Befund für den gealterten Patienten?

Hier hat die Vereinsamung, das Sich-Abschließen gegen die Welt, ihren Höhepunkt erreicht, obwohl die Schrift in ihrer Teigigkeit noch durchaus Gefühlsleben ausstrahlt. In den keuligen Endzügen sehen wir die Angst vor dem Du, vor dem direkten Kontakt, und wir suchen vergeblich nach klammernden, oralen Zügen, die wir als Suche nach Wärme und Geborgenheit deuten könnten. Nichts schwingt mehr außer in den Zügen der Unterschrift, die aber nur eingefahren erscheinen. Das Absinken am Wortende bei »Wilhel*m*« und bei »Bus*ch*« weist auf depressive Stimmungen, also auf den Verlust an mitmenschlichem Kontakt hin. Und jetzt erst, fast am Ende eines langen Lebens, schreibt Busch seinen Vornamen, den Kindernamen, voll aus und nimmt sich damit endlich auch in dieser Seite seines Wesens an.

Letzteres ein ergreifendes Detail, wie ich finde – auch und gerade, weil zu vermuten steht, daß sich Busch der Symbolhaltigkeit seines Tuns durchaus bewußt war. Wenn Busch auch regrediert, so tut er es doch meist auf hohem Reflexionsniveau.

Um so deutlicher setzt er andernorts die Duftmarke des fast schon allzu gut gereiften Alten:

Habt ihr denn wirklich keinen Schimmer
    Von Angst, daß ihr noch ruhig schlaft?
Wird denn in dieser Welt nicht immer
    Das Leben mit dem Tod bestraft?

Ihr lebt vergnügt trotz dem Verhängniß,
    Das näher stets und näher zieht.
So stiehlt der Dieb, dem das Gefängniß
    Und später gar der Galgen blüht.

> Hör auf, entgegnet frech die Jugend,
>   Du altes Jammerinstrument.
> Man merkt es gleich: du bist die Tugend,
>   Die Keinem sein Vergnügen gönnt.

Hier haben wir Busch sozusagen krampfhaft regressionsfrei, und gleich glaubt man, das Räderwerk der Komik schnarren und die Routine papieren rascheln zu hören. Das angepeilte Hauptmotiv, die Angst vor dem Sterben, wird zunächst durch das Enjambement vom ersten zum zweiten Vers verschliffen, dann in der zweiten Strophe mittels wäßriger Metaphorik (»So stiehlt der Dieb...«) aufgeweicht und schließlich in der dritten Strophe per Pointenguillotine vollends exekutiert. Das Ganze liest sich als unfreiwilliges Beispiel dafür, wie die Angst vor der Angst zur Flucht vor dem Thema führt.

Angesichts solch käsiger Altersweisheiten lobe ich mir Buschs forsch verzagte Regression. Was Doktor Dettweilers »depressive Stimmungen« und »den Verlust an mitmenschlichen Kontakten« angeht, so finden sich in »Zu guter Letzt« jedenfalls deutlich gelungenere Stücke als das vorgenannte. Manchmal genügt es schon, das eigene Dilemma einer Rollenfigur anzuhängen. Auch die Metaphorik muß gottlob nicht immer am Galgen enden, wie sich im folgenden Gedicht nachlesen läßt.

> Lache nicht, wenn mit den Jahren
>   Lieb und Freundlichkeit vergehen.
> Was Paulinchen ist geschehen,
>   Kann auch dir mal widerfahren.

> Sieh nur, wie verändert hat sich
>   Unser guter Küchenbesen.
> Er, der sonst so weich gewesen,
>   Ist jetzunder stumpf und kratzig.

Hier fehlt sie dann gänzlich, die dritte Strophe, die zu einem versöhnlichen Fazit anheben könnte, oder die (wahlweise) erste, die das fragliche »Paulinchen« dem Leser so recht kauzig und buschgemäß köstlich vor Augen stellen würde. Was bleibt auch zu sagen, wenn selbst der sprichwörtlich gewordene »Hang zum Küchenpersonal« (respektive der daraus resultierende *Gang* zum Küchenpersonal) nur noch zu besenhaften Kratzigkeiten führt. Gottlob wächst die nächste Generation von nährenden Ersatzmüttern bereits nach. Der Höhepunkt von »Zu guter Letzt« befindet sich in resolutem Anmarsch, wenn Busch den schwer erotisierten Gourmetblick in Richtung Kochstelle lenkt: »Pfannkuchen und Salat« heißt das Stück in späteren Ausgaben, doch hier, in der Erstausgabe, trägt es, wie alle anderen Gedichte des Bandes auch, gar keinen Titel.

Von Fruchtomletts da mag berichten
Ein Dichter aus den höhern Schichten.
  Wir aber, ohne Neid nach oben,
Mit bürgerlicher Zunge loben
Uns Pfannekuchen und Salat.
  Wie unsre Liese delikat
So etwas backt und zubereitet,
Sei hier in Worten angedeutet.
  Drei Eier, frisch und ohne Fehl,
Und Milch und einen Löffel Mehl,
die quirlt sie fleißig durcheinand
Zu einem innigen Verband.
  Sodann, wenn Thränen auch ein Übel,
Zerstückelt sie und mengt die Zwiebel
Mit Oel und Salz zu einer Brühe,
Daß der Salat sie an sich ziehe.
  Um diesen ferner herzustellen,
Hat sie Kartoffeln abzupellen.
Da heißt es, fix die Finger brauchen,

Den Mund zu spitzen und zu hauchen,
Denn heiß geschnitten nur allein
Kann der Salat geschmeidig sein.
  Hierauf so geht es wieder heiter
Mit unserm Pfannekuchen weiter.
  Nachdem das Feuer leicht geschürt,
Die Pfanne sorgsam auspoliert,
Der Würfelspeck hineingeschüttelt,
So daß es lustig brät und brittelt,
Pisch, kommt darüber mit Gezisch
Das ersterwähnte Kunstgemisch.
  Nun zeigt besonders und apart
Sich Lieschens Geistesgegenwart,
Denn nur zu bald, wie allbekannt,
Ist solch ein Kuchen angebrannt.
  Sie prickelt ihn, sie stockert ihn,
Sie rüttelt, schüttelt, lockert ihn
Und lüftet ihn, bis augenscheinlich
Die Unterseite eben bräunlich,
Die umgekehrt geschickt und prompt
Jetzt ihrerseits nach oben kommt.
  Geduld, es währt nur noch ein bissel,
Dann liegt der Kuchen auf der Schüssel.
  Doch späterhin die Einverleibung,
Wie die zu Mund und Herzen spricht,
Das spottet jeglicher Beschreibung,
Und darum endet das Gedicht.

Erzählgedichte dieser Art nehmen – neben den lakonischeren Zwei- und Dreistrophern im Volksliedformat – in »Zu guter Letzt« beträchtlichen Raum ein. Auch wenn Busch darauf verzichtet hat, die Gedichte nach Kapiteln oder stilistischen Merkmalen anzuordnen, auch wenn ein durchgehendes Kompositionsprinzip recht eigentlich nicht zu erkennen ist, sind beide Richtungen doch um so leichter auseinanderzuhalten, als in den Erzählgedichten die Anklänge an die Bildergeschichten unüberhörbar sind. Man glaubt förmlich, die passenden Zeichnungen oder Holzschnitte vor sich zu sehen.

Wie der Tonfall, so die Stilmittel. Ein Reim von »durcheinand« auf »Verband« wie in den Zeilen elf und zwölf von »Pfannkuchen und Salat« ist sicherlich alles andere als kunstfertig. Doch Busch macht, wie einst in den Bildergeschichten, aus der Reimnot eine artistische Tugend, indem er die einprägsame, bildkräftige und inhärent komische Formulierung vom »innigen Verband« findet. Ich meinerseits kann, seit ich diese Zeilen kenne, nicht mehr Milch und Mehl miteinander verquirlen, ohne sogleich »inniger Verband, inniger Verband« zu summen.

Ähnliches gilt für die Lautmalereien in der Gedichtmitte: »Der Würfelspeck hineingeschüttelt, / So daß es lustig brät und brittelt, / Pisch, kommt darüber mit Gezisch / Das ersterwähnte Kunstgemisch.« Es ist – Pisch! Brittel! – ein auch onomatopoetisch äußerst anregendes »Kunstgemisch«, das hier vor dem inneren Auge des Lesers zubereitet wird. Der seit Kindheitstagen oral unterversorgte Busch richtet eine kleine Orgie des Zungenschnalzens und Wasser-im-Mund-Zusammenlaufenlassens aus. Man kennt halt nichts so gut wie das, was man am meisten entbehren mußte.

Vergleichen wir die junge »Liese« mit dem alten »Paulinchen«, so ist klar, wer mehr zu bieten hat. Ein schneller Blick auf Liese in Aktion genügt. »Sie prickelt ihn, sie stockert ihn, / Sie rüttelt, schüttelt, lockert ihn«, daß es eine einzige Lust ist und man sich allenfalls ein wenig sinnverwirrt fragt: Wer ist denn eigentlich »er«? Sei's drum, ein gutes, wenn nicht gar das beste Stück ist »er« allemal. Zwar spart Busch »späterhin die Einverleibung« aus, aber wohin *diese* Reise geht, steht wohl außer Frage.

Buschs »Hang zum Küchenpersonal« ist seit der »Frommen Helene« zum geflügelten Wort geworden. Wenn wir an den »Hausknecht in dem Weidenbusch«

denken, dann ist dieser Hang nicht auf die Küche und auch nicht auf erotisches Begehren samt weiblichem Personal beschränkt. Der ganz allgemeine Hang zum Personal ist für Busch eine Möglichkeit, wie einst in »Kritik des Herzens« Abstand zu großbürgerlicher Kunstreligion zu halten: »Von Fruchtomletts da mag berichten / Ein Dichter aus den höhern Schichten.« Zudem bietet er die willkommene Gelegenheit zur Selbstdarstellung: Busch pflegt den Habitus eines Großbauern, der Mägde und Knechte beschäftigt und seinerseits nichts dagegen hat, wenn sich eine ansehnliche Magd auch mal mit ihm beschäftigt, der aber weit davon entfernt ist, auf dem glatten Parkett der besseren Gesellschaft zu tanzen.

Und was lernen wir daraus? In »Zu guter Letzt« geht Busch gelassener und bewußter denn je mit seinen Defiziten um. Die angestrengte, fast heuchlerische *devotio* in »Kritik des Herzens« (»Nun klopf ich ganz bescheiden / Bei kleineren Leuten an«), mit der er Johanna Keßler für sich einnehmen wollte, ist einem ruhigen Selbstverständnis gewichen: Friede, Freude, Eierkuchen. So läßt er sich von seiner Küchenliese ganz entspannt einen, ähem, Pfannkuchen backen, obwohl oder gerade weil er es immer noch am Herzen hat. Dort nagt nämlich die altbekannte Ratte »Vergangenheit« unverdrossen fort. Und das bleibt nicht ohne Folgen.

Wer einsam ist, der hat es gut,
Weil Keiner da, der ihm was thut.
   Ihn stört in seinem Lustrevier
Kein Thier, kein Mensch und kein Klavier.
Und Niemand giebt ihm weise Lehren,
Die gut gemeint und bös zu hören.
   Der Welt entronnen geht er still
In Filzpantoffeln, wann er will.
   Sogar im Schlafrock wandelt er
Bequem den ganzen Tag umher.

 Er kennt kein weibliches Verbot,
Drum raucht und dampft er wie ein Schlot.
 Geschützt vor fremden Späherblicken,
Kann er sich selbst die Hose flicken.
 Liebt er Musik, so darf er flöten,
Um angenehm die Zeit zu tödten,
Und laut und kräftig darf er prusten,
Und ohne Rücksicht darf er husten,
Und allgemach vergisst man seiner.
Nur allerhöchstens fragt mal Einer:
Was, lebt er noch? Ei schwerenoth,
Ich dachte längst, er wäre todt.
 Kurz, abgesehn vom Steuerzahlen,
Läßt sich das Glück nicht schöner malen.
 Worauf denn auch der Satz beruht:
Wer einsam ist, der hat es gut.

Nicht mehr als vier Verse (von »Und allgemach vergisst man seiner« bis »Ich dachte längst, er wäre todt«) braucht Busch, um die vorangegangenen neunzehn Zeilen planvoll ins Wanken zu bringen und die abschließende Bekräftigung (»Kurz, abgesehn vom Steuerzahlen, / Läßt sich das Glück nicht schöner malen«) ad absurdum zu führen. Das finale »Wer einsam ist, der hat es gut« liest sich wie eine hohl tönende Travestie der ihrerseits rücklings unterhöhlten Eingangssentenz. Daß schon dort mehr Angst als Wonne mitschwang, deutete die zweite Zeile an: »Weil keiner da, der ihm was thut.«

Busch hat die Ambivalenz seines Lebens angenommen: Er wünscht sich Nähe, aber er erträgt sie nur in geringer Dosis und unter Umständen, die er selbst genau kontrolliert. Lieber verzichtet er auf intime Vertrautheit (»keiner da«), als seine innere Unabhängigkeit in Gefahr zu bringen (»der ihm was thut«). Doch niemand soll sagen, er wisse nicht um den Preis, den er zahlt. Zwar hat er gut funktionierende Ersatzfamilien bei der verwitweten

Schwester, später bei einem Neffen gefunden. Wie gering jedoch die innere Entwicklungsspanne im Leben und Werk des Junggesellen ist, zeigt der Vergleich mit dem Jahrzehnte zuvor geschriebenen Jugendgedicht »Lied eines versimpelten Junggesellen«, in dem dasselbe Thema wie im Gedicht vom Einsamen mit nahezu identischen Kunstgriffen abgehandelt wird.

Auch hier hebt Busch mit viel Lob auf die einsame Männlichkeit an (»Keine Frau befiehlt ihm was, / Hindert ihn durch dies und das, / Und er sorgt für sich allein —«), um den Kehrreim »Schön ist's, Junggeselle sein!« recht deutlich zu unterstreichen, ehe sich das Blatt allmählich wendet und dann neun Strophen später in ein Finale mündet, das den altersreifen Nachfolger an drastischer Komik nun allerdings locker überbietet:

> Heut stolziert er auf und ab,
> Morgen scheißt der Hund aufs Grab,
> Dies ist dann sein Leichenstein —
> Schön ist's, Junggeselle sein!

Kommen wir zum Schluß. Kommen wir sogar zu zwei Schlüssen. Erstens: »Zu guter Letzt« ist das wohlkalkulierte *happy end* einer dunkelgrau schattierten Seelengeschichte, und wie bei jedem guten *happy end* mischt sich auch hier eine gehörige Dosis Melancholie in die Erleichterung, halbwegs heil davongekommen zu sein. Zweitens: Busch mag in vieler Hinsicht ein Mann des neunzehnten Jahrhunderts gewesen sein; wenn es aber darum geht, aus der Scheiße des täglichen Lebens ein *document humain* zu formen, das alle Schlacken komisch transzendiert und allerlei Zeitläufte in alter Frische überdauert, dann findet man wenige, die an ihn heranreichen. Und daran hat sich in den letzten hundert Jahren kaum etwas geändert.

II

DER STERN DES BUNDES

Der Tag war lang, die Arbeit hart, und nun steht uns auch noch das schwierige zweite Jahrzehnt des letzten Jahrhunderts bevor. Höchste Zeit, der wunden Seele eine Weihestunde zu opfern und ein paar Verse lang einer wahrhaft großen Stimme Gehör zu schenken, ach was: ein paar Verse lang mit der Stimme wahrer Größe beschenkt zu werden. Lassen wir den Tag also mit etwas Lyrik ausklingen, ehe wir uns dem im Georgianischen Kalender so schwierigen Jahr 1914 zuwenden, seinen diffizilen Voraussetzungen und seinen vielfältigen Folgen.

> Ich bin der Eine und bin Beide
> Ich bin der zeuger bin der schooss
> Ich bin der degen und die scheide
> Ich bin das opfer bin der stoss
> Ich bin die sicht und bin der seher
> Ich bin der bogen bin der bolz
> Ich bin der altar und der fleher
> Ich bin das feuer und das holz
> Ich bin der reiche bin der bare
> Ich bin das zeichen bin der sinn
> Ich bin der schatten bin der wahre
> Ich bin ein end und ein beginn.

Finden Sie nicht auch, daß dieses Gedicht ziemlich wuchtig daherkommt? Zwölf Verse, und in jedem einzelnen wird zweimal von einem »Ich« gesprochen. Und was für ein Ich das ist! Eine geradezu gottgleiche, allumfassende

Wesenheit scheint hier zu sprechen, die souverän jeden Gegensatz in sich faßt und deshalb auch den Vorwurf der Egomanie mit Leichtigkeit abschüttelt. Ein so abgehobenes, allumgreifendes Wesen kann ja wohl kaum als eitel gelten, nicht wahr?

Zwecklos auch, dem Ich des Gedichtes zu widersprechen, denn es hat immer die passende Antwort parat. »Du bist nicht der Eine« könnte man zaghaft rufen, aber das Gedicht entgegnete darauf mit Donnerstimme: »Ich bin der Eine und bin Beide«, wer auch immer diese beiden sein mögen. »So spricht nur ein Unmensch« könnte ein demokratisch gesinntes Gemüt einwenden, aber das Gottes-Ich des Gedichtes bringt auch diesen Einwand zum Verstummen, indem es sich flugs zu Täter und Opfer gleichermaßen stilisiert: »Ich bin das opfer bin der stoss«.

Formal ist das Ganze schmissig gemacht. Vierhebige Jamben sind der erprobte Rhythmus des Volksliedes und seit Arnims und Brentanos Sammlung »Des Knaben Wunderhorn« das Signum ungezählter lyrischer Superhits. Das gleiche gilt für das Schema des Wechselreims, das den Ohren sofort einleuchtet und gleichzeitig suggeriert: Hier wird so kunstvoll wie eingängig gedichtet. Ein Kleingeist, wer angesichts derart hoher Töne kleinere Verschleifungen monieren oder gar die Kunstfertigkeit des gesamten Stückes in Frage stellen wollte. So sei auch nur kleinlaut und pflichtschuldig angemerkt, daß das deutsche Wort »Altar« ebenso wie sein lateinischer Vorläufer »altare« auf der zweiten Silbe betont wird und nicht, wie das Metrum dieses Gedichtes es einfordert, auf der ersten: »Ich bin der áltar und der fleher«. Was kümmert's einen Gott – der opfert solche Kleinigkeiten ohne weiteres auf dem Altar der Notwendigkeit.

Natürlich ließe sich auch einwenden, daß das Reimen bei einer lyrischen Litanei wie dieser keineswegs gottgleiche Artistik erfordert: Wo buchstäblich Alles und Nichts ins Gedichtschema paßt, wird man um passende

Reimwörter schwerlich verlegen sein. In aller Vorsicht sei es gesagt: Jeder halbwegs sprachbegabte Mensch könnte innerhalb von fünf Minuten zwölf Verse dieser Art aus dem Ärmel schütteln. Probieren wir es gleich einmal.

Ich bin das niesen und die stille
Ich bin der durst und bin das bier
Ich bin der scharfblick und die brille
Ich bin der stil und das geschmier
Ich bin der bläser und die tröte
Ich bin der senkel und der schuh
Ich bin die Vulpius und der Goethe
Ich bin der milchkrug und die kuh
Ich bin der gürtel und die schnalle
Ich bin der garten und das haus
Ich bin der Eine und bin Alle
Ich bin das rein und bin das raus.

Na bitte, klingt doch gar nicht schlecht. Beim Lesen der profanen Kontrafaktur wird auch klar, welche Formen sich der Dichter neben dem Volkslied sonst noch zum Vorbild genommen hat. Kindliche Abzählreime klingen an: »Eeene meene Muh / Und raus bis du«; vor allem aber ist es die Form des Rätsels, die das Gedicht strukturiert. »Wer ist das?« könnte über dem titellosen Text stehen.

Die Antwort dürfte in diesem Fall nicht schwerfallen. So vollmundig hat in der deutschen Lyrik nur einer gedichtet: Stefan George. Er ist der Verfasser dieser Zeilen, und manches spricht dafür, daß er sich selbst auch als deren Held gesehen hat. Es paßt jedenfalls zu Georges Selbstbild, sich als jemanden darzustellen, der »ein end und ein beginn« ist, wie es am Schluß des Gedichtes heißt: Alpha sowie Omega.

Ob Stefan George und seine Dichtung einen Endpunkt markieren oder einen Beginn, ob sie heute noch von Interesse sind oder sich mit ihrer Zeit, die im wesentlichen die Zeit des Deutschen Kaiserreiches war, erledigt haben, ob sie ein Rätsel sind oder wie ein offenes Buch vor uns liegen – das sind Fragen, die der Lyrik-TÜV diesmal klären möchte. Eines immerhin wissen Sie und ich schon nach wenigen Minuten der Lektüre über diesen Stefan George: daß er sich unheimlich gern rätselhaft gebärdete.

*

Vor mir liegt jetzt die im Jahr 1914 erschienene Erstausgabe von Stefan Georges »Der Stern des Bundes«, aufgeschlagen auf Seite einundzwanzig, wo das zitierte Gedicht »Ich bin der Eine und bin Beide« steht. Rein äußerlich ist es ein schönes Buch, gediegen und ohne falschen Prunk: weißer Leineneinband mit goldenem Prägedruck, unbeschnittenes Büttenpapier. So mancher zeitgenössische Buchgestalter könnte sich von der Aufmachung des Bandes eine Scheibe abschneiden, was natürlich schade um die schöne Erstausgabe wäre.

Selbstverständlich finden wir hier auch all die augenfälligen Kennzeichen, die kundige Lyrikleser mit dem Namen Georges verbinden – wie zum Beispiel dessen Privat-Orthographie, die vor allem durch die fast durchgängig gehandhabte Kleinschreibung gekennzeichnet ist. Lediglich das erste Wort jeder Verszeile wird groß geschrieben, ansonsten sind Großbuchstaben für Eigennamen reserviert – sowie für alles, was der Dichter eben besonders hervorheben wollte. Auch Satzzeichen haben es schwer in Georges Welt. Kommata zum Beispiel kommen in »Der Stern des Bundes« überhaupt nicht vor. Statt dessen gibt es seltsame schwebende Punkte zwischen manchen Wörtern, auch das eine Spezialität Georges.

Schließlich gibt es da noch diese eigenwillige Schrifttype, die schon zu Lebzeiten des Dichters als Stefan-George-Schrift bezeichnet wurde. Mein Antiquar nennt sie heute noch so. Trotzdem ist die Stefan-George-Schrift eine Mogelpackung. Es handelt sich nämlich um die sogenannte »Bertholdsche Akzidenz-Grotesk«, eine Jugendstiltype mit breit geschwungenen, klaren Formen. George hat lediglich einige Buchstaben abgewandelt, um den Eindruck einer gleichmäßig laufenden Handschrift zu verstärken.

An Mogelpackungen herrscht bei George kein Mangel, er ist in dieser Hinsicht geradezu ein lyrischer Verpackungskünstler. Auf meiner verzweifelten Suche nach Wahrheit habe ich mich denn auch immer wieder in den Kniffen und Wallungen der von allerlei Winden aufgebauschten danteschen Leihgewänder des Un-Sankt George verirrt. In meiner Not habe ich mich an zwei bedeutende Zeitgenossen gewandt, die freundlicherweise dazu bereit waren, mir umfassend und schnörkellos Auskunft zu gewähren.

Meine erste Pilgerfahrt führte mich in den Süden unseres Landes. In München hatte mir der große Hans Magnus Enzensberger Audienz gewährt. Auf meine Frage, was denn nun von George zu halten sei, bedachte mich Enzensberger erst einmal mit einem klugen, leicht spöttischen Blick. Dann steckte er sich eine Zigarette an, lehnte sich entspannt zurück und antwortete mit freundlicher Bestimmtheit:

»Bei Stefan George muß man, glaube ich, in erster Linie sehen, was das für eine fremde Welt für uns ist, in der dieser Mann groß geworden ist. Man braucht schon einige historische Phantasie, um sich diese Zeit vorzustellen. Und was für uns auch völlig anachronistisch ist, natürlich, ist diese Dichterrolle, für die Stefan George das leuchtendste Beispiel ist. Wie er sich selbst gesehen hat als Dichter, fast als prophetische Figur, als jemand, der über dieser gewöhnlichen Welt weit erhaben irgendwo stand – also, das muß man erst mal sehen, damit man überhaupt der Sache ein bißchen näher kommt.«

An dieser Stelle schlug Enzensberger die Beine übereinander und blickte versonnen dem Rauch seiner Zigarette hinterher. »Wenn man sich jetzt natürlich nicht an diesen Kontext hält«, fuhr er in seiner Rede fort, »und vielleicht auch nicht an die biographischen Momente von diesem Herrn George und seinem Selbstverständnis, sondern auf die Texte sieht, dann sieht es natürlich schon ein bißchen anders aus, soweit man eben von alldem abstrahieren kann. Mir gelingt es nur mit Schwierigkeiten, muß ich sagen, denn die Spuren von alldem sind ja auch in den Gedichten unübersehbar. Aber in dem Maße, in dem man sich vielleicht selbst als Dichter versteht, muß man auch die Qualität sehen: Das war ein äußerst begabter Mann, daran kann ja gar kein Zweifel sein. Also, formal war der sicherlich ein bedeutender Dichter, auch wenn man ihn gewissermaßen nicht leiden kann.«

Klare, wahre Worte, die ich eilends niederschrieb. Doch schon auf der Rückfahrt im Zug wurde mir klar, daß ich, wollte ich endgültige Klarheit gewinnen, einer zweiten Perspektive bedurfte. Neben der luziden Sicht des Dichters sollte auch der scharfe Blick des Literarhistorikers meinen Sinn erhellen. So änderte ich, einer jähen Eingebung folgend, auf halber Strecke meine Pläne und nahm die nächste Bahn nach Berlin. Dort wirkt und waltet einer der bestangezogenen Germanisten diesseits der Oder-Neiße-Linie (und jenseits erst recht): Prof. Dr. Ernst Osterkamp.

Professor Osterkamp empfing mich mit der geübten Freundlichkeit und der untergründigen Unruhe des Vielgefragten. Beim Eintritt in sein Arbeitszimmer sah ich sogleich die nämliche Erstausgabe von »Der Stern des Bundes« auf seinem Studiertisch liegen, die sich auch in meiner Aktentasche befand. Professor Osterkamp richtete das Wort mit der sanften Nachdrücklichkeit eines Abtes an mich.

»Wenn man in den sechziger und siebziger Jahren mit George sich beschäftigte, dann stand man gewissermaßen unter einem politischen Verdacht. Heute ist es die allergrößte avantgardistische Selbstverständlichkeit, sich wieder mit George zu beschäftigen, und zwar deswegen, weil es keine Eindeutigkeiten bei ihm gibt. Die ideologischen Eindeutigkeiten bei ihm sind das Allerlangweiligste, der antibürgerliche Gestus auf der anderen Seite verbindet ihn vielleicht stärker mit der Linken, als ihm das selbst lieb gewesen wäre, und hinter alldem steckt letztlich eine große anarchistische Denkfigur, ein Sich-Herausnehmen aus den gesellschaftlichen Prozessen der Moderne, um seine eigene Utopie im Medium der Kunst zu finden.«

Noch viele weitere schöne Worte sprach der Professor nicht nur mit allergrößter avantgardistischer Selbstverständlichkeit, sondern auch in geschmeidiger Syntax und mit feiner Prononcierung. Ich war es alsbald zufrieden und verabschiedete mich so rasch von dem adretten Exegeten, wie es sich mit den Erfordernissen der Höflichkeit vereinbaren ließ.

Noch während der Heimfahrt sichtete ich meine Bestände und stieß auf erste Widersprüche. Was war denn nun richtig? War Stefan George ein Mensch, der über seiner Zeit stand, wie Professor Osterkamp behauptete? Wie hatte er gleich gesagt? »Hinter alldem steckt letztlich eine große anarchistische Denkfigur, ein Sichherausnehmen aus den gesellschaftlichen Prozessen der Moderne, um seine eigene Utopie im Medium der Kunst zu finden.«

Oder muß man George aus den Bedingungen seiner Zeit heraus begreifen, um seinem Werk überhaupt etwas abgewinnen zu können, wie Hans Magnus Enzensberger es mir erklärt hatte? »Bei Stefan George muß man, glaube ich, in erster Linie sehen, was das für eine fremde Welt für uns ist, in der dieser Mann groß geworden ist, damit man überhaupt der Sache in bißchen näher kommt.«

Ich war verwirrt. In meinem Arbeitszimmer beschloß ich noch am selben Abend, meinen Blick auf Stefan Georges Kindheit und Jugend zu heften. Kindheit und Jugend, so dachte ich, sind die Quelle mancher Trübung unseres Lebensstromes. Vielleicht werden wir des unheiligen St. George am ehesten habhaft, wenn wir ihn bei seiner Wurzel zu packen versuchen. Langsam erhob ich mich und schritt zum Bücherschrank. Beim Buchstaben »B« wurde ich gleich doppelt fündig: Boehringer und Breuer, seid ihr meine Zeugen! Beruhigt und befriedigt begab ich mich zu Bett.

*

Im Jahr 1868 geboren, war Stefan George, rein äußerlich betrachtet, ein Kind des deutschen Kaiserreiches. Auch seine größten Erfolge als Dichter feierte er in dieser seltsamen Epoche, die mit dem Ersten Weltkrieg im Jahr 1918 unwiderruflich zu Ende ging. Schon früh zeigte sich, daß Stefan George anders war als andere – wenn auch auf eine Art, die letztlich recht gut in die Blütezeit eines kulturbeflissenen Bürgertums paßte.

Bereits zu seiner Schulzeit galt er als Einzelgänger, der nur schwer Anschluß an Gleichaltrige fand. Ein Stück verbreiteter George-Folklore besagt, daß der Dichter schon als Junge eine Geheimsprache entwickelt habe. Tatsächlich bezieht er sich noch Jahrzehnte später, in seinem Gedicht »Ursprünge«, nostalgisch auf diese Episode.

> Doch an dem flusse im schilfpalaste
> Trieb uns der wollust erhabenster schwall:
> In einem sange den keiner erfasste
> Waren wir heischer und herrscher vom All.
> Süss und befeuernd wie Attikas choros
> Über die hügel und inseln klang:
> CO BESOSO PASOJE PTOROS
> CO ES ON HAMA PASOJE BOAÑ.

Angeblich handelt es sich bei den beiden exotisch klingenden Schlußversen um eine Übertragung aus dem Homer. Das gibt uns eine Ahnung von der geradezu besessenen

Akribie, mit welcher der junge Dichter seine Phantasiesprache entwickelt haben muß.

Der eigenen Geheimsprache folgen bemerkenswert früh diverse Fremdsprachen. George soll sich schon als Kind und Jugendlicher die Anfangsgründe des Lateinischen, Griechischen, Hebräischen, Italienischen, sogar des Norwegischen selbst beigebracht haben. Was nicht heißt, daß er sich mit dem Erlernen von Fremdsprachen der Welt geöffnet hätte. Das Norwegische zum Beispiel interessiert ihn, weil er Ibsen im Original lesen will. Selbst als er später seine Fremdsprachenkenntnisse auf das Dänische, Holländische und Polnische ausweitet, geschieht dies vorrangig im Interesse literarischer Übersetzungen. Hinter den realen Sprachen steht im Grunde immer noch eine Geheimsprache: die elitäre Sprache der Dichtung. Während andere Menschen Vokabeln pauken, um sich in fremden Ländern verständigen zu können, erlernt sie der junge George vorrangig zu dem Zweck, in ein intimes Zwiegespräch mit Dichtern zu treten.

Kein Wunder also, daß es im Jahr 1886 zu ersten eigenen dichterischen Versuchen kommt. Ein Altersgenosse hat George just in diesem Jahr kennengelernt und den Eindruck, den der damals Achtzehnjährige auf ihn machte, später festgehalten:

> Die dürren langen Finger der fleischlosen Hände ineinander verkrampft, die grauen, undefinierbaren Augen, niemand eines Blickes würdigend, zum Fenster hinaus gerichtet – so lehnte er uns alle restlos ab.

Wie wird man so? Was muß da schiefgelaufen sein? Was wir über Georges Kindheit wissen, ist dürftig und kaum verwertbar. Immerhin soviel ist bekannt: Robert Boehringer, ein Weggefährte Georges, attestiert dem Vater, einem Gastwirt und Weinhändler, die heitere, dem Leben zugewandte Art des Rheinländers. Der Erziehung des Sohnes hat er sich jedoch kaum gewidmet. Über die Mutter Eva George schreibt Boehringer:

> Sie war eine herbe, schweigsame, tief religiöse Frau, und wenn man ihre Bilder ansieht, ist man geneigt, zu glauben, was berichtet wird: sie habe ihre Kinder nie geküßt, auch nicht beim Gutnachtsagen. (…) Ehrgeizig sei sie gewesen, und ohne Umgang. (…) Es sei schwer gewesen, mit ihr auszukommen (…) sie liess die aufwachsenden Kinder ihre eigenen Wege gehen.

Es war also ganz und gar nicht wie in Goethes autobiographischem Vierzeiler: »Vom Vater hab' ich die Statur, / des Lebens ernstes Führen. / Vom Mütterchen die Frohnatur / und Lust zu fabulieren.« Eher umgekehrt:

> Vom Väterchen die Dorfnatur
> des Lebens simples Führen.
> Von Mutters Art die kalte Tour
> und Lust zu regulieren.

In der Tat: Das Foto der Eva George zeigt eine Frau, die in Kümmernis erstarrt zu sein scheint. Besonders der breite, schmale, fest zusammengepreßte Mund fällt auf. Auch George hatte schon früh eine ähnlich verhärtete Mundpartie. Wie fühlt sich ein kleiner Junge, der niemals von seiner Mutter geküßt wird? Und wie hat die Mutter reagiert, wenn der Sohn es trotzdem versucht hat? Mit Entsetzen, mit Unwillen, mit kühler Abwehr, mit einem streng ausgesprochenen Verbot?

Wir werden es nicht mehr erfahren. Eines aber ist klar: Ein normales Heranwachsen kann es in diesem Elternhaus nicht gegeben haben. Wenn wir nach einem Grund suchen, weshalb George sein Leben lang größte Schwierigkeiten hatte, in einen gleichberechtigten Gefühlsaustausch mit anderen zu treten, dann brauchen wir nicht in die Ferne zu schweifen: Hier ist er gefunden.

Der Soziologe Stefan Breuer hat vor einigen Jahren unter dem Titel »Ästhetischer Fundamentalismus« eine mutige Arbeit über George veröffentlicht, in der er den Dichter quasi auf die Couch legt. Breuers Königsweg zu Georges Psyche ist die Narzißmus-Theorie des Psychologen Heinz Kohut. Demnach war die menschenscheue, ja menschenfeindliche Eva George denkbar ungeeignet, den normalen frühkindlichen Narzißmus ihres Sohnes durch die richtige Mischung aus Anerkennung und behutsamer Zurechtweisung zu transformieren und so – wie Breuer formuliert – »für eine Besetzung realer Funktionen und Strukturen verwendbar zu machen«.

Aus den Untersuchungen Heinz Kohuts wissen wir, welche verheerenden Folgen ein Versagen der Echo- und Spiegelobjekte in der frühesten Kindheit haben kann. Das Größen-Selbst wird nicht abgebaut, nur verdrängt oder abgespalten; es hält einen großen Teil der narzißtischen Energien in einem archaischen Stadium fest und verhindert, daß sie später dem realen Selbst zugeführt werden. Dieses Selbst bleibt dadurch unterbesetzt und schwach.

Das hat offenbar weitreichende Folgen:

Damit zusammen hängt die übergroße narzißtische Verwundbarkeit, die extreme Reaktionen auf Kränkungen auszulösen vermag; die Neigung zu Kompensationsmechanismen wie Verleugnung der Realität und Idealisierung der eigenen Person (...); der Hang zur Abwertung der Umwelt, der sich ebensosehr in Abkehr und Abschottung wie im Wunsch nach magisch-sadistischer Kontrolle der Welt äußern kann.

Bestätigungen für Breuers These finden sich in Georges Werk allerorten. Sie erklärt auch eine frappierende Äußerung des älteren, längst zu Ruhm gelangten St. G. über das ungeliebte eigene Frühwerk.

Das ist von einem, der George noch nicht kannte...
Damals gab es noch keinen Stefan George.

Lieber riskiert George die Spaltung in ein kleines, uneigentliches Prä-George-Ich und ein überdimensionales Größen-Ich, statt zuzugeben, daß noch kein Meister vom Himmel gefallen ist. Woran wir sehen können, daß George nicht an menschliche Reifeprozesse glaubt, sondern an planvoll herbeigeführte Entwicklungsschübe. In diesem Sinn ist er, wie später Gottfried Benn, ein Dichter des Statischen. Wir können nur ahnen, wie übermächtig die Angst vor Kontrollverlust sein muß, die solche Akte der Selbstverleugnung produziert.

Lassen wir unter diesen Vorzeichen noch einmal das Gedicht »Ich bin der Eine und bin Beide« Revue passieren, so wird klar, daß daraus nicht nur Selbstüberhöhung spricht, sondern auch die Kehrseite der Arroganz: Unsicherheit und Identitätsschwäche. Schon die erste Zeile deutet ja eine geradezu schizophrene Auflösung der eigenen Identität in mehrere Teilidentitäten an: »Ich bin der Eine und bin Beide«.

Die nächste Zeile erweitert diese Unsicherheit sogar auf den biologischen Bereich der geschlechtlichen Zugehörigkeit – »Ich bin der zeuger bin der schooss« –, während die nachfolgende Zeile das Biologische auf die Geschlechterrollen ausweitet: »Ich bin der degen und die scheide«. Womit die männliche Rolle ganz nach den Spielregeln der wilhelminischen Gesellschaft als das aktive, aggressive Element bezeichnet wäre, die weibliche hingegen als das passive, friedliche.

Daß »scheide« hier parallel zu »schooss« und »zeuger« parallel zu »degen« steht, ist mit Sicherheit kein Zufall. Dazu paßt, daß die nächste Zeile noch einmal das Geschlechterverhältnis, besser gesagt: die Auflösung des Geschlechterverhältnisses im lyrischen Subjekt, in eine bestimmte Richtung präzisiert: »Ich bin das opfer bin der stoss«. Hier stößt nun zweifellos der »zeuger« in die »scheide« und der »degen« in den »schooss«.

Damit kann, der inhärenten Logik des Gedichtes folgend, eigentlich nur ein Akt der Masturbation gemeint sein. Das lyrische Ich kommt offenbar ohne Sexualpartner aus, es ist sich selbst genug, weiß aber auch um das potentiell Zerstörende solcher exzessiven Selbstbezüglichkeit. In der Formulierung »Ich bin das opfer bin der stoss« verschmilzt das Bild der Selbstbefriedigung mit dem des Selbstmordes. Gewalt und Sexualität liegen hier ganz nah beieinander.

*

Den »Wunsch nach magisch-sadistischer Kontrolle der Welt« hat George als Erwachsener ausgiebig ausgelebt: im George-Kreis, der fast berühmter geworden ist als die Poesie des Namensgebers. Er bot ihm die Möglichkeit, seine Kontaktstörungen in einem von ihm stark kontrollierten Umfeld zu überwinden, wenn auch auf Kosten der anderen Mitglieder.

Der Kreis bildet sich Anfang der 1890er Jahre als relativ harmloser »Blätter-Kreis«. Er besteht zu diesem Zeitpunkt aus einer Gruppe ungefähr gleichaltriger Kulturkumpane, die durch die Mitarbeit an Georges »Blättern zur Kunst« miteinander verbunden sind. Neben dem Interesse an der Poesie eint sie ein Hang zur zeittypischen Jugendstil-Ikonographie und die Pflege gewisser Marotten, wie etwa das Aufstreuen eines Weihrauchkornes auf die gerade entzündete Zigarette. George agiert in diesem Bund als der *primus inter pares*.

Im Verlauf der neunziger Jahre erweitert sich der »Blätter-Kreis« und verjüngt sich dabei zunehmend. George baut seine Vormachtstellung aus und entwickelt eine Vielzahl von Strategien, mit denen er die Jüngeren zu Jüngern macht und in Abhängigkeit zu seiner Person hält. Hier einige der Demütigungen, mit denen George die Seinen von Fall zu Fall in Schach gehalten hat:

Er läßt seine Schnürsenkel von den Jüngern binden (ob auf oder zu, ist nicht überliefert).
Er führt Weihespiele mit ihnen auf.
Er begutachtet, was sie schreiben.
Er gibt ihnen Schreibübungen auf.
Er veröffentlicht ihre Werke unter seinem Namen.
Er veröffentlicht seine Werke unter ihrem Namen.
Er fordert sie auf, sich öffentlich zu entkleiden.
Er erfindet neue Namen für sie.
Er verstößt sie nach Belieben aus seinem Kreis.
Er limitiert und kontrolliert ihren Buchbesitz.
Er läßt sich von ihnen die Hand küssen.
Er verbietet ihnen, Brillen zu tragen.
Er verbietet ihnen zu heiraten.

Noch gehört die Beschränkung auf ästhetische und literarische Themen zu den Merkmalen des Kreises, in bewußter Abwendung von politischen und gesellschaftlichen Fragen. Doch das soll sich bald ändern. In den letzten Jahren des alten Jahrhunderts setzt der nächste Entwicklungsschritt ein, an dessen Ende aus dem George-Kreis das geworden ist, was sein Namensgeber als »Bund« oder »Staat« nach vage platonischem Vorbild verstanden wissen will: eine elitäre Kaderschmiede junger Männer, denen angeblich Vorbildfunktion für den Rest der Gesellschaft zukommt. Eine perfide Mischung aus Zuwendung und kalkuliertem Liebesentzug charakterisiert fortan die Beziehung des »Meisters« zu den Jüngern, die ihrerseits ihr Selbstwertgefühl ganz an die Anerkennung durch George knüpfen. George ist nun »Der Stern des Bundes«, um den die anderen kreisen. Das Buch gleichen Namens erscheint in dieser Phase.

Menschen, die Georges außerliterarische Bedeutung herausstreichen wollen, erwähnen gern, daß auch die späteren Hitler-Attentäter Claus und Berthold von Stauffenberg als junge Männer seinem Kreis angehört haben. In der Tat existiert ein Foto aus dem Jahr 1924, das die Brüder zusammen mit George zeigt. Von unbeschwerter Gemeinschaft kündet dieses Lichtbild allerdings kaum. Man sieht einen dämmrigen Raum, dessen Wände eine Tapete mit floralem Muster ziert. Am linken Bildrand sitzt George und schaut mit fest zusammengepreßten Lippen links aus dem Bild. Über den markanten Gesichtszügen wölbt sich eine glatt nach hinten zurückfallende, fast vollständig ergraute Haartolle.

Am rechten Bildrand sitzen in respektvollem Abstand zwei junge Männer, die man ohne weiteres als »hübsche Jünglinge« bezeichnen könnte. Einer der beiden schaut etwas nichtssagend vor sich hin, der andere aber drückt in seiner gesamten Körperhaltung nichts als Zuneigung und Hinwendung aus: Den Oberkörper vorgebeugt, den gelockten Kopf nach vorn gestreckt und zur Seite gelehnt – so schaut der sechzehnjährige Claus von Stauffenberg sehnsüchtig lächelnd zum abgewandten George hinüber.

Das surreale Sahnehäubchen des Bildes ist direkt über dem geneigten Claus-Kopf zu finden. Dort nämlich hängt der Meister ein weiteres Mal: dunkel gerahmt auf floral gemusterter Tapete, eine Fotografie in der Fotografie, die den gleichen finsteren Blick, dieselbe Haartolle und dieselbe starre Körperhaltung zeigt wie das Vorbild am linken Bildrand. Und auch der gerahmte George würdigt die beiden Jünger keines Blickes, sondern visiert statt dessen sein zweites Ich an. Woraus nur eines folgen kann: Der Meister ist alles und alles ist der Meister. Amen.

Natürlich hätte dieser seltsame Dunstkreis nicht als magischer Zirkel der zwielichtigen Art funktioniert, wenn George seinen nach Anerkennung dürstenden Jüngern nicht auch fürsorgliche Anteilnahme gewährt und dosiert Lob ausgeteilt hätte. Doch an der Erziehung eigenständiger Persönlichkeiten war George zu keinem Zeitpunkt interessiert. Das Foto zeigt in seiner frappierenden Bild-im-Bild-Struktur recht deutlich, was dahintersteckt: eine tiefe Persönlichkeitsspaltung, ein doppeltes Ich, das in regem Verkehr vor allem mit sich selbst steht.

Und so kann man sich mit Fug und Recht die beklemmende Frage stellen, was passiert wäre, wenn die Brüder von Stauffenberg in jungen Jahren nicht durch Georges Schule der Unterwürfigkeit und Hörigkeit gegangen wären, sondern statt dessen ein wenig mehr von den süßen Früchten der libertinären zwanziger Jahre genascht hätten. Wäre es völlig undenkbar, daß sich dann in späteren Jahren das aristokratische Gewissen eher gemeldet hätte, daß der Gehorsam schneller und schneidiger verweigert und gar die Bombe im rechten Moment gezündet worden wäre? Man wird darf ja wohl noch fragen dürfen!

*

Nicht erst im Spätwerk Georges finden sich Anzeichen einer herrschsüchtigen und zutiefst gestörten Persönlichkeit. Ein gutes Beispiel für Kontrollwünsche in Georges früher Lyrik ist das folgende Gedicht aus dem 1897 erschienenen »Das Jahr der Seele«, Georges eingängigstem und wohl bestem Gedichtband:

> Die blume die ich mir am fenster hege
> Verwahrt vorm froste in der grauen scherbe
> Betrübt mich nur trotz meiner guten pflege
> Und hängt das haupt als ob sie langsam sterbe.
>
> Um ihrer frühern blühenden geschicke
> Erinnerung aus meinem sinn zu merzen
> Erwähl ich scharfe waffen und ich knicke
> Die blasse blume mit dem kranken herzen.
>
> Was soll sie nur zur bitternis mir taugen?
> Ich wünschte dass vom fenster sie verschwände...
> Nun heb ich wieder meine leeren augen
> Und in die leere nacht die leeren hände.

Die Lyrik-Jury sagt: Leichter Punktabzug wegen des erzwungen wirkenden Reimes von »sterbe« auf »scherbe«, aber ansonsten ein ästhetisch gelungenes und technisch hervorragend gemachtes Gedicht. Die Ethik-Kommision hingegen meint: Ein verstörendes Gedicht, das entgegen dem ersten Anschein nicht von Freuden und Nöten der Hobbygärtnerei handelt, nicht einmal vom Wert der Ästhetik, sondern von der Züchtung werten und der Ausmerzung unwerten Lebens. Man beachte, sagt die Ethik-Kommission, das schon in der ersten Strophe das »haupt« der Blume erwähnt und diese somit vermenschlicht wird. Wir wissen ja, sagt die Ethik-Kommission, wohin derlei in der deutschen Geschichte geführt hat.

Und was sagt der Psychologen-Kongreß? Der Psychologen-Kongreß ist, wie immer, zerstritten, aber einige seiner Redner sagen: Hier wird die Sichtweise eines Gewalttäters, möglicherweise eines Sexualtäters beschrieben: »scharfe waffen« kommen zum Einsatz, und der Mann bezieht seinen Kick aus einer Machtposition, die er gegenüber dem als minderwertig empfundenen, bewußt deklassierten Opfer einnimmt: »ich knicke / die blasse blume mit dem kranken herzen«. Typisch für diesen Täter ist, daß er sich selbst zum Opfer stilisiert, indem er das eigentliche Opfer für seine Enttäuschung verantwortlich macht: »Die blume ... / Betrübt mich nur trotz meiner guten Pflege«.

Emotionen funktionieren für diesen Menschen offenbar nur als Tauschgeschäft von Zuwendung gegen Gehorsam. Das Leiden des Opfers wird als Beleidigung des eigenen Schönheitsempfindens wahrgenommen. Aufgestaute Aggressionen, mangelnde Fähigkeit zur Selbstkritik und eine extrem geringe Toleranz gegenüber Abweichungen von der selbstdefinierten Norm charakterisieren den Täter. Typisch für diesen Typus ist die innere Leere nach der erfolgten Gewalttat, die als das hauptsächliche Wesensmerkmal der eigenen Persönlichkeit wahrgenommen wird:

»Nun heb ich wieder meine leeren augen / Und in die leere nacht die leeren hände.«

Nun hat es in der Literaturgeschichte noch nie an durchgeknallten und randständigen Existenzen gemangelt. Das ist ja gerade das Schöne an Literatur: daß sie wie ein machtvoller Zauber persönliche Schwächen in literarische Stärken verwandeln kann. Der Zauber setzt allerdings voraus, daß Schwächen und Verstörungen bis zu einem gewissen Grad erkannt werden. Gerade der unheilige St. George aber, der sich mehr als alle anderen zum Seher und Wahrsager stilisiert hat, ist gegenüber sich selbst auf beiden Augen blind gewesen. Ein gelassenes Eingestehen seiner schwierigen Disposition finden wir bei ihm so gut wie nie.

Instinktiv freilich wußte George wohl recht gut, woher Gefahr drohte. Das zeigt sein Kommentar über ein aufmüpfiges Mitglied seines Kreises, eine »blasse Blume«, um im Bild zu bleiben, die das Blühen nach des Meisters Sinn vorübergehend verweigerte. Der junge Mann habe sich, schreibt George in einem Brief, bei einem längeren Wien-Aufenthalte offenbar »in übelsten Freudzirkeln bewegt«. Freudzirkel gegen George-Kreis – heute wissen wir, wer bei diesem Spiel gewonnen hat.

*

Zurück zum »Stern des Bundes«. Der ominöse Band zirkuliert einige Zeit als eine Art »Geheimbuch« im George-Kreis, ehe im Jahr 1914, wenige Wochen vor Ausbruch des Ersten Weltkrieges, die erste öffentliche Ausgabe erscheint. Mürrisch vermerkt George in einer »Vorrede« zur schnell fälligen zweiten Auflage:

> Um dies werk witterte ein missverständnis je erklärlicher desto unrichtiger: der dichter habe statt der entrückenden ferne sich auf das vordergründige geschehen

eingelassen ja ein brevier fast volksgültiger art schaffen wollen … besonders für die jugend auf den Kampffeldern.

Ein naheliegendes Mißverständnis, denn in dem Buch herrscht an markigen Versen über Opferbereitschaft und Reckentum kein Mangel: Verse wie ideeller Proviant im Tornister junger Soldaten, die voller Euphorie dem eigenen Tod entgegenstürmen.

> Ihr fahrt in hitzigem tummel ohne ziel
> Ihr fahrt im sturm ihr fahrt durch see und land (…)
> Bang vor euch selbst als euren ärgsten feind
> Und eure lösung ist durch euch der tod.

Wir würden der zentralen Thematik im »Stern des Bundes« nicht gerecht werden, wenn wir nicht zuvor eine entscheidende biographische Episode zumindest gestreift hätten: die Maximin-Geschichte. Denn auch Maximin war nach Georges Willen ein »Stern des Bundes«. Aber wer ist überhaupt dieser ominöse Maximin?

Im Jahr 1902 spricht George in München auf offener Straße einen Jugendlichen an. Er bittet um die Erlaubnis, das Haupt des jungen Mannes zu zeichnen. Der Junge gestattet die Konterfeiung. Er heißt Maximilian Kronberger, ist vierzehn Jahre alt und stammt aus sogenanntem gutem Hause. Der Kontakt wird in der Folge intensiviert, der Jüngling spricht nun öfter beim Dichter vor. Es folgt das seltsame Hin und Her von Anziehung und Abstoßung, durch das George potentielle Nachwuchsjünger auf die Gepflogenheiten im George-Kreis einstimmt. Aber diesmal scheint mehr dahinterzustecken. Wie nur zweimal zuvor in seinem Leben, bei ähnlichen Anfällen von, sagen wir: verklemmter Liebestollheit, befindet sich George in einem höchst angespannten Zustand, der wahrscheinlich durch die panische Angst vor Kontrollverlust ausgelöst wird.

Für jemanden, der sein labiles seelisches Gleichgewicht ganz auf Machtausübung stützt, muß jede echte Liebe eine entsetzliche Bedrohung darstellen. Georges Angst wird dadurch noch verstärkt, daß der junge Mann nicht immer so will, wie sein designierter Meister es wünscht. So legen es zumindest Max Kronbergers Tagebuchaufzeichnungen nahe, in denen unter anderem der schöne, weil völlig normale Satz steht: »Ich brauche mich doch nicht von ihm zusammenschimpfen lassen wie ein Schuljunge.«

Schon die kurzfristige Absage einer Verabredung versetzt George in tagelange Aufregung und führt dazu, daß er dem irritierten Jungen erregte Vorhaltungen macht. Dahinter muß nicht unbedingt Liebe stecken; Stefan Breuer stellt Georges Homosexualität sogar explizit in Frage, weil diese ein liebevolles Interesse am Gegenüber voraussetze, während Supernarziß George immer nur an den eigenen Narzissen schnuppere.

Manches spricht dafür, daß sich Georges Ängste diesmal bis hin zu heimlichen Todeswünschen gegenüber dem widerspenstigen jungen Mann gesteigert haben, den er inzwischen in »Maximin« umbenannt hat. Bei mehreren Kostümbällen gibt Maximin den römischen Knaben mit Veilchenkranz im Haar, dem der als Dante kostümierte George besitzergreifend die Hand auf die Schulter legt – es existiert eine ungemein grotesk wirkende Fotografie dieser Veranstaltung. Georges Biograph Franz Schonauer berichtet unter Berufung auf einen Bericht der Gattin des altgedienten Kreiskumpans Karl Wolfskehl:

Nach einer Erzählung von Hanna Wolfskehl habe für eines dieser beiden Feste George die Kränze selbst flechten wollen, und er sei zu ihr gekommen mit einem Arm voll dunkel-lila Blüten. »Sind sie nicht schön?« habe er gesagt. – Ja, sie sind schön; aber darf ich fragen, wofür Sie sie brauchen? (...) ich will gar nicht wissen für wen. Wenn Sie sie für die Wand brauchen, ist es gut. Aber nicht für einen Lebenden; denn es sind Totenblumen.

George soll die Blumen erschrocken fortgeschafft haben. Dennoch sind es letztlich Veilchen, also genau jene dunkellila Blüten, die den Kopf des Knaben krönen. Einige Zeit später passiert etwas, womit George nicht rechnen konnte: Max Kronberger alias »Maximin« stirbt, nur einen Tag nach seinem sechzehnten Geburtstag. Ausgerechnet eine Genickstarre kostet den widerstrebenden jungen Mann das Leben.

Max Kronbergers Tod stürzt den Dichter zunächst in eine tiefe Krise. Möglicherweise hat er sogar eine Mitschuld verspürt, weil er den jungen Mann unbewußt schon einmal getötet hatte. Klar ist, daß er ihm in den letzten beiden Jahren das Leben nicht gerade leichter gemacht hatte. Georges Lösung für sein seelisches Maximin-Dilemma ist krankhaft, aber nach den Maßgaben des Neurotischen ziemlich genial: Er erklärt den kleinen Max zu einem großen Gott. Im Ernst: Maximin, so behauptet George fortan steif und fest, sei ein Gott auf Erden gewesen, und sein Ableben markiere so etwas wie die Geburt des Heilands einer neuen Zeit.

Das hat gleich mehrere entlastende Folgen für ihn: Erstens macht er den Tod des Gestorbenen auf diese Weise rückgängig, ist also kein heimlicher Gedankenmörder mehr; Max Kronbergers Tod geht ab sofort auf das Konto der Vorsehung. Zweitens ist George nunmehr Papst und Gottvater in einem: Er ernennt nach Belieben Götter und ist zugleich deren Stellvertreter auf Erden. Mehr Macht geht nicht. Die Anerkennung dieser seltsamen Legende bildet fortan das zentrale Zugehörigkeitsmerkmal des George-Kreises. Wer nicht – zumindest dem Schein nach – bereit ist, beim Maximin-Kult mitzumachen, gehört nicht mehr zum Kreis, der sich damit endgültig vom elitären Literaturzirkel zur verschrobenen Sekte wandelt.

Natürlich hat keiner bei diesem albernen, bigotten, obendrein nur allzu durchschaubaren Mummenschanz mitgemacht, weshalb der George-Kreis sich im Jahr 1905 auflöste und George eine bürgerliche Laufbahn einschlug. Er ist dann Versicherungsangestellter in Prag geworden und hat unter dem Pseudonym »Frank Kafka« noch einige ganz passable Kurzgeschichten... Nein, halt, so war es ja gar nicht. Tatsächlich haben sie fast alle mitgemacht bei dem grotesken Spuk. Kein Wunder, schließlich hat George die jüngeren Mitglieder seines Dunstkreises nach ihrer geradezu grenzenlosen Bereitwilligkeit ausgesucht, sich unterzuordnen. Heutzutage wäre er der perfekte Personalchef.

*

»Der Stern des Bundes« ist – nach »Der siebente Ring« – der zweite Gedichtband Georges, der auf Max Kronbergers Tod folgt. Erschienen im Jahr eins des Ersten Weltkrieges und im Jahr zehn nach »Maximins« finaler Genickstarre, kündet der Band kaum noch von einem normalen Trauerprozeß. George ist nun voll und ganz damit befaßt, den Maximin-Mythos künstlich aufrechtzuerhalten und auszuschlachten.

Der Band ist – auch darin dem Vorgänger »Der siebente Ring« ähnlich – nach einer mehr oder weniger sinnträchtigen Kabbalistik strukturiert, die um die Zahl Drei kreist: Er besteht aus drei Kapiteln, die sich in je dreißig Gedichte auffächern; die Eingangsabteilung sortiert sich ihrerseits in dreimal drei, nämlich neun, Gedichte. Zu diesen insgesamt dreimal dreiunddreißig Gedichten addiert sich ein »Schlusschor«, der das Hundert der Gedichte vollmacht. Selbst die Anzahl der Verse ist keineswegs zufällig. Professor Osterkamps Stimme dringt aus der Ferne der Erinnerung an mein inneres Ohr:

»Da sind tausend Verse, also: Millenismus. Das tausendjährige Reich ist Versstruktur geworden, oder nicht mal Versstruktur, sondern Zahlensymbolik, die delegitimierteste Form der Symbolik, die man sich überhaupt noch vorstellen kann: daß Sinn in Zahlen verborgen sein könnte – absurde Vorstellung in der Moderne.«

Ist sie wirklich so absurd? Immerhin stellen Zahlensymboliken ein wesentliches Merkmal der abendländischen Kultur dar und prägen vom Goldenen Schnitt bis zum harmonischen Dreiklang durchaus sinnvolle, ohr- und augenfällige Zusammenhänge aus. Die Dreieinigkeit von Vater, Sohn und Heiligem Geist und ihr Spiegel in den Altartryptichen der bildenden Kunst sind nur zwei Assoziationen zu der Zahl Drei, die George so gern mit Versen umkreist. Es ist sicherlich kein Zufall, daß beide dem sakralen Bereich entstammen.

Bei Dante, dem George sich ohnehin verwandt fühlte, kommt außerdem die Neun als mystische Zahl vor, die sich aus der Heiligen Dreifaltigkeit entwickelt haben soll. Es liegt nahe, neben der symbolischen auch eine thematische Verwandtschaft zu vermuten. Maximin wäre für George demzufolge das, was für Dante die hoch idealisierte Geliebte Beatrice war: ein Liebesobjekt, das lebensverändernde Kraft besitzt. Darauf hatte auch Enzensberger in München verwiesen:

»Er ist ein Möchtegern-Dante. Er hätte es gerne so. Nur, man kann wahrscheinlich im zwanzigsten Jahrhundert so etwas gar nicht mehr ernsthaft in Angriff nehmen.«

George versucht es trotzdem, mit allen formalen Finessen einer jahrhundertealten Dichtungstradition. Schon beim ersten Blättern im »Stern des Bundes« fällt auf, daß er diesmal mit wenigen Ausnahmen auf Reime verzichtet. Gern bedient er sich jedoch des gravitätisch einherschreitenden fünfhebigen Jambus. Die neun Gedichte der ersten Abteilung bestehen ausnahmslos aus jeweils vierzehn solcher Blankverse. Was, nebenbei bemerkt, exakt der Struktur von Sonetten (und dem Metrum in Lessings »Nathan«) entspricht.

Inhaltlich widmet sich das erste Kapitel, »Eingang« betitelt, ausschließlich dem Tod und der göttlichen Wiedergeburt des Knaben Maximin. Maximin nimmt hier – ohne jemals beim Namen genannt zu werden – die zentrale Rolle in einem obskuren Schöpfungsmythos ein. Das erste Gedicht des Bandes beschreibt die triste Zeit vor der Erlösung:

> Damals lag weites dunkel überm land
> Der tempel wankte und des Innern flamme
> Schlug nicht mehr hoch uns noch von andrem fiebern
> Erschlafft als dem der Väter (...)

Eine gar nicht so weit zurückliegende Zeit des Sittenverfalls soll hier offenbar angedeutet werden, in der das lyrische »Wir« nicht einmal mehr am eigenen Leib zu fiebern versteht, sondern nur mehr vom Fieber der Väter »erschlafft« ist. »Dekadenz« wäre dafür wohl das treffende Wort.

Gewisse Verfallserscheinungen kann freilich auch das Gedicht selbst nicht verhehlen: Das Wort »Damals« muß zum Beispiel gegen die normalerweise übliche Betonung gelesen werden, um sich in das metrische Schema zu fügen: »Damáls lag weites dunkel überm land«. Dabei hätten sich leicht Alternativen finden lassen. Ein paar Verse später läuft das Gedicht doch noch zur Hochform auf. Ein Erlöser ist gekommen, der dem erschlafften Leben nach Art der Väter ein Ende bereitet, und in der Tat: »gekommen« ist er gewaltig:

> Da kamst du spross aus unsrem eignen stamm
> Schön wie kein bild und greifbar wie kein traum
> Im nackten glanz des gottes uns entgegen:
> Da troff erfüllung aus geweihten händen
> Da ward es licht und alles sehnen schwieg.

Man kann sich das schön bildhaft ausmalen: Da steht ein Mensch wie ein Stamm, plötzlich sprießt etwas aus ihm hervor, etwas Greifbares und Nacktes, das nun offensichtlich auch ergriffen wird, bis »erfüllung aus geweihten händen« trieft. Armer Max Kronberger, möchte man sagen, der hier zehn Jahre nach seinem frühen Verscheiden noch einmal als »Strammer Max« serviert wird.

Wer aber ist überhaupt das »Wir« dieser Gedichte? Die erschlaffte, sieche Gesellschaft, der mit der Ankunft eines neuen Gottes ein Ende bereitet wird? Der Kreis der Georgeschen In-Group, die hier eine Art kultischen Gruppensex vollführt? Oder das lyrische Ich, das sich vor lauter triefender Weihe und phallischer Selbstergriffenheit kurzerhand im *pluralis majestatis* tituliert? Die Antwort lautet wohl: Alle drei sind sie gemeint, der Dichter, sein Kreis und sein Volk. Lassen Sie uns gemeinsam einen genaueren Blick auf dieses sozusagen dreifaltige »Wir« werfen.

Beginnen wir mit dem Jünger-Wir, das hier mit einer Szene onanistischer Selbstbefruchtung erfreut werden soll: George und sein Kreis haben beizeiten sehr markige Worte gefunden, um der biologischen Unfruchtbarkeit einer reinen Männergesellschaft den Anschein höherer, kultureller Fruchtbarkeit zu verleihen. In den »Blättern für die Kunst« heißt es 1912:

> Nicht von uns, sondern von durchaus objektiver stelle ist auf die gefahr einer feminisierung von ganzen völkern hingewiesen worden, auf das erlöschen aller tüchtigen kräftigen instinkte gegenüber den unkriegerischen, weiblichen, zersetzenden. Daß die Deutschen, wie es die Franzosen eben sind und die Amerikaner werden, sich in ein feminisiertes volk verwandeln, darin liegt eine größere soziale gefahr als in tausend von den zeitungen beschrienen einzeldingen...

Trotzdem bleibt als mißliches Problem: Wie soll sich so eine »tüchtige, kräftige« Männergesellschaft vermehren, ohne mit den zersetzenden »feminisierenden« Eigenschaften des anderen Geschlechts in Berührung zu kommen? In der krausen Dramaturgie, mit der er seinen verstorbenen Jünger Maximin vergöttlicht, hat Stefan George sich auch dazu etwas einfallen lassen. Das zweite Gedicht charakterisiert diesen Gott so:

> Der du uns aus der qual der zweiheit löstest
> Uns die verschmelzung fleischgeworden brachtest

Und tatsächlich, wenige Zeilen später wird so etwas wie eine Zeugungsszene unter Männern angedeutet:

> Und warst der süsse schläfer in den fluren
> Zu dem ein Himmlischer sich niederliess.

Die Folge solch himmlischer Schäfer- oder Schläferstündchen ist nicht nur ein seltsamer Huldigungskult, sondern eine Schwangerschaft in einem buchstäblich doppel-schönen Leib.

> Wir schmückten dich mit palmen und mit rosen
> Und huldigten vor deiner doppel-schöne
> Doch wussten nicht dass wir vorm leibe knieten
> In dem geburt des gottes sich vollzog.

Im nächsten Gedicht ergreift der geschwängerte, quasi sich selbst zeugende Nachwuchsgott das Wort. Er wendet sich an die Jünger und trifft Anweisungen zu einem seltsamen Todeskult.

> So bringt die frommen zweige und die kränze
> Von veilchenfarbenen von todesblumen
> Und tragt die reine flamme vor: lebt wohl!
> Schon ist der schritt getan auf andre bahn
> Schon ward ich was ich will (...)

Hier versucht sich George am deutlichsten vom eigenen Tötungsvorwurf zu entlasten, hier auch wird die Mechanik seiner Entlastungsstrategie am deutlichsten sichtbar.

Der Tote mußte laut George sterben, weil dies Teil seiner heiligen Berufung war. Deshalb auch ist es so wichtig, daß das Gedicht aus der Perspektive des Toten selbst gesprochen wird: Indem er seinen Willen, zu sterben, bekundet, entlastet er alle anderen. Kein Wunder also, daß George hier noch einmal die tödlichen Veilchen des Kranzes einflicht, den Max Kronberger kurz vor seinem Tod tragen mußte.

Und wieder fallen einige handwerkliche Schnitzer auf. Nach dem »engen dunkel« und dem »nackten glanz« der vorangegangenen Gedichte bedenkt uns George nun mit »frommen zweigen«. Als ob Zweige fromm sein könnten! Seine Verwendung von teils überflüssigen, teils verdrehten Adjektiven bleibt neben holpriger Metrik und hohl tönenden Phrasen ein Hauptschwachpunkt seiner Dichtung. Ungerührt von solchen Schnitzern wendet sich George dem zweiten Teil seines dreifaltigen »Wir« zu: dem lyrischen Subjekt, das nun die Schaumgeburt einer männlichen Aphrodite vermeldet:

> Da tauchst du Gott vor mir empor ans land
> Dass ich von dir ergriffen dich nur schaue

Einige Gedichte später faßt George die Paradoxie eines Mythos zusammen, in dem der Schöpfer das Geschöpf und zugleich das Geschöpf der Schöpfer ist:

> Ergeben steh ich vor des rätsels macht
> Wie er mein kind ist und ich meines kindes kind ..

Was im Klartext natürlich heißt: »Ergeben stehe ich vor meiner eigenen Macht«, denn das erwähnte Rätsel hat ja kein anderer als der Dichter selbst ersonnen. So ist George in gewisser Weise Vater, Sohn und Heiliger Geist zugleich, und so haben denn auch die kabbalistischen Spielereien mit der Zahl Drei durchaus ihren inhaltlichen Sinn.

Zwei der drei lyrischen Wir wären damit abgehandelt: Das Jünger-Wir wird mit mitternächtlichen Weihespielen und flammenden Ritualen bei der Stange gehalten; das in sich gespaltene Ich-Wir ernennt sich selbst zum Zeuger und Geburtshelfer eines Gottes und erhofft sich auf diese Weise endlich Einswerdung mit sich selbst. Was aber ist mit dem Gesellschafts-Wir? Gegen Ende des Zyklus findet George Gelegenheit, auch dieses Wir zu bedenken:

> Wie muss der tag erst sein · gewähr und hoffen ·
> Wo du erschienen bist als schleierloser
> Als herz der runde als geburt als bild
> Du geist der heiligen jugend unsres volkes

Der lyrische Mummenschanz hat also nichts Geringeres im Blick als die »heilige jugend unsres volkes«, die dann ja im Jahr 1914 auch voll heiliger Selbstergriffenheit zu den Waffen strömte, um sich geschlossen gegen den Feind zu erheben. Was fragst du da mit süffisantem Lächeln, lieber Leser? »Erheben? Strömen?« Entschuldigung, Georges Phallus-Rhetorik färbt offenbar ab. Sagen wir also besser, wenn auch nicht lieber, was der historischen Wahrheit über diese »heilige jugend« schon eher entspricht: daß sie in die Schützengräben stolperte und sich dort vergasen und zermörsern lassen mußte.

Den unheiligen St. George aber führt der Zwang zur Selbstrechtfertigung nicht an die Front, sondern mit absurder Logik zu völkisch-nationalistischem Gedankengut. Seine Kopfgeburt von der männlichen Selbstbefruchtung paßt sich schließlich sogar den trivialen Biologismen von »Entartung und Verrassung« an, die seit Ende des neunzehnten Jahrhunderts für pseudowissenschaftliche Furore sorgten. George-Freund Percy Gothein hat uns folgenden fatalen O-Ton des Dichters übermittelt:

> Und wir, die wir um menschliches wachstum und blühen wissen, müssen dafür sorge tragen, daß die heranwachsende jugend sich in ihrer angeborenen schönheit wahrt, auf daß das ekle leben sie nicht schände, ihr

nicht den stempel der mißbrauchung ins angesicht drücke. Keine schändung, nein, weihe: das ist unsere heiligste pflicht! Jahrhunderte von nachgeborenen werden uns danken, weil wir in unseren tagen der entartung und verrassung des kostbarsten lebensgutes gesteuert haben. Elend aber die duckmäuser, die hinterm rücken unreines darüber munkeln.

Lieber als vom »eklen leben« geschändet sieht George die Jugend allemal vom »heiligen krieg« gemeuchelt. Dennoch bleibt Georges Haltung zum Krieg stets seltsam vieldeutig. Geschickt entzieht er sich jeder Festlegung. Selbst in Zeilen, die mit dem Schmettern einer Schlachttrompete daherzukommen scheinen, weiß man nicht recht, ob er den Opfertod nun gutheißt oder verdammt. Doch die Jünger des in »Staat« oder »Bund« umbenannten George-Kreises waren für ihn im Jahr 1914 längst zu Vorreitern der ganzen Gesellschaft geworden, zu »hellhaarigen« Fahnenträgern gegen »entartung und verrassung«, die für die höhere Aufgabe bereitwillig ihr Leben aufopfern sollten und zu mehr auch nicht zu gebrauchen waren:

> Ihr habt · fürs recken-alter nur bestimmte
> Und nacht der urwelt · später nicht bestand.
> Dann müsst ihr euch in fremde gaue wälzen
> Eur kostbar tierhaft kindhaft blut verdirbt
> Wenn ihrs nicht mischt im reich von korn und wein.
> Ihr wirkt im andren fort · nicht mehr durch euch ·
> Hellhaarige schar! Wisst dass eur eigner gott
> Meist kurz vorm siege meuchlings euch durchbohrt.

Eine ganze Generation wird zum Opfer ausgerufen und auf die Schlachtbank geschickt. Und wofür das alles? Für ein »reich von korn und wein«. Na, dann Prost.

Hier sehen Sie den unheiligen St. George im letzten Stadium seiner entwicklungslosen Entwicklung. Aus dem krisengeschüttelten Göttervater von eben ist ein misanthropischer Massenmörder geworden, der sich selbst in der Rolle des Weltenlenkers imaginiert.

> Ihr baut verbrechende an maass und grenze:
> ›Was hoch ist kann auch höher!‹ doch kein fund
> Kein stütz und flick mehr dient .. es wankt der bau.
> Und an der weisheit end ruft ihr zum himmel:
> ›Was tun eh wir im eignen schutt ersticken
> Eh eignes spukgebild das hirn uns zehrt?‹
> Der lacht: zu spät für stillstand und arznei!
> Zehntausend muss der heilige wahnsinn schlagen
> Zehntausende muss die heilige seuche raffen
> Zehntausende der heilige krieg.

Die Wucht, die Verächtlichkeit und das lustvolle Ausmalen zeigen uns: Der Mann ist mit kalter sadistischer Lust bei der Sache – wenn auch leider nicht mit entsprechender sprachlicher Virtuosität. Da hilft in der Tat »kein stütz und flick mehr«.

*

Fassen wir die Ergebnisse unserer Überprüfung zusammen: »Der Stern des Bundes« zeigt Stefan George 1914 am Endpunkt einer Entwicklung mit pathologischen Zügen, deren Wurzeln sich bis in die Kindheit zurückverfolgen lassen. Man darf im Fall des unheiligen St. Georg getrost von einer »entwicklungslosen Entwicklung« sprechen, die nicht zu Neuem führt, sondern das Vorhandene nur immer weiter auf die Spitze treibt – im Zweifelsfall bis hin zu völliger Absurdität.

Georg Simmel hat den »Stern des Bundes« schon bei Erscheinen mit größtmöglichem Wohlwollen als ein »Zwischenbuch« bezeichnet, verknüpft mit der Hoffnung auf einen Folgeband, in dem wieder »der Dichter« spreche. Da konnte er lange warten – vierzehn Jahre, um genau zu sein. Erst 1928, fünf Jahre vor dem Tod »des Dichters«, erscheint der nächste Lyrikband Georges. Der pompöse Titel »Das Neue Reich« läßt nichts Gutes ahnen, aber es sei doch vermeldet, daß George zumindest in einigen Gedichten dieser Sammlung zu einem etwas entspannteren Alterston gefunden hat. Die relative Unfruchtbarkeit der letzten zwei Lebensjahrzehnte ist jedoch ein weiteres Indiz dafür, daß George mit dem »Stern des Bundes« künstlerisch und menschlich an einem Endpunkt angelangt war.

In mancher Hinsicht geht unser Dichter diesen fatalen Weg parallel zum jungen Deutschen Reich, der in vieler Hinsicht »verspäteten Nation«, die ebenfalls kollektiv unter dem Gefühl gelitten hat, in sich gespalten zu sein, nicht geliebt zu werden und isoliert in der Welt dazustehen – und die daraus eine ähnlich reizbare, neurotische und aggressive Persönlichkeit entwickelte. Daß einige dieser Tendenzen im Verlauf des vergangenen Jahrhunderts schließlich in einem »Neuen Reich« ganz anderer, wenn auch nicht eben unähnlicher Art kulminierten, sollten wir bei alldem nicht vergessen. Bernhard Rust, den preußischen Minister für Wissenschaft, Kunst und Volksbildung, hat George wenige Monate vor seinem Tod im Jahr 1933 wissen lassen:

> die ahnherrschaft der neuen nationalen bewegung
> leugne ich durchaus nicht ab.

Was natürlich auch ein wenig mißmutig klingt. Ein richtiger Nazi war George wohl schon aus ästhetischen Erwägungen nicht, das hat mir bei meinem Schwabinger Ausflug auch der große Hans Magnus Enzensberger bestätigt.

»Sein Hochmut hat ihn im übrigen auch vor den Nazis bewahrt. Damit konnte er sich nicht solidarisieren, obwohl es vage nationalistische Anhaltspunkte bei ihm gibt. Aber das ging eben nicht, das war irgendwie der Mob für ihn, und mit dem Mob wollte er nichts zu tun haben.«

Welchen Stellenwert aber hat Georges Lyrik heute? In den meisten repräsentativ angelegten Gedichtanthologien wird er immer noch als einer der wichtigsten Dichter seiner Epoche gehandelt und mit entsprechend vielen Gedichten geführt. In der sogenannten »Liste der Jahrhundertlyriker«, die von der Zeitschrift »Das Gedicht« im Jahr 1999 nach dem Votum einer bunt zusammengewürfelten Jury publiziert wurde, taucht er immerhin auf Platz siebzehn auf, weit vor Zeitgenossen wie dem ingeniösen Christian Morgenstern (Platz 37), dem Paradenaturalisten Arno Holz (39) und dem seltsamerweise weit abgeschlagenen Hugo von Hofmannsthal (60), der mir im Zweifelsfall doch der liebere George wäre.

Der »Mob« der normalen Leser aber scheint mit ihm nichts zu tun haben zu wollen. Eine George-Renaissance ist auf dem Buchmarkt beim besten Willen nicht auszumachen, und das, obwohl vor einiger Zeit die Rechte an seinen Gedichten frei geworden sind. Jeder könnte nun Georges Verse publizieren, ohne dafür um Erlaubnis fragen oder Honorare zahlen zu müssen. Jeder könnte, aber kaum einer will. Während bei Rilke seit dem Freiwerden der Rechte etliche Publikationen, bis hin zu einem populistischen »Rilke-Projekt«, den Markt geradezu überschwemmen, bleibt die George-Schwemme einstweilen aus.

Um so eifriger rumort es in einigen germanistischen Hinterzimmern. Glauben wir unserem George-Spezialisten Osterkamp, so ist es vor allem das schmale, aus nur drei Bänden bestehende Spätwerk der letzten drei Lebensjahrzehnte, das in den verruchtesten Opiumhöhlen der Literaturwissenschaft derzeit als Rauschmittel gereicht wird. Über »Stefan Georges poetische Rollenspiele«, so der Titel einer schmalen Veröffentlichung, schreibt der Professor:

Nicht Hofmannsthal, nicht Rilke, sondern Stefan George ist in den intellektuellen Debatten unserer Zeit mit einer Plötzlichkeit wieder präsent, wie sie für die Wiederkehr des Verdrängten charakteristisch ist. Es ist der späte George, der heute alle Aufmerksamkeit auf sich sammelt: also der Dichter der im Zeichen eines radikal sich wandelnden künstlerischen Selbstverständnisses entstandenen Bände *Der siebente Ring, Der Stern des Bundes* und *Das Neue Reich*.

Nun weiß ich ja nicht, an welchen Debatten Professor Osterkamp so teilnimmt. Meine Debatten und meine Kreise sind das nicht, und so sei denn noch einmal in aller Klarheit gesagt: Der frühe wie der späte George sind durch dieselbe Verstörung miteinander verbunden, der späte präsentiert nur eine fortgeschrittene Stufe künstlerischen und intellektuellen Verfalls. Das ganze Georgetum war kein Unternehmen zur Weltrettung, sondern eines zur Selbstrettung auf Kosten anderer. Selbst als solches ist ihm nur eingeschränkter Erfolg beschieden gewesen.

Und was folgern wir daraus?

Lassen Sie es mich so sagen: George war mit seiner Problematik keinesfalls der geistige Führer, als der er sich so gern gebärdete, geschweige denn ein Visionär künftiger »Staaten«. Er hatte jedoch geschickt am *mainstream* einiger Entwicklungen des wilhelminischen Ragouts Fin de siècle teil. Vom Jugendstil-Dandytum bis zum völkisch-germanischen Rassismus schnappte George auf, was die Zeit im Sonderangebot hatte, und hat es dabei verblüffenderweise noch geschafft, von den Zeitgenossen als ein der Zeit und Gegenwartswelt Entrückter wahrgenommen zu werden. So war der unheilige St. George, mit den Worten des jungen Hofmannsthal, bereits im Jahr 1892, »einer der vorübergeht«. Heute, in den ersten Jahren des einundzwanzigsten Jahrhunderts, ist er einer, der lange vorübergegangen ist. Wir müssen ihm nicht nachwinken, er wüßte es nicht zu schätzen.

III

DIE SONETTE AN ORPHEUS

Heute, liebe Freunde poetischer Boliden, haben wir es mit einem Lieblingsmodell aller Liebhaber von Feinsinn und Kulturschnöselei zu tun – ich spreche natürlich von keinem Geringerem als dem berühmten Exkanzlerdichter. Sie wissen schon: dem lyrischen Ghostwriter jenes gewesenen Bundeskanzlers, der von neuen beruflichen Aufgaben (Memoirenschreiben) eventuell dazu veranlaßt worden ist, sich vorzeitig abwählen zu lassen. Sprich: der lyrischen Weihestimme jenes Mannes, der komplexe Rede gern als unnützes Geschwätz und dieses wiederum als »Lyrik« bezeichnete, der aber bei Bedarf ebensogern den Schöngeist und ein Gedicht von unserem nächsten Kandidaten zum besten geben konnte. Aus-wen-dig! Aus'm Kopp! Es waren allerdings immer dieselben zwei Gedichte, und das folgende gehörte nicht dazu.

> Ich lebe mein Leben in wachsenden Ringen,
> die sich über die Dinge ziehn.
> Ich werde den letzten vielleicht nicht vollbringen,
> aber versuchen will ich ihn.
>
> Ich kreise um Gott, um den uralten Turm,
> und ich kreise jahrtausendelang;
> und ich weiß noch nicht: bin ich ein Falke, ein Sturm
> oder ein großer Gesang.

Die acht Zeilen stammen von Rainer Maria Rilke, geboren im Jahr 1875 in der damaligen provinziellen k.k. Metropole Prag. Vierundzwanzig Jahre alt ist unser Mann, als er dieses Gedicht kurz vor Anbruch des zwanzigsten Jahrhunderts veröffentlicht, in seinem 1899 erschienenen »Stunden-Buch«. Das »Stunden-Buch« ist, trotz der Jugend seines Verfassers, beileibe kein Erstling. Fünf Gedichtbände hat Rilke zu diesem Zeitpunkt bereits in die Welt gesetzt; der erste, »Leben und Lieder«, im Jahr 1894 erschienen, war das Werk eines neunzehnjährigen Gymnasiasten.

In seiner Heimatstadt hat er sich damit bereits als hoffnungsfroher Musensohn etabliert. Und immerhin hatte der bedeutende, wenn auch heute weitgehend in Vergessenheit geratene Detlev von Liliencron den jungen Rainer Maria per Briefsendung aus dem Hamburgischen zum Weitermachen ermutigt. Was entweder eine sehr hellsichtige Tat war oder pure Höflichkeit, denn der Nachwelt zeigen die ersten Gedichtbücher Rilkes mit so blumig nach Gartenlaube duftenden Titeln wie »Larenopfer« und »Traumgekrönt« vor allem eines: daß nahezu kein Gegenstand in Sichtweite des jungen Dichters dagegen gefeit war, in Windeseile und mit beängstigender Geläufigkeit zu einer pittoresken Szene zusammengereimt zu werden. Was aber läge in Prag näher als der Hradschin:

> Schau so gerne die verwetterte
> Stirn der alten Hofburg an;
> schon der Blick des Kindes kletterte
> dort hinan.

Weil sich's halt reimen muß, wird aus der verwitterten Fassade flugs eine »verwetterte«, auf daß es sich besser mit den Augen dran hochklettern läßt. Und glauben Sie bitte nicht, »verwettert« sei ein üblicher Ausdruck der damaligen Zeit. Eben habe ich auf meiner binären Schreibmaschine eine sogenannte »Volltextsuche« in einem Sammelwerk namens »Die digitale Bibliothek der deutschen Lyrik« in Gang gesetzt, das immerhin 35.000 Gedichte aus fünf Jahrhunderten enthält. Zu dem Suchwort »verwettert« fanden sich Fundstellen: keine. Ich wettere darauf, daß besagtes Wörtchen eine Spezialität Rilkes ist. Auch die wacklige Metrik unserer Textprobe ist eine Spezialität, die ihn mit den meisten Lyrikdilettanten eint.

Ja, unser Rilke! Keine zwanzig Jahr alt, und erfindet schon Wörter, die keiner braucht. Dafür erlebt er aber auch Sachen, die nicht jedem widerfahren. Ein paar Seiten weiter im lyrischen Frühwerk geschieht seinem lyrischen Subjekt, das wir uns wohl als rasend reimenden Lokalreporter vorstellen müssen, schier Ungeheuerliches. »Bei den Kapuzinern« nämlich, wie das Gedicht im Titel dankenswerterweise erklärt, um dann gleich *in medias res* zu gehen:

> Es hat der Pater Guardian
> vom Klosterschnaps mir angeboten;
> ich kenn ihn schon, den dunkelroten,
> der alle Toten wecken kann.

Von einer nicht so sehr schnaps-induzierten als vielmehr habituellen Selbstbesoffenheit ist bei dem jungen Rilke allzeit auszugehen. Vieles weist darauf hin, daß er die teils staunend-naive, teils frühgereifte Attitüde des braven Buben bewußt kultiviert hat. Daher der leise, manchmal auch recht schrille Unterton von Hysterie, der sich in fast allen frühen und nicht wenigen späteren Gedichten findet. In einem anderen frühen Stück, »Mittelböhmische Landschaft« betitelt, heißt es:

> Im hellsten Licht
> keimt die Kartoffel; dann
> ein wenig weiter Gerste, bis der Tann
> das Bild begrenzt.

Das ist grundsätzlich natürlich eine duftige Begebenheit aus den luftigen Fluren der Redundanz. Aber beachten Sie bitte die Formulierung »bis der Tann das Bild begrenzt«.

Rilke hat in diesem Gedicht – wie in fast allen frühen Arbeiten – sozusagen immer schon den Goldrand seiner Wahrnehmung mitgedichtet. Er gibt zwar vor, treuherzig in die Welt zu schauen und wiederzugeben, was er dort sieht. Doch ehe er die Welt der Erscheinungen in ihrer Eigenheit und Lebendigkeit überhaupt registrieren kann, gerinnt sie ihm immer schon zu kitschigen Postkarten.

Nun räumt jeder ernstzunehmende Rilke-Apologet ohne Umstände ein, daß unser Mann sozusagen aus kleinsten literarischen Verhältnissen stammt. Das sind Jugendsünden, die er später gottlob überwunden hat, sagt der kundige Kenner. Aber hat er wirklich recht? Wenn es um Recherche, um formale Feinarbeit und um sorgsames Ausarbeiten im Detail ging, hat Rilke schnell das Weite gesucht – durchaus im Wortsinn, wie sein unstetes Reiseleben belegt. Lieber hat er jahrelange unfruchtbare Phasen in Kauf genommen, als daß er sich selbst in die Schreibdisziplin nahm. Gedichte zu schreiben, das war für ihn eine Art Allzweckwaffe, mit der er alle bürgerlichen Verpflichtungen abwehren konnte.

Immerhin, sein laxes Verhältnis zur lyrischen Präzision hat sich mit dem »Stunden-Buch« deutlich verbessert. Wer immer hier spricht, weiß zwar noch nicht genau, was er ist und was aus ihm werden soll. Aber daß *etwas* aus ihm werden soll, und daß dazu Arbeit und Mühe gehören werden, das weiß er schon. Und er weiß auch, daß zur Weiterentwicklung die Möglichkeit des Scheiterns gehört, daß also der »letzte Ring«, um in der Bildsprache unseres Eingangsgedichtes zu bleiben, möglicherweise nicht zu erreichen sein wird. Hören wir noch einmal genau hin:

> Ich lebe mein Leben in wachsenden Ringen,
> die sich über die Dinge ziehn.
> Ich werde den letzten vielleicht nicht vollbringen,
> aber versuchen will ich ihn.

Ich kreise um Gott, um den uralten Turm,
und ich kreise jahrtausendelang;
und ich weiß noch nicht: bin ich ein Falke, ein Sturm
oder ein großer Gesang.

Übergroße Bescheidenheit kann man dem lyrischen Ich aller Selbsteinsicht zum Trotz kaum zusprechen: »Ich weiß noch nicht: bin ich ein Falke, ein Sturm / oder ein großer Gesang.« Warum ein Falke und nicht, sagen wir, eine Amsel? Warum ein großer Gesang und kein, na, frisches Lied? Und dann sehen Sie mal, wie er mit Gott umspringt: »Ich kreise um Gott, um den uralten Turm«. Selbst als gesalbter Atheist kann man guten Glaubens sagen: So geht das nicht. Da wird das immerhin respektgebietende Kulturprinzip des Monotheismus auf ein Stück alter Bausubstanz heruntergedichtet, um die man ohne weiteres im lyrischen Kreisverkehr herumflitzen kann.

Die Frage ist, warum Rilke den Mund so voll nimmt. Weil nur derjenige viel erreicht, der sich hohe Ziele setzt, und weil der Prager Schnelldichter schon zur Genüge bewiesen hatte, daß ihm nette Liedchen leicht von der Hand gingen? Oder weil er sich innerlich klein und schwach fühlt? Weil er renommieren muß, um überhaupt vor sich selbst zu bestehen? Das sind einige Fragen, denen der Lyrik-TÜV auf den nächsten Seiten nachzugehen hat. Im Mittelpunkt soll dabei freilich nicht das »Stunden-Buch« stehen, sondern ein Band aus Rilkes Spätwerk, die »Sonette an Orpheus«. Hier läßt sich manches noch klarer erkennen, was im früheren Band erst vage anklingt – im Guten wie im Schlechten. Und wie schon bei den Herren W. Busch und S. George wollen wir den Entwicklungsweg des Künstlers, von diesem Gedichtband ausgehend, bis in die Kindheit zurückverfolgen.

*

Bleiben wir noch einen Moment lang beim »Stunden-Buch«. Aus der zweiten Strophe des zitierten Gedichtes ragt ein »uralter Turm« hervor, der als »Gott« apostrophiert wird. Glauben wir dem lyrischen Meisterarchitekten Peter Rühmkorf, dann hat es mit dieser Art von Bauwerken bei Rilke eine wenig göttliche Bewandtnis – der Turm wäre demnach ein Phallussymbol. Ausgerechnet im scheinbar so religiösen »Stunden-Buch« entdeckt Rühmkorf eine Vielzahl solch aufstrebender Sprachbauwerke:

> Vermutlich muß man gar nicht erst Freud gelesen, sondern nur dem Volksmund aufmerksam zugehört haben, um zu entdecken, daß eine allzu ausgiebige Beschäftigung mit sich selbst auch Selbstbefriedigung genannt werden kann. (...) Wo sich (...) das autoerotische Privatissimum als edle Bauhüttengesinnung stilisiert (...), wo sich die sexuell symbolisierten Interessen (...) unentwegt bemänteln, da entlarvt sich die vorgegebene Andachtsunschuld zunehmend als Camouflage, und was wir eben noch Selbsterhöhung nannten, gewinnt – vice versa – den Anstrich oder den Beigeschmack von Selbstbefleckung.

Diesen Eindruck belegt Rühmkorf mit etlichen plastischen Zitaten:

> »In unsern Händen hängt der Hammer schwer«
> »Was irren meine Hände in den Pinseln?«
> »Du Nachbar Gott, wenn ich dich manchesmal /
> in langer Nacht mit hartem Klopfen störe«
> »Und manchmal kommt ein ernster Hergereister /
> und zeigt uns zitternd einen neuen Griff«.

Nicht nur im »Stunden-Buch«, in fast allen Werken Rilkes finden sich ähnliche Beispiele mehr oder minder verkappter Masturbationsphantasien. In aufgeschlossenen Fachkreisen scheint dieser Komplex inzwischen ähnlich gesellschaftsfähig zu sein wie das Thema Orgasmus auf den Intellektuellenpartys früherer Woody-Allen-Filme. In einen solchen Film glaubte ich mich denn auch versetzt, als mich meine weltumspannende Recherche jüngst nach New York verschlug. In einem Café in der Mercer Street, mitten im schicken »Künstlerviertel« Soho, traf ich auf einen jugendlich wirkenden Mann mittleren Alters, der bei einem Becher Kaffee gerade auf eine mir unglaublich urban und new-yorkerisch erscheinende Art seinen Laptop bearbeitete.

»Der Uli« wurde mir von einem gemeinsamen New Yorker Bekannten als deutscher Germanistikprofessor der nahe gelegenen New York University vorgestellt, ehe er mit der ihm eigenen Freundlichkeit Kaffee und Kuchen für uns holen ging. Wir machten uns mit einander bekannt, indem wir ohne Umschweife auf Rainer Maria Rilkes Masturbationspraxis zu sprechen kamen.

ICH: Ich bewundere es immer sehr, wenn jemand im Café schreibt. Ich könnte das nie, bei all dem Lärm und so.

DER ULI: Ach, das geht schon. Ich arbeite zwischendurch ein bißchen an meinem Rilke-Alphabet. Das macht Spaß, und die Atmosphäre hier ist angenehm.

ICH: Ein Rilke-Alphabet?

DER ULI: Ja, ich beleuchte in alphabetischer Folge verschiedene Aspekte in Rilkes Leben.

ICH: Klingt interessant. Ich muß allerdings gestehen, daß ich mit Rilke so meine Schwierigkeiten habe. Findest du nicht, daß seine Lyrik oft fürchterlich narzißtisch ist, geradezu selbstbefriedigend?

DER ULI: Darüber schreibe ich auch, unter »C« wie Cirkel. Gemeint ist der Höllenkreis der Masturbation. Wußtest du, daß Rilke ein zwanghafter Onanist war?

ICH: Wirklich wahr? Wundert mich nicht, wenn ich an die Gedichte denke. Aber gibt es dafür auch autobiographische Belege?

Der Uli: Ja, er hat gegen Ende seines Lebens einen tief zerknirschten Brief an Lou geschrieben, in dem er ihr seine Masturbationsexzesse beichtet.

Ich: Ach, der würde mich aber interessieren. Ich habe nämlich vor, nächstens selbst einmal...

Wir wurden unterbrochen, wodurch unser kurzer, aber munter bewegter Dialog ein vorzeitiges Ende fand.

Als nun aber unlängst die unsterblichen Reste Rilkes auf meinem Prüfstand lagen, erinnerte ich mich des netten Palavers, brachte des Ulis elektronische Postadresse in Erfahrung und richtete eine Anfrage an meinen transatlantischen Gesprächspartner. Die überaus freundliche Antwort traf binnen weniger Stunden ein und brachte im Anhang eine Vorschau auf das damals noch nicht, inzwischen aber längst in Deutschland erschienene, überaus lesens- und empfehlenswerte »Rilke-Alphabet«. Der Literaturwissenschaftler Ulrich Baer, um ihn nun auch bei seinem bürgerlichen Namen zu nennen, kommt in diesem Buch zu nachfolgend zitiertem Schluß.

> In Rilkes Werk ist (...) eine Leerstelle für die Masturbation vorgesehen, die sich weder mit analytischen noch mit anderen Erklärungen füllen lässt.

Als biographischen Beleg führt Baer ebenjenen Brief Rilkes an, den dieser ein Jahr vor seinem Tod im Jahr 1926 an seine mütterliche Freundin, die Freud-Schülerin Lou Andreas-Salomé, gerichtet hat. Und in der Tat, er spricht darin mit spürbarer Selbstüberwindung und allerlei Verklausulierungen von einem offenbar exzessiven Hang zur Selbstbefriedigung.

> Ich lebe (...) mehr und mehr in der Mitte eines Schrekkens, dessen greifbarste Ursache (eine an mir selbst ausgeübte Reizung) ich mit teuflischer Besessenheit immer dann am meisten steigere, wenn ich eben meine,

die Versuchung dazu überwunden zu haben. Es ist ein entsetzlicher Cirkel, ein Kreis böser Magie, der mich einschließt wie in ein Breughel'sches Höllenbild.

Eine spätere Passage desselben Briefes läßt Rilkes unstetes Reiseleben in einem ganz neuen Licht erscheinen:

Ich (…) reiste nach Paris (…), daß nämlich ein so völliger Wechsel der Umgebung und aller Einflüsse mich, mit einem Schlage, dem Rhythmus der unsinnigen Versuchung entreißen würde (…). Aber der Sieg kam nicht.

Reisen ist ein Leitmotiv in Rilkes Biographie. Sein Lebensweg ähnelt beinahe dem eines Hochstaplers: Rußland, Frankreich, Belgien, Dänemark, Schweden, Deutschland, Italien, Ägypten, Spanien, die Schweiz … fast pausenlos ist er unterwegs gewesen. Man hat ausgerechnet, daß er sich allein zwischen 1910 und 1914 an nicht weniger als fünfzig verschiedenen Orten aufgehalten haben soll. Doch sich selbst entkommt man nicht. So muß auch Rilke kurz vor seinem Lebensende eingestehen:

Stell Dir vor, daß die Besessenheit, sich den alten Schaden mit allen seinen Nachwirkungen und Drohungen anzutun, stärker war, mächtiger (…) und wenn ich (…) in Paris geblieben bin, so war's nur aus Beschämung, als derselbe Verstrickte in meinen Thurm zurückzukehren, in dessen völliger Abgeschiedenheit, wie ich befürchtete, diese mesquinen Teufel erst recht ihr Spiel mit mir übertreiben würden.

»Mesquine Teufel« – da muß man erst einmal drauf kommen. Das ist halt das Schöne an unseren Dichtern: daß sie selbst ihre dunklen Seiten noch in das Licht einer hübschen Formulierung tauchen können. Wobei an dieser Stelle angemerkt sei, daß es nicht die Onanie als solche ist, die den Lyrik-TÜV zu forschendem Stirnrunzeln veranlaßt, sondern die Zwanghaftigkeit und die verrutschte Kostümierung *(penis puppetry)*, mit der sie uns in Rilkes Gedichten begegnet. Ein kühner Vers wie Friedrich Schlegels »Du meine Hand bist mehr als alle Weiber« zeigt, wie man sich der Thematik ohne falsche Schwitzigkeit annehmen kann. Solche Beherztheit findet sich in Rilkes Verklausulierungen leider nur selten.

Immerhin hat er mit den Jahren gelernt, sich in dem dichten Wald aus Phallussymbolen, der sein Werk und seine Phantasie prägt, immer besser zurechtzufinden. Sein zeitweiliges Interesse für die Psychoanalyse mag einiges dazu beigetragen haben. Zu seinen vielleicht besten Gedichten gehört denn auch ein Zyklus ganz offen phallischer Gedichte. Das dritte Stück der Reihe geht wie folgt:

> Mit unsern Blicken schließen wir den Kreis,
> daß weiß in ihm die wirre Spannung schmölze.
> Schon richtet dein unwissendes Geheiß
> Die Säule auf in meinem Schamgehölze.
>
> Von dir gestiftet steht des Gottes Bild
> am leisen Kreuzweg unter meinem Kleide;
> mein ganzer Körper heißt nach ihm. Wir beide
> sind wie ein Gau darin sein Zauber gilt.
>
> Doch Hain zu sein und Himmel um die Herme
> das ist an dir. Gieb nach. Damit
> der freie Gott inmitten seiner Schwärme
> aus der entzückt zerstörten Säule tritt.

Der Tanz um Gott Phallus präsentiert sich hier nicht mehr als bigottes Kostümfest, sondern als Feier eines weitgehend unkontrollierbaren Sexus. Als erotisches Gedicht jedenfalls ist »Mit unsern Blicken schließen wir den Kreis« sprachlich gut gemacht, wie Rilke in sprachlichen Belangen überhaupt meistens zu trauen ist – da tönt vieles so glasklar und glockenhell, wie man es sich nur wünschen kann. Und das, was Johann Christian Günther einmal in einer schönen Wortschöpfung als »Perlentau« bezeichnet hat, verklebt das Gedicht nicht mehr wie das Taschentuch eines Sextaners, sondern benetzt und, nun ja, befruchtet es sogar. Bestenfalls.

Wenn es um die nötige Distanz des Dichters zu seinen Gegenständen geht, darf man vielleicht sogar die Prager Poesie-Postkarten der Frühproduktion loben: Das waren zwar oft genug banale Fingerübungen, aber immerhin weist ein Postkartenmotiv schon eine gewisse Distanz der Durcharbeitung auf. Zum rückhaltlosen Herzensausgießer taugt Rilke sowenig wie zum dichtenden Intellektuellen. Künstliche Verdunkelungen und verbale Tranfunzeleien à la George hat er nicht nötig gehabt. Das wollen wir ihm, bei allen Einwänden im Detail, hoch anrechnen.

*

Rilkes Brief an Lou führt uns unmittelbar zu den »Sonetten an Orpheus«. Der »Thurm«, dessen völlige Abgeschiedenheit ihn Mitte der zwanziger Jahre so ängstigt, hat ihn noch wenige Jahre zuvor aus genau diesem Grund magisch angezogen. Und diesmal ist der Turm ausnahmsweise kein Symbol. Weder steht er für einen Phallus, noch steht er für Gott. Er steht für sich, und zwar im Schweizer Wallis, in einer Weinbaugegend an der deutsch-französischen Sprachgrenze.

Als Rilke bei einer Schweiz-Reise im Jahr 1921 auf die alte Turmburg Muzot aufmerksam wird, befindet er sich in einer ziemlich verzweifelten Lage. Zehn Jahre produktiver Dürre liegen hinter ihm. Einen bürgerlichen Beruf hat der Sechsundvierzigjährige niemals erlernt oder ausgeübt. In seiner Lebensführung ist er auf die Großzügigkeit und Gastfreundschaft zumeist adliger Freunde angewiesen, die in ihm, bei aller Freundschaft, doch immer den Dichter fördern und nicht den Müßiggänger.

Auch der Schock des Ersten Weltkrieges wirkt noch in ihm nach. Der sonst so Rastlose hat den größten Teil der Kriegsjahre in ungewohnter Seßhaftigkeit in München verbracht. Eher und stärker als andere muß er – der Vielgereiste, viele Sprachen Beherrschende – gespürt haben, daß im Strudel dieses Krieges das alte Europa untergegangen war und damit auch jene kunstsinnige Welt, deren Gunst ihn bislang ernährt hat. Jetzt will er seinem Pegasus noch einmal die Sporen geben, und dazu bringt er zwei bereits erprobte Radikalstrategien in Anwendung: plötzlichen Ortswechsel und absolute Einsamkeit. Ein wohlhabender Freund und Gönner kann dazu bewegt werden, das leerstehende Gemäuer anzumieten und dem Dichter zur Verfügung zu stellen. Doch bevor Rilke sich in völliger Isolierung üben kann, muß erst noch die Dienstbotenfrage geklärt werden. Was wäre Einsamkeit ohne die richtige Aufwartung! Ein hinreichend schweigsames und tüchtiges weibliches Wesen aus der Region wird gesucht und zum Glück alsbald gefunden.

Rilke schreibt indessen an seine zahlreichen Bekannten lange Briefe, in denen er erklärt, daß er nun eine Weile keine langen Briefe mehr schreiben könne, weil ihm sonst nichts Mitteilenswertes für die zu schreibenden Meisterwerke bleibe. Muzot, diesen eher kargen Wohn- und Wehrturm aus dem Mittelalter, nennt er erst ein »Schlößchen«, später ein »Château«. Wir dürfen darin ohne weiteres die Erfüllung eines Lebenstraumes sehen: Endlich hat der Dichter, der lebenslang beim Blick in den Spiegel seine adlige Herkunft zu erkennen glaubte (»Des alten lange adligen Geschlechtes / Feststehendes im Augenbogenbau« heißt es mit unverstellter Beglückung in dem Gedicht »Selbstbildnis aus dem Jahre 1906«), endlich also hat Rilke sein Lehen in Form eines Turmes erhalten. Ausgerechnet eines Turmes, nachdem er schon ein Vierteljahrhundert zuvor erklärt hat, lebenslang um einen solchen kreisen zu wollen!

Nun also verfügt der eingebildete Adlige endlich über sein »Schlößchen«, der Narziß über eine Stein gewordene Erektion und der Dichter über seinen Lebensmittelpunkt. Das Kreisen schließt sich, könnte man sagen, zumal Werner Reinhart – der Gönner, der den Muzot-Turm für Rilke angemietet hat – das Gebäude im Frühjahr 1922 erwirbt und dem Dichter als Leihgabe auf Lebenszeit überläßt. Gerade noch rechtzeitig, denn knapp fünf Jahre später stirbt Rilke, an Leukämie erkrankt, nur wenige Wochen nach seinem einundfünfzigsten Geburtstag.

Aber wir greifen vor. Zurück zu Rilkes Einzug auf »Château« Muzot. Es vergeht kein halbes Jahr, bis er für seinen Lehnsherrn auf seiner wankelmütigen Pegasus-Rosinante in die Schlacht zieht. Im Februar 1922 schleudert Rilke den gesamten Zyklus der fünfundfünfzig »Sonette an Orpheus« buchstäblich aus sich heraus – und den größten Teil seines zweiten Spätwerkes, der »Duineser Elegien«, obendrein. Der erste Teil der Sonette – nicht weniger als sechsundzwanzig an der Zahl – ist fast vollständig binnen vier Tagen entstanden. Macht im Schnitt sechs Sonette pro Tag. Lyrische Sportreporter dürften an dieser Leistung ihre helle Freude haben. Man bedenke: Shakespeares gesamtes lyrisches Werk besteht aus einhundertvierundfünfzig Sonetten, die seinen Weltruhm als Dichter auf Jahrhunderte begründeten. Und Baudelaire schrieb an den hundert Gedichten der Erstausgabe seiner »Blumen des Bösen« – darunter auch etliche Sonette – immerhin fünfzehn Jahre lang. Macht alle acht Wochen ein Gedicht.

Lyrische Formkünstler lassen sich normalerweise viel, viel Zeit, ehe sie ein Werk für vollendet ansehen. Gerade das Sonett ist, richtig gehandhabt, eine stark verdichtende, zur sprachlichen und gedanklichen Klärung zwingende Form. Für Rilke hingegen ist Dichten zeitlebens ein eruptiver Prozeß gewesen. Schreiben bedeutet für ihn kein stetiges, absicherndes Voranschreiten im Text, sondern speist sich aus Momenten der Selbstentäußerung. Auf diese Phasen der rauschhaften Produktion wartet, für sie lebt er.

Eine interessante Konstellation: auf der einen Seite die klassische Gedichtform des Sonetts samt altehrwürdiger Orpheus-Thematik, auf der anderen Seite der lyrische Schnellschütze und Masturbationskünstler Rilke, der in drei rauschhaften Wochen wettzumachen versucht, was er in zehn Jahren versäumt hat... Ob das gutgehen kann? Hören wir's uns an.

> Da stieg ein Baum. O reine Übersteigung!
> O Orpheus singt! O hoher Baum im Ohr!
> Und alles schwieg. Doch selbst in der Verschweigung
> ging neuer Anfang, Wink und Wandlung vor.
>
> Tiere aus Stille drangen aus dem klaren
> gelösten Wald von Lager und Genist;
> und da ergab sich, daß sie nicht aus List
> und nicht aus Angst in sich so leise waren,
>
> sondern aus Hören. Brüllen, Schrei, Geröhr
> schien klein in ihren Herzen. Und wo eben
> kaum eine Hütte war, dies zu empfangen,
>
> ein Unterschlupf aus dunkelstem Verlangen
> mit einem Zugang, dessen Pfosten beben, –
> da schufst du ihnen Tempel im Gehör.

So lautet das erste und wohl berühmteste Sonett an Orpheus. Gleich im ersten Vers richtet sich wieder ein so typischer Rilke-Phallus auf. Allerdings verbindet sich mit ihm sogleich die Hoffnung auf »Reinheit« und Erhebung über das rein narzißtische Erigieren hinaus: »Da stieg ein Baum. O reine Übersteigung!« Der zweite Vers setzt zwei weitere O-Anrufungen drauf: »O Orpheus singt«. Ausrufungszeichen. »O hoher Baum im Ohr«. Ausrufungszeichen. Man spürt, wieviel verbalen Kraftaufwand Rilke betreiben muß, um noch einmal aus der Selbstbezüglichkeit in die antike Orpheus-Thematik hineinzufinden.

Tatsächlich evoziert die dreifache Anfangsexklamation ein schwer erträgliches Klischee vom Dichter als Mann-außer-sich, als Ergriffenheitsproklamator. Die magische Qualität des Orpheus-Gesanges wird hier eher gewaltsam behauptet als sprachlich eingelöst. Orpheus, der sagenhafte thrakische Sänger und Kitharaspieler, dem sogar die Tiere, Pflanzen und Steine gelauscht haben sollen, hätte soviel verbales Stöhnen und Schwitzen sicherlich nicht nötig gehabt. Beschwörung hat freilich nicht nur mit Sangeskunst, sondern auch mit Magie zu tun. Und als dreifach ansetzender Zauberspruch erfüllen die fraglichen Zeilen ihren rhetorischen Sinn und Zweck dann doch recht ordentlich. Gerade der etwas lächerlich wirkende Ausruf »O hoher Baum im Ohr!« signalisiert, daß der Zauber seine Wirkung tut. Hören, Singen und Sein sind darin zur untrennbaren Einheit verschmolzen. Der Baum, den wir uns als Orpheus' pflanzlichen Zuhörer, aber auch als Gegenstand seines Gesanges vorstellen können – »Da stieg ein Baum« –, wird durch die Magie des Sängers transzendiert – »O reine Übersteigung!« – und erreicht damit eine vom Materiellen völlig losgelöste Seinsstufe: »O hoher Baum im Ohr!«

Von einem zaubernden Schamanen der Vorzeit wurde nun allerdings erwartet, daß er mit seinem Spruch tatsächlich den gebrochenen Knochen heilen, den ersehnten Regen bringen oder die wilden Tiere zähmen konnte. Rilke hat es da leichter: Dreimal ruft er »O« aus, und schon haben sich die Tiere des Waldes in »Tiere aus Stille« verwandelt, die einen seinerseits verzauberten Wald hinter sich lassen: »Tiere aus Stille drangen aus dem klaren / gelösten Wald von Lager und Genist«. Trotzdem überzeugt der kleine semantische Dreh, mit dem Rilke »stille Tiere« in »Tiere aus Stille« verwandelt: Diese buchstäblich verwandelten Wesen sind nicht einfach leise; nein, sie sind leise »in sich«, und dies nicht, weil sie platterdings »zuhören« würden, sondern »aus Hören«. Es hat schon etwas Magisches, zumindest etwas Sprachmagisches, wie Rilke den Bereich des Konkreten Wort für Wort ins Wesenhafte und Allgemeine »übersteigert«. So nah ist der Exkanzlerdichter seinem Ziel, Sprachkunstwerke von geradezu organischer Natürlichkeit und Evidenz zu schaffen, nicht immer gekommen.

Aber nicht alles, was glänzt, ist reine Übersteigung. Manches an diesem Gedicht ist auch bloß schludrige Ausarbeitung. Gerade die tollen »Tiere aus Stille« knallen zum Beispiel auf wenig artistische Weise aus dem Metrum heraus, das in den ersten beiden Quartetten durchweg jambisch ist. Hier aber hüpft plötzlich vom Beckenrand ein Daktylus ins Gedicht, der in seinem beschwingten Übermut nicht nur schlecht zur beschworenen Stille paßt, sondern auch bewirkt, daß man sich beim Lesen ganz unfeierlich verschluckt.

Kleine metrische Freiheiten genehmigt sich Rilke in den »Sonetten an Orpheus« immer wieder. Freunde der literarischen Moderne werden sagen, daß das Teil seiner Leistung als Erneuerer der alten, vermeintlich angestaubten Sonettform sei. Rilke selbst sieht es ähnlich: In einem Brief an die Frau seines Verlegers, Katharina Kippenberg, spricht er von der

> eigentümlichen Probe und Aufgabe (...) das Sonett abzuwandeln, es zu heben, ja gewissermaßen es im Laufen zu tragen, ohne es zu zerstören.

Das ist natürlich geschickt ausgedrückt: Das Sonett soll quasi »leicht gemacht«, seiner vermeintlichen Schwere beraubt werden. Andererseits hat Rilke die »Sonette an Orpheus« tatsächlich »im Laufen«, nämlich in Windeseile verfaßt. In vier Tagen fünfundzwanzig Sonette – bei soviel lyrischem Laufenlassen kann, wer will, von göttlicher Eingebung sprechen; der Verdacht auf übermäßige Geläufigkeit liegt aber auch nicht fern. Selbst Freunde der klassischen Form müssen freilich zugeben, daß Rilke trotz gelegentlicher Fragwürdigkeiten das Sonett auch dort seinem Geist getreu handhabt, wo er es abwandelt. Etwa wenn er einerseits die Technik des Enjambements auf die Spitze treibt, wenn er neue Sätze mitten im Vers beginnen läßt und sie fast durchweg über die Zeilenbrüche hinaus verfolgt und wenn dennoch die Atempausen präzise auf die Zeilenenden fallen und den Sprechrhythmus vorgeben:

> Tiere aus Stille drangen aus dem klaren
> gelösten Wald von Lager und Genist;
> und da ergab sich, daß sie nicht aus List
> und nicht aus Angst in sich so leise waren (...)

Rilke selbst war natürlich äußerst interessiert daran, die göttliche Inspirationsvariante zu verbreiten. Deshalb ist er auf eine seltsame Mischung aus modernistischem Fortschrittsglauben und altmodischem Inspirationspathos verfallen. Er, der eben noch ganz bescheiden von einer »eigentümlichen Probe und Aufgabe« spricht, sieht sich alsbald von unnennbaren Mächten ergriffen und geleitet. Schon Mitte Februar 1922 – er hat inzwischen nach dem ersten Teil der Sonette in wenigen Tagen auch den größten Teil der »Duineser Elegien« herausgehauen – wird Verlegern und Mäzenen per Post die große Erleuchtung und Erlösung verkündet:

> Alles in ein paar Tagen, es war ein namenloser Sturm, ein Orkan im Geist (...) alles was Faser in mir ist und Geweb, hat gekracht, – an Essen war nie zu denken, Gott weiß, wer mich genährt hat.
> Aber nun ist s. Ist. Ist.
> Amen.

»Gott weiß, wer mich genährt hat«? Es wird wohl Frieda gewesen sein, das eigens angelernte Hausmädchen. Ansonsten fällt wieder einmal die Begrenztheit des Rilkeschen (Selbst-) Erregungsrepertoires auf. Ein »Sturm« wird beschworen, wie einst jener Sturm, der sich so schön auf »Turm« reimte, und natürlich gilt das abschließende »Amen« mal wieder keinem Vaterunser, sondern allein des Dichters eigener, wenn auch von »mesquinen Teufeln« heimgesuchter Göttlichkeit.

Man könnte durchaus einen gewissen Ekel vor dieser großmäuligen Art der Selbstfeier entwickeln, wenn nicht hinter der prunkhaften verbalen Bemäntelung immer auch das nackte, zitternde Menschlein durchschiene. »Ist. Ist«, ruft unser Exkanzlerdichter aus, und auch das erinnert mich an das erwähnte Gedicht, in dem ein Vierteljahrhundert zuvor so tautologisch beschwörend vom »Leben des Lebens« die Rede war: »Ich lebe mein Leben in wachsenden Ringen«. Das Selbstverständliche war für diesen im Grunde identitätslosen Menschen eben nicht selbstverständlich. So liest man seine hochgreifenden Zeilen nicht ohne eine gewisse Rührung.

Doch mit seinem spätfeudalen Mäzenatentroß und seiner altbackenen Erleuchtungspoetologie ist Rilke Anfang der zwanziger Jahre längst zu einer anachronistischen Gestalt geworden; der Rückgriff auf die mythische Orpheus-Gestalt bildet fast schon ein Eingeständnis dessen. Warum flüchtet er sich in längst nicht mehr zeitgemäße Allmachtsphantasien von einem Lyriker-Sänger, der mit seinem Gesang fiktive Welten erschafft und beherrscht? Warum hat er sich so hartnäckig einer bürgerlichen Existenz verweigert und darauf bestanden, daß ein »normales Leben« sich mit einer Existenz als Dichter nicht vereinbaren ließe? Machen wir es wie die Freud-Schülerin Lou Andreas-Salomé, und halten wir Ausschau nach möglichen Antworten in der Kindheit unseres Dichters. Salút Muzot, wir kommen wieder! Zurück ins Prag des Jahres 1875.

*

Alle Biographen sind sich darin einig, daß Rilkes Eltern kein Traumpaar gewesen sind. Als Rainer Maria zur Welt kommt, ist Vater Josef siebenunddreißig Jahre alt und hat den fehlgeschlagenen Versuch einer militärischen Karriere bereits hinter sich. Selbst seinen bescheidenen Posten als Bahnhofsvorsteher konnte er nur durch die Protektion des erfolgreicheren Bruders ergattern. Mutter Sophia Rilke stammt hingegen aus einer großbürgerlichen Prager Familie. Ihre Heirat mit einem schlichten Eisenbahnbeamten bedeutet einen gesellschaftlichen Abstieg, der sehr spürbar gewesen sein muß, als sie das stattliche Palais der Eltern mit einer vergleichsweise schlichten Mietwohnung vertauschte. Daß Josef Rilke offenbar gern mit jungen Damen und Dienstmädchen poussierte, machte es beiden nicht leichter.

Um so mehr richten sich die Sehnsüchte der Eltern von Anfang an auf das einzige Kind: Der Vater hofft, daß der Sohn einmal die Militärkarriere machen möge, die ihm selbst verwehrt geblieben ist; auch die Wünsche der Mutter gehen in diese Richtung. Einen Offizier zum Sohn zu haben, das würde die gesellschaftliche Stellung der Rilkes in der titel- und rangfixierten k.k. Monarchie ganz erheblich aufwerten. Doch zunächst steht bei der Mutter ein anderes Interesse im Vordergrund: Vor Rilkes Geburt ist eine Tochter des frisch vermählten Ehepaares im Alter von wenigen Wochen gestorben. Nun erklärt die immer noch trauernde Mutter ihren Sohn kurzerhand zur Ersatztochter. Bis zum sechsten Lebensjahr sieht man unseren Dichter in Mädchenkleidern herumlaufen.

Die Mutter verhätschelt ihn entsprechend, wobei ihre Zuwendung keineswegs ungeteilt zu sein scheint. Einerseits unternimmt sie alles, um den Sohn möglichst stark an sich zu binden; andererseits ist sie vorrangig damit befaßt, ihre gesellschaftliche Stellung zu kaschieren und die große Dame zu spielen, und dies notfalls auch auf Kosten des Sohnes, der von ständig wechselnden Gouvernanten versorgt wird. In den relativ beengten Verhältnissen der elterlichen Mietwohnung werden Gesellschaften gegeben, bei denen der kleine René – damals Rilkes Rufname – aus Platzmangel hinter einem Paravent schläft, sozusagen in den Kulissen einer pseudogroßbürgerlichen Inszenierung. Der billige Wein, der bei diesen festlichen Gelegenheiten ausgeschenkt wird, wurde zuvor in teure Flaschen umgegossen. Ein Leben als Schmierenkomödie.

René spielt offenbar mit und versucht es allen recht zu machen. Dem Vater berichtet der eher unsportliche Achtjährige eilfertig aus den Ferien, daß er jetzt auch auf Bäume klettere, was Rilke-Biograph Wolfgang Leppmann zu der schönen Formulierung veranlaßt: »Ein achtjähriger Junge schreibt nicht so altklug; er klettert, ohne viel nachzudenken.« Rilke aber wird hinfort keinen Schritt tun, ohne darüber nachzudenken, wie er ihn zu seiner Selbstdarstellung ausnutzen könne. Die Haltung des braven, treuherzig dreinschauenden Buben kann unser Dichter bei Bedarf sein ganzes Leben lang einnehmen. Er hat auf dem dünnen Eis gehen gelernt, das die Eltern ihm als Lebensweg anboten.

In den »Aufzeichnungen des Malte Laurids Brigge« schildert Rilke unter dem Deckmantel der Fiktion eine Episode, die alle Anzeichen lebhafter autobiographischer Erinnerung trägt. Maltes Eltern befinden sich in dieser Kindheitsepisode auf einer großen Gesellschaft, derweil das Kind zu Hause unablässig nach der Mutter schreit. Allerlei Dienstpersonal versucht den Jungen zu beruhigen, doch der kommt erst wieder zu sich, als man mit dem Wagen nach den Eltern schickt:

> Und auf einmal hörte ich ihn hereinfahren in den Hof, und ich wurde still, saß und sah nach der Tür. Und da rauschte es ein wenig in den anderen Zimmern, und Maman kam herein in der großen Hofrobe, die sie gar nicht in acht nahm, und lief beinah und ließ ihren

weißen Pelz hinter sich fallen und nahm mich in die bloßen Arme. Und ich befühlte, erstaunt und entzückt wie nie, ihr Haar und ihr kleines, gepflegtes Gesicht und die kalten Steine an den Ohren und die Seide am Rand ihrer Schultern, die nach Blumen dufteten. Und wir blieben so und weinten zärtlich und küßten uns, bis wir fühlten, daß der Vater da war und daß wir uns trennen mußten. »Er hat hohes Fieber«, hörte ich Maman schüchtern sagen, und der Vater griff nach meiner Hand und zählte den Puls. (...) »Was für ein Unsinn, uns zu rufen«, sagte er ins Zimmer hinein, ohne mich anzusehen.

Willkommen in der ödipalen Phase! Auffallend an dieser seltsam aufgeladenen Schilderung ist zunächst einmal die sinnliche und zugleich entrückte körperliche Präsenz der Mutter, die dem Kind hier mindestens ebensosehr als verlockende Gesellschaftsdame wie als Mutter entgegentritt. Auffallend ist weiterhin, daß Rilke die Episode nicht mit den Augen eines Mannes, sondern mit denen eines Kindes vergegenwärtigt. Der Sohn konkurriert mit dem Vater um die – hier ganz klar erotisch definierte – Aufmerksamkeit der Mutter. Entsprechend scharf verwahrt sich der Vater: »Was für ein Unsinn, uns zu rufen.«

Falls also der geschilderten Episode irgendeine autobiographische Bedeutung zukommt, liegt es nicht allzu fern, die Mutter der gezielten Förderung und Ausweitung des ödipalen Konflikts zu verdächtigen. Sophia Rilke hat ihren Mann mehr und mehr als Versager gesehen, ihren Sohn hingegen als Posaunenengel einer glorreichen Zukunft. Die ganze Hoffnungsstruktur im Hause Rilke, in der das einzige Kind zum künftigen Heilsbringer einer verrottenden Ehe wurde, kann man schwerlich als gesund bezeichnen.

Zum jähen Bruch kommt es, als René neun Jahre alt ist. Die Ehe der Rilkes ist nun endgültig am Ende. Die

Mutter mietet eine Wohnung für sich an, und der Sohn wird auf die Militär-Unterrealschule Sankt Pölten bei Wien geschickt. In dem Internat soll der Grundstein für seine k.k. militärische Karriere gelegt werden. Rilke hat sich an die knapp vier Jahre in Sankt Pölten bis an sein Lebensende nur mit Entsetzen erinnert. Einem seiner früheren Lehrer schreibt er noch nach Jahrzehnten, daß sein dichterisches Werk nur deshalb habe entstehen können, weil er alle Erinnerungen an Sankt Pölten – Achtung: Freud-Vokabular! – »verdrängt« habe. Schlimmer als die tatsächlichen Gegebenheiten in der eher maßvoll als rigide geführten Anstalt dürfte dabei das Gefühl gewesen sein, daß ihn die Eltern im Stich ließen. Das ohnehin prekäre Verhältnis zur Mutter hat sich nie mehr recht kitten lassen; Rilke bleibt zeitlebens auf der Suche nach Ersatzmüttern.

Die erste und wichtigste Ersatzmutter war die vierzehn Jahre ältere Lou Andreas-Salomé. Rilke hat die damals schon populäre Schriftstellerin als Einundzwanzigjähriger kennengelernt. Das Verhältnis zu ihr hat seinen schwelenden ödipalen Konflikt zuerst in eine Liebesbeziehung, dann in eine Freundschaft überführt. Danach ist Rilke Liebesbeziehungen meist mit jüngeren oder gleichaltrigen Frauen eingegangen und hat den Mutterpart vorzugsweise auf adlige Gönnerinnen übertragen. Zum Ehemann oder Lebenspartner hat er dennoch – oder gerade deshalb – herzlich wenig getaugt: Keine zwei Jahre lang versucht Rilke als Mittzwanziger, mit seiner Frau Clara und der gemeinsamen Tochter in Worpswede so etwas wie eine bürgerliche Existenz aufzubauen, ehe er, entnervt und von Geldsorgen geplagt, das Weite sucht. Trotzdem bleibt er beiden, Frau und Tochter, in lebhaftem Briefwechsel verbunden. Zuneigung aus sicherer Distanz liegt ihm am meisten.

Auch den untüchtig-eitlen Vater scheint er nicht recht akzeptiert zu haben. So gesellt sich zu der Armada der Ersatzmütter die kleinere Reihe der Ersatzväter. Exemplarisch angeführt sei Rilkes Verhältnis zu Auguste Rodin. Der französische Bildhauer steht 1902, als Rilke ihn kennenlernt, in seinen frühen Sechzigern und ist als Künstler wie als Bürger ein gemachter Mann. Heutige Paris-Touristen können sich bei einem Besuch seines Anwesens in Meudon leicht ein Bild von den großzügigen Arbeits- und Lebensbedingungen dieses französischen Repräsentanz- und Nationalkünstlers machen. Rilke ist entsprechend beeindruckt und schreibt flugs eine schwärmerische Monographie, die Rodin zum Künstler schlechthin verklärt. Rodin seinerseits begegnet dem jungen Mann mit Wohlwollen und nimmt ihn auch als Dichter ernst.

Dennoch scheiden die beiden in Unfrieden. Rodin hat dem notorisch klammen Rilke eine Stelle als Privatsekretär angeboten: Rilke soll des Meisters Korrespondenz erledigen, wird dafür durchaus angemessen entlohnt, hat freies Logis und obendrein die Freiheit, kurze Reisen zu unternehmen. Das klingt nicht nach unwürdigen Arbeitsbedingungen für einen aufstrebenden Dichter Anfang Dreißig. Als aber Rodin erkrankt und das Briefeschreiben mehr als die ursprünglich vereinbarten zwei Stunden pro Tag zu beanspruchen beginnt, wird Rilke maulig. Nach acht Monaten kommt es zum Eklat, und Rodin wirft seinen dichtenden Privatsekretär zur Tür hinaus. Rilke seinerseits beschwert sich bei Lou noch nach Jahren über die »klebrige Kleinlichkeit« des Alten, »die Tag für Tag sein Alter zu etwas Groteskem und Lächerlichem macht.« Fazit: Rilke will keine Kleinlichkeit, Rilke will Großzügigkeit, ist aber seinerseits nur bedingt zu Gegenleistungen bereit. Verehrung, am liebsten in Form schnell und schwärmerisch verfaßter Elogen, kann er bieten; stetige Arbeit, sofern sie mehr als zwei Stunden am Tag in Anspruch nimmt, geht zu weit.

Rilkes unentwegtes Reisen gehört sicherlich zu den Versuchen, der eigenen Empfindungs- und Empfangsstörung zu entkommen. Offenbar hat ihn erst die Auflösung im

Transitorischen so etwas wie die innere Kontinuität einer eigenen Persönlichkeit spüren lassen. Über die beiden ausgedehnten Rußlandreisen, die er gemeinsam mit Lou unternimmt, spricht er noch nach Jahrzehnten, als sei ihm ein Erweckungserlebnis zuteil geworden. In Sankt Petersburg notiert er:

> Man erfährt: Land ist groß, Wasser ist etwas Großes, und groß vor allem ist der Himmel. Was ich bisher sah, war nur ein Bild von Land und Fluß und Welt. Hier aber ist alles selbst.

Was genau besehen heißt: Alles, was nicht durch Größe überwältigt, ist gar nicht wirklich vorhanden. Auch die norddeutsche Landschaft um Worpswede ist für ihn nur deshalb »wirklich«, weil sie sein Bedürfnis nach klaren, starken Reizen befriedigt. Hören wir, was er darüber in seinem Tagebuch vermerkt (Hervorhebungen v. m.):

> Unter den *großen* Himmeln liegen flach die dunkelnden farbigen Felder, *weite* Hügelwellen, voll bewegter Erika, daran grenzend Stoppelfelder und eben gemähter Buchweizen, der (…) köstlichem Seidenstoff gleicht. Und wie das alles daliegt, *nah* und *stark* und so *wirklich,* daß man es nicht übersehen oder vergessen kann.

Unwirklich wäre diesem Zitat zufolge also etwas, was man »übersehen oder vergessen kann«. Da aber beides, Übersehen wie Vergessen, so unvermeidbar wie menschlich ist, muß Rilke in ständiger Angst vor Realitätsverlust gelebt haben. Tapfer hält er mit aparten Metaphern dagegen: Der abgemähte Buchweizen ist nicht schön aus sich selbst, sondern weil er einem »köstlichen Seidenstoff« gleicht. So wird bei Rilke vieles mit einer feinen Bordüre von Hysterie umsäumt. Gerade dort, wo er scheinbar ganz genau hinschaut – etwa in den Dinggedichten der mittleren Schaffensphase –, interessiert ihn weniger die Realität als vielmehr der Reizwert, den er aus ihr bezieht – notfalls, nachdem er ihn eigenhändig in sein Motiv hineingedeutet hat. Das beliebte Exkanzlergedicht »Der Panther« beschreibt weniger einen Panther im Käfig als vielmehr die sehr menschlichen Gefühle, die Rilke ihm unterstellt:

> Sein Blick ist vom Vorübergehn der Stäbe
> so müd geworden, daß er nichts mehr hält.
> Ihm ist, als ob es tausend Stäbe gäbe
> und hinter tausend Stäben keine Welt.

Mit anderen Worten: Das Gedicht sagt über den rastlosen Rilke im Gefängnis seiner selbst sehr viel mehr aus als über die Lebensbedingungen einer Raubkatze im Zoo.

*

Für seine innere Rastlosigkeit hat Rilke zwar nicht gerade seine Kindheit, sehr wohl aber seine Herkunft verantwortlich gemacht, besser gesagt: den Mangel an Erbschaft und Abstammung.

> O was für ein glückliches Schicksal, in der stillen Stube eines ererbten Hauses zu sitzen unter lauter ruhigen, seßhaften Dingen (...) Zu sitzen und auf einen warmen Streifen Nachmittagssonne zu sehen und vieles von vergangenen Mädchen zu wissen und ein Dichter zu sein.

Unverzichtbar ist in diesem Zusammenhang der Hinweis auf »vergangene Mädchen«. Das Dichten und die jungen Damen gingen bei Rilke scheinbar immer zusammen: Erst hat er sie bedichtet und bewidmet, dann hat er ihnen das Gedichtete und Gewidmete vorgelesen, als nächstes hat er sie verführt und zum Schluß hat er sie wieder abgestoßen.

Auch die »Sonette an Orpheus« haben eine Muse: »Geschrieben als ein Grab-Mal für Wera Ouckama Knoop«. Ihre Eltern Gerhard Knoop und Gertrud Ouckama Knoop gehörten zu Rilkes Münchener Freundes- und Gönnerkreis: ein echter Baron samt Baronesse. Wera Ouckama hatte eine Laufbahn als Tänzerin angestrebt, war aber schon im Alter von neunzehn Jahren an einer Drüsenerkrankung gestorben. Rilke war ihr nur wenige Male begegnet, soll aber von dem Mädchen sehr beeindruckt gewesen sein. Nach Weras Tod ließ er sich die Aufzeichnungen schicken, die Gertrud Ouckama Knoop während der Krankheit ihrer Tochter angefertigt hatte. Rilke liebte Briefe, Papiere und Aufzeichnungen aller Art, sie gehörten zu jenen »ruhigen, seßhaften Dingen«, mit denen er sich für sein eigenes entgangenes Erbe entschädigte. Aufzeichnungen vom Totenbett einer jungen Frau – das war genau der starke Stoff, den Rilke in Muzot brauchte, um seinen überreizten Empfindungsapparat wachzukitzeln. Es versteht sich von selbst, daß er nicht an den schnöden Details der Krankengeschichte interessiert war oder gar am echten Empfinden von Trauer. Gleich das zweite Sonett führt die frühverstorbene Tänzerin als tragisch-aparte, von allen Schlacken der Realität befreite Kunstfigur ein:

> Und fast ein Mädchen wars und ging hervor
> aus diesem einigen Glück von Sang und Leier
> und glänzte klar durch ihre Frühlingsschleier
> und machte sich ein Bett in meinem Ohr.
>
> Und schlief in mir. Und alles war ihr Schlaf.
> Die Bäume, die ich je bewundert, diese
> fühlbare Ferne, die gefühlte Wiese
> und jedes Staunen, das mich selbst betraf.
> Sie schlief die Welt. Singender Gott, wie hast
> du sie vollendet, daß sie nicht begehrte,
> erst wach zu sein? Sieh, sie erstand und schlief.
>
> Wo ist ihr Tod? O, wirst du dies Motiv
> erfinden noch, eh sich dein Lied verzehrte? –
> Wo sinkt sie hin aus mir?... Ein Mädchen fast...

Die erste Strophe stellt die Verbindung zu Orpheus her, der hier ein »einiges Glück von Sang und Leier« erschafft, also nichts Geringeres als ein perfektes Kunstprodukt. Gegenstand seines Liedes ist offenbar ein Mädchenschicksal. Mehr noch: Das Mädchen selbst scheint in all seiner ätherischen Körperlichkeit ein Produkt der magischen Schöpferkraft dieses Sängers zu sein. Die Suggestivkraft seines Gesanges ist so groß, daß die besungene Mädchengestalt im Wortsinn Eingang findet in das Innere des Zuhörers: »und machte sich ein Bett in meinem Ohr. // Und schlief in mir.« Die Formulierung knüpft unverkennbar an das vorangegangene Sonett und dessen »hohen Baum im Ohr« an: Dieses Zusammentreffen von Phallussymbol und Schleiertänzerin im selben Bett kann Rilke kaum versehentlich unterlaufen sein.

Das litaneihaft wiederholte »Und« der ersten Verse dient der gerafften Wiedergabe des Liedinhaltes, hat aber natürlich auch etwas vom ergriffenen Gehaspel des sich selbst hochschaukelnden Hysterikers an sich. Bedenkt man die äußere Realität Rilkes, der in Muzot die Aufzeichnungen vom Tod einer jungen Frau studiert, fällt auf, wie schnell die harsche Todesrealität der Wera Ouckama Knoop in eine Fiktion umgewandelt wird. Rilke idealisiert und literarisiert die junge Frau derart stark, daß sie frei wird für Phantasiespiele aller Art. Wieder einmal verschafft sich der Dichter einen äußerlichen Stimulus, der letztlich nur dazu dient, die eigene Ergriffenheit zu goutieren. Mich erinnert der Tonfall ein bißchen an jene alte Dame aus meiner Nachbarschaft, die mir immer mit großem Genuß tragische Todes- und Krankengeschichten erzählt, dabei aber alleweil die Hände zusammenschlägt und »Oje!« und »Ach Gott!« ausruft. Dann noch ein bißchen Geschniefe, und ein leises Lächeln der Genugtuung umspielt ihre Lippen.

Sein Programm des narzißtischen Selbstgenusses hat Rilke mit den drei abschließenden Versen der zweiten

Strophe trefflich auf den Punkt gebracht. »Und alles war ihr Schlaf«, heißt es einleitend, ehe es wie folgt weitergeht:

> Die Bäume, die ich je bewundert, diese
> fühlbare Ferne, die gefühlte Wiese
> und jedes Staunen, das mich selbst betraf.

Alles, was unseren Dichter je umgetrieben hat, ist da: seine lebenslange Suche nach Weite, nach haltbarer Ferne; sein dauerndes, genießerisch nachschmeckendes Einfühlen in die Erscheinungen der Natur; seine Bewunderung baumstarker Phallussymbole und das entzückt-erschreckte Umkreisen des eigenen Selbst. Wären nicht das hinkende Metrum und der lasche Reim von »Wiese« auf »diese«, würde ich sagen: Hut ab! So reicht mir ein kurzes An-den-Hut-Tippen.

*

Auch wenn Rilke nach starken Reizen gesucht hat, war er kleinen Dingen gegenüber nicht unempfänglich, solange sie ihm nur genügend Stoff zu ungewöhnlichen Assoziationen lieferten. Und manchmal sind diese Assoziationen sogar geeignet, ihren Gegenstand zu erhellen statt zu verdunkeln. Das fünfte Sonett des zweiten Teils geht so:

> Blumenmuskel, der der Anemone
> Wiesenmorgen nach und nach erschließt,
> bis in ihren Schooß das polyphone
> Licht der lauten Himmel sich ergießt,
>
> in den stillen Blütenstern gespannter
> Muskel des unendlichen Empfangs,
> manchmal *so* von Fülle übermannter,
> daß der Ruhewink des Untergangs
>
> kaum vermag, die weitzurückgeschnellten
> Blätterränder dir zurückzugeben:
> du, Entschluß und Kraft von *wieviel* Welten!

Wir Gewaltsamen, wir währen länger.
Aber *wann,* in welchem aller Leben,
sind wir endlich offen und Empfänger?

Man sieht, wie weit Rilke in seinem Sonettzyklus den thematischen Bogen gespannt hat. Tatsächlich könnte dieses Gedicht auch außerhalb des Sonettenkreises stehen, ohne deshalb weniger verständlich zu sein. Was es dem Zyklus dennoch zugehörig macht, ist – neben der Sonettform natürlich – das Motiv der sich öffnenden Natur. So wie sich die lauschenden Tiere im ersten Sonett öffnen, so öffnet sich hier eine Wiese voller Anemonen – allerdings nicht Orpheus' Gesang, sondern dem Licht der Morgensonne. Geschickt verbindet Rilke Anspielungen auf archaische Sonnenkulte mit pseudobiologischem Vokabular. Verglichen mit dem ersten Sonett wirkt der Duktus deutlich zeitgemäßer. Pathetische Anrufungen findet man hier nicht.

In den aparten Synästhesien eines »polyphonen Lichts« und eines »lauten Himmels« hallt dennoch die alles vereinende Stimme des antiken Sängers nach. Ansonsten fühlt man sich teils an die Naturlyrik eines Oskar Loerke oder Wilhelm Lehmann, teils an die Floralerotik des Jugendstils erinnert. Als klangvolle Etüde, als avanciertes Reimkunstwerk ist dies zweifellos ein hochvirtuoses Stück. Man beachte etwa, wie Rilke drei Strophen mit einem einzigen Satz umspannt, in dem beinahe beiläufig ein Tag von Sonnenauf- bis Sonnenuntergang verstreicht. Daß dann in einem doch recht irdischen Vorgang wie dem Blühen der Blumen »Entschluß und Kraft von wieviel Welten« wirken sollten, könnte man freilich etwas *über*spannt finden.

Es wird ihm um die historischen und prähistorischen Welten der Erdgeschichte zu tun gewesen sein: darum, daß Pflanzen seit Jahrmillionen Tag für Tag die gleiche Stetigkeit in ihrer uneingeschränkten Hingabe an das Sonnenlicht zeigen. Das Gedicht kündet insofern von einem fast kindlichen Staunen gegenüber dem, was wir längst als selbstverständlich hinnehmen und was doch ein Wunder ist: das Wunder der Natur oder, altmodisch ausgedrückt, das Wunder der Schöpfung. Genau diese beiden Ebenen, die des Magisch-Wunderbaren und die des Präzis-Naturhaften, verbinden sich in dem Sonett zu einer sprachlichen und formalen Einheit.

Besagte Hingabe der Anemonen an das Sonnenlicht scheint übrigens eine heiße Sache zu sein. Wir erfahren, daß in den »stillen Blütenstern« ein »Muskel des unendlichen Empfangs« gespannt sei, der manchmal »so von Fülle übermannt« werde, daß er »kaum vermag, die weitzurückgeschnellten Blätterränder« wieder zusammenzuziehen. Man weiß nicht recht, mit welcher Art von Muskel Rilke die eigentlich recht unschuldig wirkenden weißen Blütenblätter des Buschwindröschens vergleichen will. Ein bißchen erinnert das Gedicht hier an die vage obszönen Blütenzeichnungen des Jugendstilkünstlers Aubrey Beardsley, bei denen man sich auch nie ganz sicher sein kann, was sie eigentlich darstellen sollen. Immerhin kommen die blumigen Verse ganz ohne steigende Bäume und ragende Türme aus. Die Moral von der Geschicht' ist dem Pflanzenganzen dann aber allzu angestrengt aufgepfropft:

> Wir Gewaltsamen, wir währen länger.
> Aber wann, in welchem aller Leben,
> sind wir endlich offen und Empfänger?

Gewiß, der Begriff der »Empfängnis« knüpft pflichtschuldig an das erste Sonett an, wo dieses Wort auch schon vorkam. Trotzdem ist die Idee vom gewalttätigen Menschen in einer friedlichen Welt nicht nur ein Gemeinplatz, sondern obendrein ziemlich geistlos formuliert. Drei Zeilen Rilkes wie aus einem »Geschenktext« von Kristiane Allert-Wybranietz, wer hätte das gedacht.

Andererseits: Wir sprachen über Rilke als einen »Empfangsgestörten«. Hier nun äußert er angesichts von Blumen ganz unverblümt die Sehnsucht, als Mensch quasi ungestört auf Empfang gehen zu dürfen. Auch er will an der selbstverständlichen, immer gleichen Ordnung der Dinge teilhaben, anstatt ihr dauernd entfliehen zu müssen. Auch er will morgens am selben Ort aufwachen, an dem er abends einschlief, und dennoch blühen und gedeihen. In diesen drei unscheinbaren Zeilen hat Rilke noch einmal seine ganze Misere zusammengefaßt und zaghaft fragend ins Positive gewendet. Das hat etwas sehr Anrührendes, dem man sich schwer entziehen kann.

Hat Rilke den letzten Ring also erreicht?

Ja, er hat ihn erreicht. Aber ob er ihn vollendet hat? Wie so oft in seinem Werk vermischt sich in den »Sonetten an Orpheus« das Geglückte untrennbar mit dem Überspannten, das Ungekünstelte mit dem Schwülstigen. Am ehesten wird man diesen Gedichten wohl gerecht, wenn man sie als das liest, was sie ihrer Entstehungsgeschichte nach sind: inspirierte aber hastig hingeworfene Etüden eines virtuosen Sprachkünstlers und hemmungslos selbstbezogenen Wahrnehmungsartisten, der seinen inneren Zwängen zu entkommen versucht. Einzelne Stücke aber, das haben wir gesehen, sind wahre Meisterwerke, die zu Recht zu den bedeutendsten Gedichten deutscher Sprache zählen. Hätte Rilke die Kraft und die kritische Selbstdistanz gehabt, auf Grundlage seiner präzisen Reimskizzen richtige, echte Sonette im tieferen Wortsinn zu schreiben – Woche um Woche, Monat für Monat, Jahr für Jahr – ... gar nicht auszudenken, was für ein »großer Gesang« dann hätte entstehen können.

IV

ADEL UND UNTERGANG

Wir nähern uns den dreißiger Jahren, die im Bewußtsein der Nachgeborenen unweigerlich schwarzweiß und grobkörnig sind, von flackernden Fackelzügen beleuchtet und von marschierenden Stiefeln durchhallt werden. So kommt die Geschichte im Fernsehen daher. Im richtigen Leben war, wie immer, manches ganz anders, und die gelebte Zeit dürfte sich erheblich von der dokumentierten unterscheiden. Wie mir kürzlich ein älterer Herr erzählte, gab es damals ein jämmerliches Gesöff, das die Nazis den dt. Volksgenossen anstelle der unliebsamen »Coca-Cola« schmackhaft machen wollten. In dieser Hinsicht war das Blubo-Reich ein echter Pionier, wenn nicht gar ein Thälmann-Pionier der ihm auf dem Stiefelabsatz folgenden DDR. Falsche »Coke« und dauernd dieser dämliche Volkstanz in zopfigen Trachten: In solchen Details verliert sich schnell alles Dämonische, also auch potentiell Beeindruckende. Was sich zeigt, wenn man den Detailblick schärft, ist das Boshafte, Hinterhältige, Denunziatorische, Dümmliche und Brutale eines auf wahnhafter Selbstüberschätzung ruhenden Systems – also all die Charaktereigenschaften, die man täglich an ausgesuchten Mitmenschen studieren kann, bloß eben zu Staatsgröße aufgeblasen respektive zu allgemein verbindlicher Staatsniedrigkeit.

Jede Zeit hat die Dichter, die sie verdient, und so sollte es nicht verwundern, daß unser heutiger Kandidat bei Bedarf boshaft, hinterhältig, denunziatorisch, dümmlich und brutal sein konnte, aber – und auch das gehört in den Bereich des geschärften Detailblicks – eben nicht nur, sondern wahlweise auch ganz anders. Die folgenden Verse schrieb ein anderer über ihn:

> An meinem Gartentor vorbei
> führt aus dem Dorf ein schmaler Pfad
> weiter in den Wald:
> gehe ich diesen Weg,
> dann scheint es angemessen, anzuhalten
> und einen Blick zu tun durch den Zaun
> deines Gartens, in dem sie dich (unter
> den damaligen Umständen blieb ihnen keine andere Wahl
> begruben wie einen geliebten
> alten Haushund.
>
> Erklärte Feinde vor zwanzig Jahren,
> jetzt Nachbarn Tür an Tür, wären wir
> vielleicht gute Freunde geworden,
> mit einem gemeinsamen Umfeld
> und einer gemeinsamen Liebe zum Wort,
> hätten über einem goldenen Kremser
> vielleicht manches lange Gespräch
> über Syntax, Kommasetzung
> und Versbau geführt.

Kein geringerer als der große englische Lyriker Wystan Hugh Auden ist der Verfasser dieser Zeilen. Sie bilden die ersten zwei Strophen eines längeren Gedichts mit dem Titel »Joseph Weinheber«. Audens österreichischer Kollege ist denn auch der freundlich angesprochene »Nachbar Tür an Tür«, um den es in dem Gedicht und in unserem folgenden Test geht. Kein Zweifel, daß es sich um ein autobiographisches Stück handelt. Das »Gartentor«, von dem eingangs die Rede ist, öffnet sich in einer kleinen niederösterreichischen Ortschaft namens Kirchstetten, fünfzig Kilometer westlich von Wien gelegen. Joseph alias Josef

Weinheber besaß dort seit Mitte der dreißiger, Auden seit Ende der fünfziger Jahre ein Haus.

Ein größerer Gegensatz als zwischen diesen beiden Dichtern, von einem launischen Schicksal in dieselbe Wahlheimat geweht, läßt sich schwerlich vorstellen. Um so reizvoller ist es, Audens Anregung zu folgen und sich auszumalen, wie es denn wäre, wenn die beiden vereint »über einem goldenen Kremser« säßen. Der Jüngere, der Engländer, stammt aus großbürgerlichem Haus und hat seine Ausbildung standesgemäß in Oxford abgeschlossen. Erst war er Marxist, dann wurde er Christ. Erst war er Brite, dann wurde er Amerikaner. Zweimal war er verheiratet, aber immer war er homosexuell. Bei den Nazis hätte er sowenig eine Chance gehabt wie die Nazis bei ihm. Jetzt, am Ende seines Lebens, pendelt er im Halbjahresturnus zwischen Manhattan und Kirchstetten.

Ganz anders der Ältere. Weiter als bis nach Italien ist er nie gekommen. Er stammt aus kleinsten Verhältnissen in der Wiener Vorstadt. Er ist im Waisenhaus aufgewachsen. Er ist von der Schule geflogen. Er fühlt sich als bodenständiger Österreicher und wird doch vom dunklen Hallraum des Wortes »deutsch« unwiderstehlich angezogen. Seine erste Frau ist Jüdin, doch um als Schriftsteller nach oben zu kommen, paktiert er mit den Nazis. 1931 tritt er der NSDAP bei. Den »Anschluß« Österreichs an das Nazireich hat er öffentlich gefeiert und insgeheim bald bereut. Doch wenn es nötig erscheint, verfaßt er weiterhin Propagandagedichte kläglichster Machart – so im Jahr 1939 ein Poem namens »Dem Führer«.

Deutschlands Genius, Deutschlands Herz und Haupt,
Ehre Deutschlands, ihm solang' geraubt.
Macht des Schwerts, daran die Erde glaubt.

Fünfzig Jahre und ein Werk aus Erz.
Übergroß, gewachsen an dem Schmerz.
Hell und heilig, stürmend höhenwärts.

> Retter, Löser, der die Macht bezwang,
> Ernte du auch, dulde Kranz und Sang:
> Ruh' in unsrer Liebe, lebe lang!

Jämmerlicher, kümmerlicher, kläglicher geht's kaum, um nur *ein* Adjektiv für jede der drei mißratenen Strophen zu nennen. Und Auden? Er ignoriert Weinhebers politische Verfehlungen nicht, aber er bleibt gelassen und gelangt zu einer erstaunlich milden Einschätzung. Fast beiläufig stellt er fest:

> Ja, ja, man muß es sagen:
> Männer von Übel
> und großem Verderben spannten dich ein.
> Doch nahmen sie dich für lange
> in Beschlag, wo du doch auf Goebbels' Kulturangebot
> erwidertest *In Ruah lossen?*
> Aber Hinz und Kunz
> haben Skandale lieber, und die Jungen
> brechen, ohne dich zu lesen, über dich den Stab.

Und genau so ist es gekommen. Weinhebers Gedichte, noch bis in die sechziger Jahre hinein in Schulbüchern abgedruckt, sind in den letzten Jahrzehnten fast völlig von der Bildfläche verschwunden. Wer dieser Tage in eine Buchhandlung geht, kann dort gerade mal einen einzigen Gedichtband Weinhebers bestellen, mit lustigen Wiana Dialektgedichten. Neun weitere Lyriksammlungen sind ebensowenig lieferbar wie seine drei Romane und die zwei seit Kriegsende erschienenen Gesamtausgaben seiner Werke. Keine gute Bilanz für einen, der in dürftigen Zeiten als einer der Größten galt.

Ist Weinheber also noch zu retten? Oder ist er auf platten Versfüßen zu tief in den braunen Sumpf gewatschelt, um da jemals unbefleckt herauszukommen? Immerhin können nur wenige deutschsprachige Lyriker ein Empfehlungsschreiben von Auden oder seinesgleichen vorweisen. Auch der von Auden zitierte Ausspruch »In Ruah lassen« läßt auf einen nicht allzu untertänigen Dichter hoffen: Mit diesen Worten soll unser Mann auf Goebbels' Frage geantwortet haben, was das Deutsche Reich denn für die österreichischen Schriftsteller tun könne.

Ihr Prüfer vom Lyrik-TÜV will Audens Empfehlung folgen und einen unvoreingenommenen Test am toten Subjekt vornehmen – ganz ohne »goldenen Kremser«, aber mit um so schärferem Blick auf »Syntax, Kommasetzung und Versbau«. Im Mittelpunkt seiner Aufmerksamkeit steht dabei »Adel und Untergang«. Der 1934 erschienene Gedichtband eignet sich gleich aus mehreren Gründen besonders gut für eine erneute Verhandlung des Falles Weinheber: Zum einen markiert er dessen Durchbruch als Lyriker, zum anderen ist er die erste Buchveröffentlichung Weinhebers nach dessen Bekenntnis zum Nationalsozialismus. Wo Triumph und Verstrickung so nah beieinanderliegen, wächst vielleicht das Rettende auch. Oder auch nicht.

*

Wer Audens Anregung folgt und Weinheber erst einmal liest, ehe er ihn verdammt, wird feststellen, daß grobschlächtig zusammengereimte Elogen auf die Nazidiktatur in seinem Werk eher selten sind. Nicht selten vernimmt man deutlich zartere Töne. Etwa in der folgenden Strophe über die Wahlheimat Kirchstetten aus dem Jahr 1941, die sich fast wie eine Replik auf Audens Verse liest:

> Also komm, und nimm sacht meine Hand!
> Hier ist Lehm, hier ist Luft, hier ist Land,
> hier ist alles, das Erdengegebne.
> Wie, du meinst, das sei schön und das nicht?
> Laß die Zeit! Hier im Übergang spricht
> Das Gebirge so gut wie die Ebene.

Das läßt sich durchaus als Lektüreanweisung *pro domo* verstehen: Die gelungenen und die mißratenen Gedichte – Gebirge und Ebene – gehören folglich zusammen, weil sie Teil ein und derselben Charakterlandschaft sind; die einen wären nur um den Preis der anderen zu haben. Man kann diese Gedichtzeilen aber auch ohne weiteren interpretatorischen Aufwand einfach schön finden – eher luftig als lehmig, um in der Sprache des Gedichtes zu bleiben. Auden jedenfalls hatte keine Probleme, sich mit Weinheber in der schlichten Hingabe an »das Erdengegebne« zu treffen; ein so präziser wie unbefangener Blick auf die Umwelt gehört ja fast schon zu den beruflichen Hauptmerkmalen guter Lyriker. Wenn es um das Kirchstettener Naturerleben geht, sind sie jedenfalls beide sanfte Lokalpatrioten. Auden schreibt:

> Hier aber fühl' ich mich zu Hause
> wie du einst: dieselben
> kurzlebigen Geschöpfe trällern wieder
> dieselben sorgenfreien Lieder,
> Obstgärten bleiben bei der Ordnung,
> die sie kennen, vom raschen
> Erblühn der Farben im April
> bis zum polternden Herbst,
> wenn bei jeder Stotterböe
> Äpfel träg zu Boden plumpsen.

Der andere Liebhaber des Landlebens nickt zustimmend und fügt kameradschaftlich hinzu:

> Fühlst du nicht, wie das Lähmende hier
> sich ins Feld legt, als wär es ein Tier
> mit geduldigem, gähnendem Lauern?
> Oder nicht, wie da mählich die Kraft
> des Gesteins sich ins Göttliche rafft,
> um zu sein, zu beruhen, zu dauern?

Schlußendlich nimmt Weinheber auch noch das von Auden angeregte Gespräch »über einem goldenen Kremser« zum Anlaß für eine Einladung. Rasch wird der Weg zu Weinhebers erklärt:

> Und den Wald durch, zur Rechten hinaus,
> plötzlich leuchtets – da steht uns das Haus
> in dem reifen, herbstgelben Lichte!
> So tritt ein! Und wir freun uns des Weins
> und der Stille. Da les ich dir eins
> meiner letzten Kirchstettner Gedichte.

In ihrer Neigung zum Wein waren sich beide Dichter nicht unähnlich. Freilich hat der Alkohol in ihren Biographien nicht nur segensreich gewirkt. Von Auden wollen wir hier dezent schweigen, aber Weinheber hat – nomen est omen – zum Zeitpunkt der Entstehung seines Gedichtes bereits die zweite erfolglose Entziehungskur hinter sich. Als kleinbürgerlicher Emporkömmling will er seinem Namen Ehre machen, und das tut er leider nicht nur mit Gedichten, sondern auch als chronischer und notorischer Weinsäufer. Auf jede Hebung im Versmaß dürfte er so manches Glas vom Goldenen und vom Roten gehoben haben.

Nur damit keine Mißverständnisse aufkommen: Zu einem Treffen der beiden lyrischen Zecher ist es auf dieser Welt nie gekommen. Weinheber hat sein Gedicht »Kirchstetten« auch nicht etwa auf Auden gemünzt, sondern auf einen gewissen »Dr. Walter Birk, Arzt in Kirchstetten«. Als Auden 1958 nach Kirchstetten kommt, liegt Josef Weinheber bereits seit vierzehn Jahren unter der Erde.

*

Mit »Adel und Untergang« erhebt Josef Weinheber erstmals den Anspruch, der legitime Nachfolger großer Dichter von Hölderlin bis Rilke zu sein. Daher auch der

Titel: Unser Dichter sieht sich in einer Reihe von Geistesadligen, deren Vermächtnis angeblich vom Untergang bedroht ist. Seinen ehrgeizigen Anspruch untermauert er mit komplexen Gedichtzyklen unter schwerblütigen Überschriften. Eine sogenannte »Heroische Trilogie« ragt durch ihre penible Verwendung tradierter Gedichtformen besonders hervor. Ihr erster und dritter Teil bestehen aus den jeweils fünfzehn Stücken eines kunstvoll verflochtenen Sonettenkranzes, den mittleren Teil bilden längere Terzinengedichte.

Keine Frage, daß Sonettenkränze besonders sportive Formen der Versdichtung sind: Die Schlußzeile jedes Sonetts dient zugleich als Anfangszeile des nächsten; das letzte Sonett, »Meistersonett« genannt, wird aus allen Schluß- beziehungsweise Anfangszeilen der vorangegangenen vierzehn Sonette gebildet, und zwar exakt in der Reihenfolge ihres Auftretens. Man kann sich leicht ausmalen, wieviel vorausschauendes und planerisches Geschick ein solches Gebilde aus rund zweihundert streng nach Schema verfaßten Versen dem Dichter abverlangt. Denn selbstverständlich hat sich das Meistersonett nach den Vorgaben des Musters zu reimen und soll auch inhaltlich den krönenden Abschluß des kunstvollen Kranzgeflechtes bilden.

Ähnlich kunstvoll verflochten sind auch die drei Terzinengedichte des Mittelteils – »Canti« würde man sie bei Dante nennen, denn aus Terzinen bestehen bekanntlich auch die Strophen der »Göttlichen Komödie«. Hier schafft schon das Reimschema die erwünschte Verknüpfung: Wie ein (alter) Zopf ist jede Terzinenstrophe mit der nächsten durch einen gemeinsamen Reim verknäult. Die Form signalisiert also gehobenes Können und gediegenes Handwerksethos. Wie aber ist es um den Inhalt bestellt?

Mit den Worten Weinhebers haben die drei Teile der »Heroischen Trilogie« »... insgesamt die Themen Ehe,

Heimat und Tod zum Vorwurf«. Das klingt für die dissoziierten Mitglieder zeitgenössischer Patchworkfamilien nur mäßig verlockend, doch die Gedichte halten einer skeptischen Lektüre weitgehend stand. Es sind durchweg solide verlötete, wenn auch manchmal etwas sperrige Meisterarbeiten. Am besten geraten Weinheber vor allem solche Passagen, in denen ein konkretes Erleben beschrieben wird. Dazu zählen insbesondere Kindheitserinnerungen aus dem mittleren, der »Heimat« gewidmeten Zyklus:

> Der Vater nimmt mich auf sein Knie und schaut
> mich lange an und lächelt. Seine Blicke
> sind seltsam weither, tief und unvertraut.
>
> Bisweilen bricht ins träge Uhrgeticke
> sein wildes Singen aus. Der heiße Klang
> verbebt, indes ich schwebend mich entzücke.

Man merkt schon, daß an diesem Vater-Sohn-Verhältnis etwas nicht stimmen kann. Die wenigen kostbaren Momente der Nähe scheinen einer großen Ferne und Fremde abgerungen zu sein; den glückhaften Momenten der Gemeinsamkeit tickt eine trügerisch »träge« Uhr. Und tatsächlich:

> Dann ist der Vater wieder fort, im weiten
> verlaßnen Haus ist Stille wie nur je.
> Der Garten schläft, die Abendschatten gleiten;
>
> die Trauer und die Strenge sind ein Schnee,
> der stetig fällt und Schlaf ist – ohne Frieren:
> Ein süß- und sanftes, blutvertrautes Weh.

Starke, treffsichere Bilder einer schwierigen Kindheit sind das. Der melancholische Reiz der Schneelandschaft, die

Geborgenheit und Verlorensein zugleich ausstrahlt, ist als Metapher für das Erleben des Kindes gut gewählt. Auch sonst überzeugt das Gedicht durch Anschaulichkeit: Das »weite Haus« zum Beispiel ist vielleicht gar nicht besonders groß, sondern erscheint nur dem Kind so, das sich in seiner Isolation doppelt klein fühlt.

Hinter all dem detailfreudigen Ausmalen samt »Uhrgeticke« und »schlafendem Garten« steckt nicht nur ästhetisches Kalkül, sondern auch seelische Notwendigkeit: Je kostbarer und rarer eine Erinnerung ist, desto wichtiger wird es, sie lebendig zu erhalten. Umgekehrt gilt: Je greifbarer das Erinnerte fortlebt, desto schmerzlicher wird dem Erinnernden dessen uneinholbare Ferne bewußt. Aus dieser inneren Spannung von Vergänglichkeit und Vergegenwärtigung bezieht das Gedicht, allen formalen Beruhigungsmomenten zum Trotz, seine Energie. Weinhebers Terzinen thematisieren also ein doppeltes Erinnern: Da ist das Erinnern des Kindes, das den verschwundenen Vater im Gedächtnis lebendig zu erhalten versucht; und da ist das Erinnern des Erwachsenen, der die raren Glücksmomente einer verlustreichen Kindheit beschwört. Beide Motive, das Erinnerte und der Akt des Erinnerns, überlagern einander wechselweise. Das verleiht dem Gedicht eine wabernde Vielschichtigkeit und hält es weitgehend frei vom Kitsch ungefilterter Nostalgie.

Wer eine normale, erfüllte Kindheit verlebt hat, müßte soviel anstrengende Konservierungsarbeit wohl kaum aufwenden. Weinhebers Versuch, das Flüchtige im Gedicht festzuhalten, deutet auf eine »verlorene« Kindheit hin, der die Unbefangenheit des frühen Geborgenseins abgeht. Nicht nur der Vater, auch die Mutter erscheint in diesem Szenario als wenig verläßliche Größe:

O Einsamkeit, in die seither verbannt,
ich fürder mit der toten Mutter lebe
und rückwärts wandle durch das Kinderland.

> Du leiser Regentropfenfall! Geschwebe
> des Winds im Herd, verschlafner Grillenlaut
> unsäglich fern und fein wie Spinnenwebe!

In bestem Psychologendeutsch könnte man sagen, daß Weinheber den Tod der Mutter nicht »verarbeitet« habe. Er selbst sagt es auf seine Weise: daß er sich seither vom Leben abgeschnitten fühle, daß er »mit der toten Mutter« lebe, sich ihrer Abwesenheit also ständig schmerzlich bewußt sei. Fast könnte man sich an Norman Bates in Hitchcocks »Psycho« erinnert fühlen, den Motelbesitzer mit der konservierten Frau Mama im Keller. Gut, daß Weinheber Gedichte schrieb und keine Herberge führte. Auf diese Weise konnte er die Mutter mit Worten am Leben erhalten. Und wir, als die auf ihn angesetzten Privatdetektive, kommen ungeschoren davon.

*

Halten wir noch einmal fest, welchen Stellenwert das Erinnern in Weinhebers Seelenhaushalt hatte: An die Stelle selbsterfüllten Lebens ist eine Existenz in der Retrospektive getreten; der lyrische Erzähler der »Heroischen Trilogie« geht nicht vorwärts, sondern wandelt, wie es im gerade gehörten Zitat wörtlich heißt, »rückwärts ... durch das Kinderland«. Der letzte Entwicklungsschritt ins Erwachsensein dürfte ihm in dieser Gangart dauerhaft verstellt geblieben sein.

Als Ersatz für ein tätiges Leben im Hier und Heute dient dem Erzähler die »unsäglich ferne und feine Spinnenwebe« der Erinnerung. Lebensfülle und innerer Reichtum werden von ihm nicht in der Gegenwart erlebt und erfahren, sondern in bittersüßen Reminiszenzen reaktiviert. Die Detailversessenheit reicht bis zu so hauchzarten Sinneseindrücken wie dem »Geschwebe des Winds im Herd« und einem »verschlafnen Grillenlaut«. So anhaltend beharrt Weinheber auf dem Reichtum kindlichen

Erlebens, daß das Kind von einst ihm schließlich mehr als Gefäß für Wahrnehmungen aller Art denn als eigene Persönlichkeit erscheint:

> O Reichtum Lebens, nie mehr zu verlieren:
> Als ich ein Kind war randvoll angetan
> Mit Wolken, Blumen, Wäldern, Ding- und Tieren...

Da kann unser Dichter noch so lange eine »nie mehr zu verlierende« Unvergänglichkeit beschwören – der Gestus seines Gedichtes spricht um so beredter von der Angst vor Verlusten: Es soll ja, wie das Gedicht selbst sagt, etwas »unsäglich Fernes und Feines« bewahrt werden. Noch als Erwachsener muß der lyrische Erzähler offenbar achtgeben, nichts von der Erlebnisfülle des »randvollen« Kindes zu verschütten. Dem entspricht die Sehnsucht nach einer Gefülltheit ganz anderer Art: »Randvoll« war Weinheber ja auch als Erwachsener oft genug, nicht nur mit »Wolken« und »Wäldern«, sondern, wie wir wissen, mit Wein. Auch darin mag man einen Hinweis auf innere Defizite sehen, die gefüllt werden wollten.

Bleiben wir noch einen Moment beim Thema der Erinnerung. Auch das Dichten ist ein Akt des Erhaltens und Konservierens, mit dem einem möglichen Gedächtnisverlust vorgebeugt wird, allerdings mit dem gewichtigen Unterschied, daß das Gedicht seinen Inhalt aus dem individuellen ins kollektive Gedächtnis schleust. Diese Steigerung, ja Übersteigerung läßt ahnen, wie kostbar dem Dichter sein eigenes Erleben erscheinen muß. Es ist deshalb auch kein Zufall, daß Weinheber sich altgedienter Gedichtformen wie Ode, Sonett und Terzine bedient. Was wäre besser geeignet als sie, die seit Jahrhunderten Bestand haben, dem Flüchtigen Dauer zu verleihen, dem Fragilen Festigkeit? Nicht zufällig gilt der Reim manchem Kulturhistoriker als eine Art archaischer Mnemotechnik, mit der unsere schriftunkundigen Urahnen literarische Daten auf ihre zerebrale Festplatte gebrannt haben.

So gesehen ist Weinheber schon durch sein Kindheitserleben ein im Wortsinn »konservativer«, weil bewahrender, Dichter, dessen Formversessenheit sich mit tiefsitzenden biographischen Verlustängsten paart. »Rückschrittlichkeit« ist für ihn kein Schimpfwort, sondern eine Überlebensstrategie. Noch eine andere Funktion kommt der Form in Weinhebers Lyrik zu: die der künstlich-kunstvollen Beruhigung eines inneren Seelentumults. In »Adel und Untergang« ist dieser Prozeß der Selbstzähmung bereits weitgehend abgeschlossen. Welche elementaren Triebkräfte Weinheber zu bändigen hatte, wird vor allem in den Bänden vor »Adel und Untergang« deutlich. Wir werden noch darauf zu sprechen kommen.

Es ist diese mühsam errungene Beruhigtheit seiner Gedichte, die Weinheber im Literaturbetrieb der späten zwanziger Jahre zu einer anachronistischen Erscheinung macht. Vergessen wir nicht: Es ist die Zeit der Neuen Sachlichkeit. Kästner, Mehring, Ringelnatz, Tucholsky feiern in Berlin ihre größten Erfolge, und in Wien kann ein Theodor Kramer alleweil mit flotteren Versen aufwarten als der Underdog Weinheber. Der Sprachduktus von »Adel und Untergang« dürfte in diesem Umfeld hoffnungslos antiquiert gewirkt haben – altmodisch nicht nur auf die klassisch-zeitlose Weise, wie sie Weinheber vorgeschwebt hat, sondern immer wieder ins Betuliche und Puppenstubenhafte abgleitend. All die weihevollen Anrufungen: »O Reichtum Lebens!«, »O Einsamkeit!«, all das »fürder« und »indes«, das »wandeln« und »entzücken« entsprachen nicht einmal im beschaulichen Wien dem urbanen Soundtrack der neuen Zeit. Kein Wunder, daß Weinheber jahrelang vergebens auf der Suche nach einem Verlag für »Adel und Untergang« war, ehe sich der rechtsnationale Verleger Adolf Luser des Parteigenossen erbarmte und »Adel und Untergang« in schwarzem Leinen, mit dito schwarzem Kopfschnitt und goldenem Prägedruck unter das Volk brachte; offenbar sollte der behauptete Untergang durch eine Trauergewandung noch unterstrichen werden.

Selbstberuhigung ist aber nur ein Aspekt der Fixierung auf lyrische Formalitäten. Terzinen zum Beispiel sind von Haus aus unruhig und vorwärts treibend: Jede Strophe verweist mit ihrem Mittelvers auf die nachfolgende, die den Reim aufnimmt, weiterführt und ihrerseits an einen neuen Reim weiterreicht. Es ist ein bißchen wie beim Stafettenlauf, bloß mit wechselnden Stafetten. Insofern trägt die Strophenform der inneren Unrast Rechnung, die den Mittelteil der »Heroischen Trilogie« thematisch bestimmt. Die Versform hingegen, diese behäbig dahinschreitenden Blankverse, stehen für den anderen Empfindungspol. Zwischen rhythmischem Autismus und gereimtem Dauerlauf kommt Weinhebers Erinnerung nicht wirklich zur Ruhe.

*

Was die Gedichte bereits ahnen lassen, belegen die biographischen Fakten. Josef Weinheber kommt 1892 als erstes Kind seiner noch unverheirateten Eltern in Wien zur Welt. Der Vater, Johann Christian Weinheber, ist ein gelernter Metzger, der sich durch den An- und Verkauf von Vieh mühsam über Wasser hält. Doch eine Ehe ist kein Kuhhandel. Bald zeigt sich, daß der Zweiunddreißigjährige kaum imstande ist, eine Familie zu ernähren. Allen Bedenken zum Trotz heiraten Weinhebers Eltern zwei Jahre nach der Geburt des Sohnes. Die Familie bezieht eine gemeinsame Wohnung im ländlichen Umland Wiens, und in rascher Folge kommen weitere Kinder zur Welt: 1896 die Schwester Amalia, 1898 die Schwester Franziska. Ein viertes Kind stirbt kurze Zeit nach der Geburt.

Die Ehe hält dem Existenzdruck nicht stand. Nach drei Jahren zieht die Mutter, Franziska Theresia Weinheber, zusammen mit den Kindern zurück nach Wien in ihren Heimatbezirk Ottakring, wo ihre Schwester eine bessere

Partie gemacht hat. Johann Christian Weinheber wohnt fortan unter wechselnden Adressen, derweil sein Sohn Josef einen ersten, erschreckenden Ausblick auf die Zukunft erhält: Die überforderte Mutter parkt den Sechsjährigen ein Jahr lang in einer sogenannten »Korrektionsanstalt« des »Wiener Vereins zur Rettung verwahrloster Kinder«. Anders als bei Rilke, der seine Jahre auf einer Militär-Unterrealschule stets wortreich verflucht hat, finden sich bei Weinheber kaum Äußerungen über diese bedrückende Episode. Stärker scheinen sich ihm die Ereignisse der kommenden Jahre eingeprägt zu haben:

> Plötzlich starb, ich war noch nicht zehn Jahre alt, mein Vater. Die Mutter, die mit den vier Kindern, die jetzt da waren, auf die Gnade des Onkels angewiesen blieb, wurde, schon immer streng und still, in den ewigen Streitigkeiten zwischen den Verwandten bitter und hart zu uns Kindern.

Im Jahr 1901 wird der neunjährige Josef von der überforderten Mutter ein zweites Mal entsorgt, diesmal in das Waisenhaus Wien-Mödling. Die für die damaligen Verhältnisse recht fortschrittliche Anstalt unterliegt strengen militärischen Richtlinien. Es gibt einen Exerzierplatz, auf dem die Zöglinge im Marschieren und Defilieren gedrillt werden. Es gibt aber auch eine hauseigene Volksschule, die Josef für die nächsten Jahre, besuchen wird. Zunächst mit bescheidenem Erfolg:

> Das Waisenhaus ist mir nie zur Heimat geworden. Die wenigen Verwandten kümmerten sich nicht um mich, ich fühlte mich allein und hoffnungslos verloren in der Welt, vernachlässigte – früher einer der besten Schüler – mein Studium.

Ab jetzt folgen die Schicksalsschläge hart auf hart. Binnen weniger Jahre werden die wenigen verbliebenen Angehörigen hinweggerafft: Im Jahr 1904 stirbt die Mutter an Schwindsucht; Weinhebers jüngere Schwester Franziska folgt ihr im selben Jahr in den Tod; fünf Jahre später trifft es die zweite Schwester Amalia. Weinheber steht nun buchstäblich allein in der Welt: eine Kindheit wie aus einem Dickens-Roman.

Auch das Waisenhaus bietet ihm keine Zuflucht mehr. Zwar hat er zuvor die Aufnahmeprüfung für ein »Landes-Real- und Obergymnasium« geschafft, doch als er im fünften Gymnasialjahr im Fach Mathematik durchfällt, muß er – welcher perversen Logik auch immer folgend – das Heim verlassen. Wieder verstoßen! Was bleibt, ist das lebenslange Gefühl, ein »Niemandsmann« zu sein. So formuliert es Weinheber in dem sechzehn Jahre später entstandenen Gedicht »Ehemaliger Waisenzögling«. Selten hat er so nachdrücklich seine verlorene Kindheit thematisiert wie in diesem frühen Sonett, das einen Besuch des Erwachsenen an den Stätten der Jugend zum Ausgangspunkt hat:

In diese Mauern, die noch leis durchbebt
von seinem Athem, Hoffnungshauch und Fluch,
kommt er zurück zu flüchtigem Besuch
und späht nach Kindheit, die er hier gelebt.

Er sucht in Baum und Platz und jedem Stein,
er forscht mit Bangen in der Waisen Blick.
Doch keiner strahlt die ferne Zeit zurück,
und jeder Stein und Baum läßt ihn allein.

Ist es noch Wahrheit? Hat er hier gespielt
mit den Gespielen? Hier geweint im Wind,
geglüht im Lenz? Dies hier ist fremd und kalt.

Er selbst? Er blieb wohl, was er, bang gefühlt,
stets war: ein Niemandsmann, ein Waisenkind.
Nur ist er heut verlassen: stumpf und alt.

Folgen wir noch ein Stück weit Josef Weinhebers wildem Lebenslauf. Endlich hat er auch einmal Glück: Nach seinem Ausschluß aus dem Waisenhaus findet er eine Ersatzfamilie. Die Mutter eines Schulfreundes, eine Lehrerswitwe namens Marianne Grill, nimmt den Achtzehnjährigen als vierten Sohn in ihrer Wohnung auf. Und diesmal wird Weinheber nicht verstoßen. Zumindest äußerlich verläuft sein Leben fortan in gleichmäßigen Bahnen. Er besteht die Prüfung zum Postoffizianten und erhält eine Stelle bei der Kaiserlichen Post. Außerdem bezieht er eine eigene, kleine Wohnung im Haus der Ersatzmutter. Siebzehn Jahre lang wird er in diesen bescheidenen Räumlichkeiten leben, bis er sich 1927 mit einer Arbeitskollegin verheiratet. Es sind, wie wir vermuten dürfen, auch siebzehn Jahre einer nachgeholten Kindheit und Jugend.

Denn sein Leben verläuft weniger gleichmäßig, als man aufgrund der Eckdaten meinen könnte. Zur nachgeholten Adoleszenz zählen häufig wechselnde Frauenbekanntschaften ebenso wie regelmäßige Kneipentouren mit Saufkumpanen aus dem Wiener Vorstadtmilieu. Auch zu Prostituierten fühlt sich Weinheber hingezogen. Seine Eskapaden erfüllen ihn regelmäßig mit tiefer Zerknirschung – erstaunlich, wenn man bedenkt, mit welcher Offenheit etwa die Dichter des Expressionismus ihre Bordellbesuche bedichtet haben. Weinheber hingegen fällt zur Selbstentlastung nichts Besseres ein, als die Hure zur Heiligen zu verklären oder doch zumindest zu jener anderen Hauptdarstellerin aus dem Repertoire des Hintertreppenromans, der reuigen Sünderin. Trotz solcher Bigotterie ist »Die Dirne« ein gutes Gedicht geworden, in einem stillen, wie von selbst zu Reimen findenden Alltagston.

> Sie war eine Dirne, doch noch jung
> und ihr Körper war noch schön.
> Und es war wie eine Kreuzigung
> der Zwang, mit ihr zu gehn

> Sie sprach kein einziges schmutziges Wort,
> die verachtete Dirne sie.
> Und sie erinnerte immerfort
> an die Liebste irgendwie.
>
> Und als ich ging, sie sagte nur schlicht:
> »Sei mir nicht bös!« Sonst nichts.
> Herrgott, am Tag des Gerichts
> vergiß das Wort ihr nicht!

Vergessen wir unsererseits nicht, daß viele Expressionisten aus großbürgerlichen Verhältnissen stammten. Für sie war der offen bekannte Besuch im Bordell eine abenteuerliche Regelverletzung und ein Ausdruck der Loslösung aus ihrem Herkunftsmilieu. In Weinhebers Vorstellung dürfte der Umgang mit Prostituierten eher das Gegenteil bedeutet haben: Zugehörigkeit zu den kleinen Leuten. Um sich aus diesem Milieu zu lösen, muß er mit etwas ganz anderem auftrumpfen: Bildung, Geist, Askese – je mehr, desto besser. Allein das Fleisch ist schwach. Ein Gedicht des Vierundzwanzigjährigen bringt den Konflikt zwischen den scheinbaren Gegensätzen »Geist« und »Lust« nicht ohne unfreiwillige Komik auf den Punkt. Übrigens scheinen Weinhebers Sympathien zu diesem Zeitpunkt noch recht klar verteilt zu sein: Volle sechs Verse widmet er dem »Leben und Lachen«, gerade mal zwei dem »Geist«.

> Ewiger Zwiespalt zwischen Hirn und Lenden,
> dunkler Wahn,
> wirst du niemals enden?
> Laß mich jubeln, leben, lachen, weinen,
> nur dem goldenen Heute aufgetan,
> blinden Blutes eins sein mit der Einen,
> nur mehr Körper, nur mehr Weib und Mann,
> selig so, wie es die Tiere meinen:
> Schoß in Schoß ...

Oder laß mich, einsam, hart und groß,
ganz im Geist versteinern.

Ich sprach von »unfreiwilliger Komik«, aber das war vielleicht ein bißchen vorschnell. »Komische Verzweiflung« trifft es eher und könnte durchaus der von Weinheber beabsichtigte Effekt sein. Immerhin hat er einige Jahre lang eine humoristische Wiener Zeitschrift namens »Die Muskete« mit Gedichten munitioniert. Wie treffsicher diese publizistische Flinte wirklich war, steht auf einem anderen Blatt beziehungsweise einer anderen Zielscheibe, doch immerhin: Die nachfolgenden Verse entladen sich nach etwas stotterigem Anlauf in einer ganz ordentlichen Pointe à la Heine:

Fünfuhrtee. Eine Dame, ein Herr,
eine Dame, ein Herr – es klappt.
Der Automat der Geselligkeit
ist eingeschnappt.

Jetzt noch ein Weilchen und er schnappt
über! – Man möchte schrei'n.
Wie tragen nur diese Menschen ihr Los:
»Unter sich« zu sein.

*

Die Lösung für Weinhebers Herkunftsdilemma lautete: Dichter werden. Die Lösung für sein Frauendilemma lautete: heiraten. Im Jahr 1934, als »Adel und Untergang« erscheint, hat Weinheber beide Entwicklungsschritte biographisch vollzogen. Er inszeniert sich nun als großer, einsam-verkannter Poet in bürgerlichen Lebensumständen. Zumindest nach außen hin sind die Jahre der stürmischen Selbstsuche vorbei. Von einer wirklich tiefgreifenden Selbstklärung kann freilich keine Rede sein – auch das zeigt die bereits erwähnte »Heroische Trilogie«. Weinheber hat den ersten Teil mit der Widmung »Für meine

Frau« versehen. In präzisen Sonetten schreitet er den engen Zirkel einer scheinbar soliden bürgerlichen Existenz aus. Doch die vermeintliche »Geborgenheit« der eigenen »vier Wände« gleicht in Wahrheit mehr einem aromaversiegelten Schutzraum als einer souverän ausgefüllten Lebenssphäre:

> Der Weg liegt klar, wenn oft das Herz auch bebe;
> er führt mich heldenhaft, durch Einsamkeit,
> an deine Brust. Schon schweigt die wüste Zeit,
> der Arm zieht einen Kreis, und sieh, ich lebe
>
> auf einer Insel der Geborgenheit:
> Vier Wände, Herd und Lampe, Woll und Webe,
> Wachsein und Schlaf, Umarmung, Brot und Rebe
> bedeuten Welt, weil du sie hast geweiht.

Es mutet fast rührend an, wie Weinheber hier mit einer quasi magischen Geste – »der Arm zieht einen Kreis, und sieh, ich lebe« – einen zeit- und weltentrückten Raum heraufbeschwört, in dem er seiner sieben Jahre älteren Frau Hedwig an die ersatzmütterliche Brust sinken darf. Kein Wunder, daß auf dieser »Insel der Geborgenheit« alle Lebensäußerungen auf frühkindliche Grundmuster des Versorgtwerdens und Umhegtseins zusammenschnurren. Und es ist ja auch nicht die schlechteste Deutung der eigenen Alkoholsucht, wenn an die Stelle der Muttermilch nun die »Rebe« tritt: »Wachsein und Schlaf, Umarmung, Brot und Rebe«. Was stört, ist die hochtrabende Behauptung der eigenen Heldenhaftigkeit:

> Der Weg liegt klar, wenn oft das Herz auch bebe;
> er führt mich heldenhaft, durch Einsamkeit,
> an deine Brust. (...)

Menschlich mag diese selige Regression mehr als verständlich sein. Aber literarisch? Wie so oft bei Weinheber nervt, daß er seine persönliche Problematik zu Aussagen über die Dichtung-als-solche und die Menschheit-als-Ganzes aufpustet. Vom Mann zum Helden, vom Ich zum Wir, vom Hier-und-heute zum Immer-und-ewig ist es bei ihm nur einen klappernden Versfuß weit. Besonders in seinen Oden wird anstelle des angestrebten klassisch-kühlen Atems viel heiße Luft freigesetzt. Erschwerend kommt hinzu, daß der vermeintliche Traditionalist einer Lieblingsmarotte der klassischen Moderne aufgesessen ist: der Idee vom absoluten Gedicht, das angeblich von allen Schlacken irdischer Bedeutung befreit ist.

In einer sprachlich verrotteten Zeit habe ich mich bemüht, deutschen Sprachwert im Gedicht zu retten und aufzubewahren. In diesem Bemühen fortschreitend, habe ich das Gedicht um jene Möglichkeiten bereichert, die der Laut als solcher sprachgestalterisch in sich trägt. Der Stoff, also das, was die Leute gern in Reime gebracht sehen wollen, wird hierbei auf die ihm in der Kunst zukommende, unerhebliche Rolle zurückgeführt.

Aber gewiß doch. Antike Dramen handeln bekanntlich von gar nichts, so wie antike Plastiken nichts Erkennbares darstellen. Vergil hat auch nie das »Lied vom Landbau« geschrieben und Ovid nie über die Liebeskunst. Die klassischen Oden sind sozusagen die unmittelbaren Vorläufer von Kurt Schwitters' »Ursonate«, und Stoff ist etwas für Textilwarenhändler, nicht für Dichter. Wer's glaubt, wird Weinheber.
Ein ganzes Kapitel in »Adel und Untergang« steht unter der Überschrift »Das reine Gedicht«. Schaut man etwas genauer hin, trübt sich die vermeintliche Reinheit jedoch schnell ein. Letztlich läuft alles auf einen schwächlichen Neuaufguß der schon bei Stefan George ziemlich ungenießbaren Prophetenpose hinaus:

> Du gabst im Schlafe, Gott, mir das Gedicht.
> Ich werde es im Wachen nie begreifen.
> Nachbildend Zug um Zug das Traumgesicht,
> nur sehnen kann ich mich und Worte häufen.

Wobei man Weinheber immerhin eine Bescheidenheit des »Niebegreifens« zugute halten darf, die man beim selbstherrlichen George vergeblich sucht.

*

Weinhebers folgenreichste Fehlentscheidung war ohne Zweifel sein Bekenntnis zur NSDAP samt frühzeitigem Parteibeitritt im Jahr 1931. Man kann viele Gründe dafür finden. Die lebenslange innere Heimatlosigkeit des ehemaligen Waisenhauszöglings, die Sehnsucht des sozialen Außenseiters nach Anerkennung im Literaturbetrieb, die fixe Idee einer »reinen« deutschen Sprache – all das mag eine Rolle gespielt haben und konnte auch von aufmerksamen Zeitgenossen wahrgenommen werden. Der österreichische Germanist Albert Berger präsentiert diesbezüglich in einer 1999 erschienenen Studie über Weinhebers Leben und Werk ein staunenswertes Dokument. Es handelt sich um einen Geheimbericht der österreichischen »Generaldirektion für öffentliche Sicherheit« aus dem Jahr 1936. Ein Geheimpolizist des ständestaatlichen Regimes unter Bundeskanzler Kurt von Schuschnigg gewinnt darin verblüffend subtile Einsichten in den Seelenhaushalt seines Objektes.

> Josef Weinheber, der als Schriftsteller (...) lange Zeit das Gefühl hatte, nicht genügend gewürdigt zu werden, dürfte in seiner Grundeinstellung national gesinnt sein. Diese Gesinnung tritt je nach lokalem Erfolg mehr oder minder stark in Erscheinung, und zwar in der Weise, daß Weinheber, wenn er sich z.B. von der österreichischen Regierung nicht genügend gewürdigt

und gefördert glaubt, seiner Hinneigung zum Nationalsozialismus freien Lauf läßt. Im gegenteiligen Fall aber (bei nicht genügendem Widerhall in nationalen und nationalsozialistischen Kreisen) sein Österreichertum (Bodenständigkeit, Mundart, ›Wiener Kind‹) neu entdeckt.

Doch wie subtil die Ursachen für Weinhebers »Hinneigung zum Nationalsozialismus« auch gewesen sein mögen, die Resultate fielen recht handfest aus. Anfang der dreißiger Jahre war Weinheber ein Schriftsteller mit geringem Erfolg: Von den tausend Exemplaren seines ersten Gedichtbandes hatten sich gerade mal neunundsechzig Stück verkauft; für seinen zweiten Gedichtband hatte er persönlich Subskribenten suchen müssen, ehe der Verlag sich zum Druck entschließen mochte; von seinen drei Romanen wurde nur ein einziger in Buchform veröffentlicht, und mit dem Manuskript zu »Adel und Untergang« zog er drei Jahre lang vergeblich von Verlag zu Verlag. Das alles ändert sich unter den Auspizien des neuen Regimes. Das Erscheinen von »Adel und Untergang« im rechtsnationalen Adolf-Luser-Verlag bringt 1934 den Durchbruch in eine von fähigeren Kräften schon weitgehend entleerte Literaturlandschaft. Von nun an steigen die Auflagen stetig: Weinhebers Gedichtbände werden mit vierzigtausend Exemplaren und mehr unter das aufgepeitschte Volk gebracht. Erst der Krieg samt Papiernot und Bombenbrand versetzt der schwunghaften Weinheberei im Reiche einen Dämpfer.

Zum Publikumserfolg gesellen sich öffentliche Ehrungen. 1936 wird Weinheber ein Professorentitel honoris causa zugesprochen, mit dem der österreichische Ständestaat den Dichter an sich zu binden versuchte. 1942 folgt die Ernennung zum Doktor h.c. der inzwischen großdeutschen Universität Wien. Großzügige Ehrengaben, unter anderem aus Goebbels' Propagandaministerium, sorgen dafür, daß der vormalige Postinspektor Prof. Dr. Weinheber seine Depressionen nicht mit allzu saurem Wein bekämpfen mußte. Die Depressionen aber nehmen zu, und dazu trägt wohl nicht nur Weinhebers labile Psyche bei, sondern auch die schmerzliche Einsicht, auf der falschen Seite zu stehen. 1938 veröffentlicht er seinen letzten Band zu Lebzeiten: »Zwischen Göttern und Dämonen«. Schon der Titel könnte hellhörige Zeitgenossen an den dumpfbrutalen Grundzug des Naziregimes erinnert haben. Weinheber scheint klargeworden zu sein, daß er – »zwischen Göttern und Dämonen« stehend – die falsche Partei gewählt hat. Nun weiß er, daß er besser daran getan hätte, sich nicht unter die Schreihälse zu mischen:

Doch rettet nur die Art, die es schweigend tut.
Von greller Leistung fürchterlich aufgeschreckt,
flieht als geheimste von den heilsam
helfenden Kräften hindann die Güte.

Von Depressionen befallen, vom Alkohol zersetzt, arbeitet der Dichter noch weitere sieben Jahre lang an einem letzten Gedichtband. Erst 1947 wird das Buch posthum erscheinen, denn am achten April 1945 erliegt Josef Weinheber in Kirchstetten einer Überdosis Morphium. Der Arzt vermerkt auf dem Totenschein eine »Vergiftung durch Nervenschwäche«, womit die Möglichkeit eines Freitodes nicht gänzlich ausgeschlossen ist. Beweisen läßt ein Suizid sich nicht, doch ein Foto aus den letzten Lebenstagen zeigt Weinheber mit allen Merkmalen eines seelisch kranken und körperlich ausgelaugten Menschen. Der einst fesche, zeitweise geradezu feiste Dichter sieht den Betrachter nun aus dunkel umränderten Augen an. Hohle Wangen, eine zerzauste Sturmfrisur und fest zusammengepreßte Lippen zwischen abwärts weisenden Mundwinkeln vervollständigen den mitleiderregenden Eindruck.

Nicht nur der jahrzehntelange Alkoholmißbrauch hat ihn in diesen desolaten Zustand gebracht – hinzu kommt die sehr reale Angst vor den anrückenden Truppen der Roten Armee. Noch im Jahr 1943 hatte ihn die Aufnahme in die sogenannte Führerliste der »gottbegnadeten Dichter« davor bewahrt, an die Front geschickt zu werden. Nun rückt die Front zu dem uk-gestellten Pg. W. vor. Sechs Tage vor seinem Tod schreibt er einen Brief an die Ziehmutter Marianne Grill. Auch wenn darin von Selbstmord nicht die Rede ist – einen Abschied auf immer markiert die Epistel dennoch:

> Liebe Mama! Wir werden uns in diesem Leben nicht mehr sehen. Ich danke Dir für alles Gute, das Du an mir getan hast. Ich kann Dir wahrscheinlich kein Lebenszeichen mehr geben, weil ich Stunde für Stunde damit rechne, daß wir von der Außenwelt abgeschnitten werden. Lebe also wohl!

Nur fünf Tage nach Weinhebers Tod marschieren die russischen Truppen in Kirchstetten ein, Weinhebers Grab wird bei der Einnahme des Ortes durchwühlt. In Kirchstetten endet die Herrschaft der Nationalsozialisten an diesem Tag. Und auch die Zeit, in der Weinhebers Gedichte als die größten Hervorbringungen zeitgenössischer Literatur gelobt werden, neigt sich unwiderruflich dem Ende zu.

*

Nun aber ist es an der Zeit, »Adel und Untergang« einer abschließenden Wertung zu unterziehen. Was haben wir rund sechzig Jahre nach Erscheinen des Bandes von diesen Gedichten zu halten, was wird von Josef Weinheber als Künstler bleiben?

Was uns an Weinheber heute wieder interessieren könnte, ist seine Leidenschaft für die Techniken der Lyrik und die lebenslange Weiterentwicklung der eigenen handwerklichen Fähigkeiten. In unseren Zeiten einer fast schon industrialisierten Kunst-Moderne, in der beharrlich wiederholte Marotten bereits als Ausweis des Schöpferischen gelten, ist das keine Kleinigkeit. Leider hinkte Weinhebers Entwicklung als Mensch seinen artistischen Fortschritten meist hinterher. Das gilt insbesondere für die mittlere Werkphase: Während manches frühe Gedicht seinen Reiz aus der formal gelungenen Inszenierung eines inneren Aufruhrs bezieht, während einige spätere Gedichte einen leisen, nachdenklichen Ton anschlagen, wirken die Gedichte aus »Adel und Untergang« eher künstlich beruhigt als künstlerisch belebt.

Und dennoch ist Form keineswegs etwas, was Weinhebers Lyrik nur äußerlich anhaften oder ihr übergestülpt würde, sondern etwas, was sie definiert. Wir müssen diese Aussage weder auf Weinheber noch auf die Gattung der Lyrik begrenzen: Alle Kunst ist Form. Die Form ist das Signum des Gestalteten, im Gegensatz zum Ungestalten, zum Chaos. Einzelne künstlerische Techniken mögen veraltet sein – oder zumindest vorübergehend veraltet wirken –, neue Techniken mögen im Lauf der Jahrhunderte hinzukommen, aber ein ungebrochener Fortschrittsgedanke hat in der Kunst keinen Platz.

Wie schwer es eine formal versierte Lyrik in den Zeiten eines akademischen Trivialmodernismus hat, zeigt die Studie des bereits erwähnten Albert Berger. »Josef Weinheber (1892–1945) Leben und Werk – Leben im Werk« lautet der vielleicht gar zu knallig geratene Titel des Bandes. Berger ist ein Exeget, wie man ihn keinem Lyriker wünscht; einer von der Sorte, die einen Gedichtband als »Büchlein« bezeichnet und Vers und Reim als »konventionelle Sprachzugaben« – anscheinend ist Herr Berger der Ansicht, Gedichte würden erst nachträglich mit einer Art Reimlametta behängt, das die Verfasser aus verstaubten Schubladen hervorziehen. Ein seltsames Kunstverständnis – so als ob Caspar David Friedrich seine Gemälde nachträglich mit Ölfarbe verziert hätte.

Bei Weinhebers »Sonettenkränzen« vermutet Herr Berger ein »Übergewicht des Handwerklichen«, wie wenn sich Form und Inhalt beliebig voneinander trennen ließen. Mit den freien Formen andererseits hat er es auch nicht: Heinrich Heines reimloses Gedicht »Seegespenst« gilt ihm als »rhythmisierte Prosa«. Und erst sein Begriff von der Moderne... Expressionismus und Dadaismus hält der gute Mann für mehr oder weniger ein- und dieselbe Sache.

Doch lassen wir von dem armen Literaturprofessor ab. Fest steht: Fähige Lyriker denken in ganz anderen Kategorien. Die meisten Galionsfiguren der Moderne waren weit davon entfernt, den Reim in Bausch und Bogen zu verdammen – siehe etwa Audens berühmtes Ikarus-Gedicht »Museé des Beaux Arts« und dessen geschickt versetzte Assonanzen. Weshalb es nur angemessen ist, wenn wir so schließen, wie wir begonnen haben: mit Audens Gedicht über... Aber halt! Es steht noch die Schlußwertung in Sachen Weinheber aus. Alsdann...

Obwohl Weinheber kein wirklich großer Dichter war, sind einzelne Gedichte – auch und gerade in »Adel und Untergang« – wirklich großartig. Wenn man aus seinem lyrischen Werk alle hochtrabenden, verkrampften, dumpfigen, altbackenen Stücke hinauswerfen würde, bliebe immer noch eine nennenswerte Auswahlausgabe, die manchen Verächter staunen lassen würde.

So, und nun wollen wir unsere Überlegungen beschließen, wie wir sie begonnen haben: mit Audens Gedicht über Josef Weinheber:

> und achten würde ich auch dich,
> als Nachbarn und Kollegen,
> denn sogar mein englisches Ohr
> entdeckt in deinem Deutsch
> das Können und den Ton desjenigen,
> dem es vergönnt war,

auf dem umzäunten Grün
das Spiel der Geigen zu vernehmen,
und dem es später oblag, *den
Abgrund zu nennen.*

PS: Nicht nur Weinheber, auch Auden ist in Kirchstetten begraben. Die beiden Dichter liegen zwar nicht Seite an Seite, aber doch in gut erreichbarer Nähe – gut erreichbar für den Besucher, meine ich, aber wer weiß: Vielleicht geistern unsere Dichter bisweilen hin und her und holen ihr verpaßtes Zwiegespräch nach.

V

STATISCHE GEDICHTE

Alle lieben Gottfried Benn. An diesem klirrend kalten Vormittag im Monat März, nur wenige Monate vor seinem fünfzigsten Todestag, mehr als siebzig Jahre nach seinem fatalen, wenn auch kurzen Flirt mit dem Nationalsozialismus, erhebt sich weit und breit keine nennenswerte Stimme gegen ihn – nicht in meinem Bücherregal, nicht in meiner Zeitung, und da draußen im Garten, wo sich die Amseln über den unerwarteten Kälteeinbruch beschweren, schon gar nicht. Aus dem großen Polarisierer von einst ist der große Einiger geworden – zumindest einer, auf den sich fast alle einigen können. Als die Zeitschrift »Das Gedicht« vor einigen Jahren mit einer »Liste der Jahrhundertlyriker« um mediale Aufmerksamkeit warb, stand Benn trotz bunt zusammengewürfelter Jury mit großem Vorsprung auf Platz eins. Ob neue Traditionalisten, ob alte Avantgardisten, sie alle lieben Gottfried Benn.

Wirklich? Oder hat sich da auch mancher falsche Freund eingeschlichen? Benn war zwar in jeder Werkphase ein avancierter Dichter, aber ein Verächter der Tradition war er nicht. Selbst als er offiziell noch mit den Nazis paktierte, beklagte er bereits die dümmliche Traditionsvergessenheit der Naziliteraten:

> Am liebsten möchten sie alles, was überhaupt noch seine Anschauungen in prägnante Formeln bringt, Formeln, die das Gemeinte unverwechselbar und schonungslos

ausdrücken, was gleichbedeutend ist mit: es nachprüfbar, diskussionsfähig, geschichtsfähig zu machen, als fremdstämmig, unrassisch, undeutsch denunzieren; schon der Drang zur Form, das ist mediterran; Klarheit widernatürlich; Begriffsleben unreligiös.

Das ist als verkappte poetologische Äußerung bedeutsam, weil es zeigt, was Benn von Literatur verlangt: nachprüfbaren, diskussionsfähigen, geschichtsfähigen Ausdruck, der sich in präzise gehandhabter sprachlicher Form widerspiegelt. Benn erteilt hier nicht nur den nach oben drängelnden Propagandaliteraten der Nazizeit eine deutliche Abfuhr, sondern allem vagen Sprachgewaber im Gedicht zuvor und seitdem.

Das Statement aus »Lebensweg eines Intellektualisten« zeigt zudem, daß Benn ein ungebrochenes und produktives Verhältnis zur Sprache unterhielt. Vom Verstummen kann bei ihm trotz dramatisch wechselnder Lebensumstände, trotz zeitweisen Publikations- und Schreibverbots und einer Fülle privater Schicksalsschläge kaum je die Rede sein, auch wenn das eher schmale lyrische Werk bei oberflächlicher Betrachtung diesen Schluß nahelegen mag. Benn war ein Hartgesottener, der sich so schnell nicht entmutigen ließ. Deswegen ist er auch ein prima Dichter für all jene, denen das Klischee vom ach-so-feinsinnigen Poeten à la Rilke auf die Nerven geht. Er selbst hat das übrigens ganz ähnlich gesehen:

> Meine Herren Nachfolger, lassen Sie sich ruhig von mir provozieren, ich hoffe, es macht Sie hart. Härte ist das größte Geschenk für den Künstler, Härte gegen sich selbst und gegen sein Werk.

Daß die Herren (und Damen) Nachfolger sich heute so gar nicht mehr provozieren lassen wollen, müßte ihn also eigentlich wurmen. Nicht, daß Benn etwas gegen Ehre, Ruhm und gepflegte Anbetung einzuwenden gehabt hätte, keineswegs. Aber wenn es sein mußte, kam er lange Zeit ohne diese feilen Geschwister aus. Und falls er je nennenswerte Selbstzweifel gehegt haben sollte, verstand er es offenbar, sie künstlerisch fruchtbar zu machen.

Daß unser Mann zumindest auf dem Papier kein Weichling war, ändert nichts an seiner Wertschätzung für Gedichte. Auch als Prosaist ist er stets Lyriker geblieben. Was diese seltsame Spezies auszeichnet, hat er selbst einmal so formuliert: »Für den Lyriker ist das Wort eine körperliche Sache.« Ein großartiger Satz, dessen vielfältige Implikationen erst nach einigem Hinundherwenden sichtbar werden. Meint der Hinweis auf das »Körperliche«, daß Worte nicht nur Platzhalter für die Realität sind, sondern selbst aus Fleisch und Blut? Oder ist der Umgang mit Worten für den Lyriker etwas so Forderndes und Zehrendes, daß er nicht nur mit geistigem, sondern auch mit körperlichem Einsatz zu leisten ist?

Letztlich wird beides gemeint sein: eine Begegnung des Lyrikers mit der Sprache in ihren vielfältigen Verkörperungen, mit allem, was zwischen zwei Leibern so stattfinden kann: Wettkampf und Siegen, Ringen und Unterliegen, Trennung und Vereinigung, Verständigung und Fremdheit. Das Zitat ist auch deshalb besonders schön, weil es die starke Geistbezogenheit aufbricht, die Benn in seinen Äußerungen über Kunst sonst gern zur Schau stellt. »Das Gegenglück, der Geist«, wie es in seinem berühmten Gedicht »Einsamer nie –« heißt, ist nicht nur eine asketische, sondern auch eine durch und durch lustvolle Angelegenheit – wenn auch vielleicht auf etwas selbstbezogene und abgeschiedene Art.

Askese paßt ohnehin nicht recht zu Benn, der gern reichlich und regelmäßig speiste, genußvoll rauchte, mit Begeisterung Bier trank und das Körperliche keineswegs nur in der Sprache, sondern auch bei einer ziemlich sprachlos machenden Zahl von Frauen suchte. Immerhin dreimal in seinem Leben hat er überdies »die Ringe« getauscht.

Nein, ein Asket war der kleine, füllige Mann nicht, eher schon ein dichtender Hobbit mit Hang zu militärischem Reglement. Doch wenn es um den Leib der schönen Literatur geht, ist üppiges Leben noch kein Garant auf Erfüllung. Wie also ist es um Benns Anspruch bestellt, Literatur habe »nachprüfbar, diskussionsfähig, geschichtsfähig« zu sein? Ist er ihm selbst gerecht geworden?

Wir wollen dieser Frage mit habitueller Unvoreingenommenheit nachgehen. Unser besonderes Augenmerk gilt dabei dem Band »Statische Gedichte«, der im Jahr 1948 als erste Nachkriegsveröffentlichung Benns erschienen ist. Das Buch dürfte manche Zeitgenossen schon durch seinen Titel verwundert haben, der so gar nicht wie Aufbruch und Neuanfang tönte. Trotzdem leitete es die Phase der größten Anerkennung im Leben des Dichters ein. Warum war Benn in den fünfziger Jahren auf einmal so erfolgreich, daß man ihm eilends sogar den wiederbelebten Büchner-Preis zuerkannte? Weil er ein selten wortmächtiger Sprachartist war? Weil sein »Arcanum restauratoribus«, wie Peter Rühmkorf das Bennsche Geister- und Geistesreich spöttisch nannte, so gut in die Atmosphäre der Adenauerzeit paßte? Oder weil sich unter den »inneren Emigranten« schlichtweg keiner finden wollte, der in »den dunklen Jahren« namhaftere Literatur in nennenswerterer Menge produziert hatte?

Fragen über Fragen. Letztlich wird jeder für sich entscheiden müssen, wie er es mit dem eisernen Hobbit und dessen Spätwerk hält. Aber auf der Suche nach Antworten will Ihr Lyrikprüfer gern behilflich sein. Bestenfalls gelingt es ihm sogar, einige feinsinnige Bewunderer in harte Skeptiker zu verwandeln. Benn hat Besseres als nur Verehrung verdient.

*

Auf die Frage nach der ungebrochenen Wertschätzung Benns gibt es eine einfache Antwort: Der Mann war als

Lyriker mehr als vierzig Jahre lang aktiv. So vielgestaltig ist sein Werk, daß jeder sich die Scheibe herausschneiden kann, die ihm am besten schmeckt. Kurz vor seinem Tod resümiert er in einem seiner berühmtesten Gedichte, »Nur zwei Dinge«:

> Durch so viel Formen geschritten,
> durch Ich und Wir und Du,
> doch alles blieb erlitten
> durch die ewige Frage: wozu?
>
> Das ist eine Kinderfrage.
> Dir wurde erst spät bewußt,
> es gibt nur eines: ertrage
> – ob Sinn, ob Sucht, ob Sage –
> dein fernbestimmtes: Du mußt.

»Ich und Wir und Du« bezeichnen für Benn nicht nur Formen der äußeren Existenz – die dann wohl mit Schlagwörtern wie Einsamkeit, Geselligkeit und Ehe zu belegen wären –, sondern auch sprachliche Formen, also Gedichtsubjekte. Das »Ich«, von dem hier die Rede ist, läßt sich als außerliterarische Zivilperson gar nicht denken. Es ist immer und in erster Linie ein »lyrisches Ich« in dem Sinn, wie Benn es in seiner berühmten Rede »Probleme der Lyrik« geschildert hat:

> Bei der Herstellung eines Gedichtes beobachtet man nicht nur das Gedicht, sondern auch sich selber. Die Herstellung des Gedichtes selbst ist ein Thema, nicht das einzige Thema, aber in gewisser Weise klingt es überall an.

Benn hat sein Leben nicht nur mit Gedichten begleitet, er hat seine ganze Existenz mit kühler Emphase als Künstler, das heißt: als Selbstbeobachter, gelebt. Anders als etwa Rilke ist er auf der Suche nach lyrischen Stimulationen aber nicht kreuz und quer durch Europa gereist, sondern selbst dann fein zu Hause geblieben, als politische Umstände dies fast schon unmöglich machten. Angst vor innerer »Leere« scheint er nicht gekannt zu haben. Im Gegenteil, es klingt fast sehnsüchtig, wenn er im selben Gedicht schreibt:

> Ob Rosen, ob Schnee, ob Meere,
> was alles erblühte, verblich,
> es gibt nur zwei Dinge: die Leere
> und das gezeichnete Ich.

Man kann sich durchaus fragen, ob die »Herstellung des Gedichtes« in diesem Stück nicht schon zu sehr Thema geworden ist. Die Mechanik der Sprache rattert gerade dort sehr vernehmlich, wo der Schalmeienklang der Poesie besonders verführerisch ertönen soll:

> es gibt nur eines: ertrage
> – ob Sinn, ob Sucht, ob Sage –
> dein fernbestimmtes: Du mußt.

Sinn, Sucht, Sage: Was diese drei Wörter eint, mehr als ihr semantischer Gehalt, das ist ein sprachlicher Trick, die Alliteration. Der kantige dreifache Stabreim auf den Buchstaben »S« dient eher der Erzeugung sprachlicher Räusche als der Erzeugung von Sinn. Gegen die Versuchungen klangvoller Überorchestrierung war Benn, wie viele große Sprachartisten, nicht gefeit. Immerhin hat er versucht, ihnen durch Ausnüchterung in Perspektive und Weltanschauung zu begegnen.

Jemand, der ein »fernbestimmtes: Du mußt« spürt, glaubt sicherlich nur bedingt an die Fähigkeit, seinen Lebensweg zu steuern und seine Persönlichkeit aus der ihr zugewiesenen Bahn zu lenken. Man darf diesen Fatalismus nicht als Bescheidenheit mißverstehen: Da das Ich laut Benn das einzige ist, was der Mensch der Leere entgegenzusetzen hat (»es gibt nur zwei Dinge: die Leere / und das gezeichnete Ich«), kommt den Lyrikern als Spezialisten des Ichs ein hoher gesellschaftlicher Stellenwert zu – in Benns Weltsicht wohl der höchste von allen. Entsprechend selbstbewußt ist unser Mann seinen Sonderweg als Künstler gegangen.

Der fast religiös anmutende Glaube an die Schicksalsbestimmtheit des Einzelnen findet seine größere Entsprechung in der Schicksalsbestimmtheit des Weltganzen. Deshalb sind in dem zitierten Gedicht nicht nur »Rosen« verblichen, sondern gleich ganze »Meere«. Der eine Vorgang dauert wenige Sommerwochen, der andere ein, zwei Erdzeitalter, und dennoch stehen beide in größter Verknappung und mit größter Selbstverständlichkeit nebeneinander. Hören wir uns die Strophe ruhig noch einmal an, sie ist in ihrer Mischung aus wuchtigem Verkündungston und nüchterner Bilanzbuchhaltung typisch für die späten Gedichte unseres Prüflings:

> Ob Rosen, ob Schnee, ob Meere,
> was alles erblühte, verblich,
> es gibt nur zwei Dinge: die Leere
> und das gezeichnete Ich.

Durch viele Formen geschritten zu sein – das gibt Benn also zu. Daß er sich seinen frühen Gedichten im Alter nicht ohne Schwierigkeiten nähern konnte, räumt er ebenfalls ohne weiteres ein. Zu einer Auswahlausgabe seines Frühwerkes schreibt er im Jahr 1952:

> Ich gestehe, um die Korrekturen des vorliegenden Bandes lesen zu können, bedurfte es zahlreicher Apéritifs und Cocktails für Gemüt und Magen, dann allerdings erschien mir das Ganze als Wurf und Wahnsinn gut. Ich dachte zurück. Es muß eine schwere Krankheit gewesen sein, jetzt ist sie ausgeheilt. Ist sie ausgeheilt?

Eine bange und berechtigte Frage, die wir einstweilen im Gedächtnis behalten wollen. Der Gedichtband »Statische

Gedichte« favorisiert jedoch eine ganz andere Form von Künstlerbiographie. Im Titelgedicht, das den Band beschließt, heißt es:

> Entwicklungsfremdheit
> ist die Tiefe des Weisen,
> Kinder und Kindeskinder
> beunruhigen ihn nicht,
> dringen nicht in ihn ein.
>
> Richtungen vertreten,
> Handeln,
> Zu- und Abreisen
> ist das Zeichen einer Welt,
> die nicht klar sieht.
> Vor meinem Fenster
> – sagt der Weise –
> liegt ein Tal,
> darin sammeln sich die Schatten,
> zwei Pappeln säumen einen Weg,
> du weißt – wohin. (…)

Ein seltsamer Heiliger, dessen Souveränität sich in Unbelehrbarkeit äußert. Zum Glück gibt Benn durch die Blume zu verstehen, daß er so weise niemals gewesen ist. Er hat nicht klargesehen, er hat Richtungen vertreten, zweifelhafte obendrein, er hat Nachkommen in die Welt gesetzt, und seine frühen Werke erscheinen ihm im nachhinein als Symptome einer schweren Krankheit.

Der eiserne Hobbit mag dies im Ton des Bedauerns äußern, doch in Wahrheit spricht er von einem Glücksfall. Denn mehr als gegen alle Zeitströmungen mußte sich seine lyrische Entwicklung gegen einen habituellen, fast schon zwanghaften Drang zur Abgrenzung und Selbstberuhigung durchsetzen. Daß sie es getan hat, ist ein Glück für den Dichter, für seine Leser und für die deutsche Literatur. Wenn er die »Krankheit« seiner frühen Jahre am Ende seines Lebens mehr oder weniger überwunden hat, so zeigt das vielleicht, daß er kein Weiser war – es zeigt aber auch, daß er lernfähiger war, als ein Künstler seiner Meinung nach sein sollte.

*

Fünf Phasen lassen sich im lyrischen Werk Benns unterscheiden, unter Berücksichtigung diverser Übergangsphänomene und Mischformen. Die erste Phase wird durch das Erscheinen des Lyrikheftes »Morgue und andere Gedichte« im Jahr 1912 eingeläutet. Es ist das Jahr, in dem sich Benn als Arzt approbiert hat und zeitweilig in der Pathologie des Krankenhauses Charlottenburg-Westend arbeitet. Ein effizienteres Verhältnis von Aufwand und Wirkung als mit den gerade mal zwölf Druckseiten von »Morgue« ist in der deutschen Literatur selten erzielt worden. Mit diesen Aufzeichnungen aus einem Totenhaus könnte wohl noch heute ein ambitionierter Deutschlehrer seine an »Rammstein« und Marilyn Manson geschulten Zöglinge aus dem Unterrichtsschlaf reißen.

> Der Mund eines Mädchens, das lange im Schilf
>   gelegen hatte,
> sah so angeknabbert aus.
> Als man die Brust aufbrach, war die Speiseröhre
>   so löcherig.
> Schließlich in einer Laube unter dem Zwerchfell
> fand man ein Nest von jungen Ratten.
> Ein kleines Schwesterchen lag tot.
> Die andern lebten von Leber und Niere,
> tranken das kalte Blut und hatten
> hier eine schöne Jugend verlebt.
> (...)

Eine gewisse Verzerrung der Stimme ist – Stichwort »Rammstein« – auch bei Benn nicht zu überhören. Der scheinbar sachliche Blick des Mediziners hält den schnöden Tatsachen auf dem Seziertisch nicht lange stand. Unser Dichterarzt versucht zwar, sich auf kommißhafte Rauhbeinigkeit herauszureden, doch sein rhetorisch aufgesteilter Zynismus überdeckt nur notdürftig sein tiefes, zutiefst abendländisches Entsetzen vor der Sinnlosigkeit und Abscheulichkeit des Todes. Hinter all den Kaltschnäuzigkeiten windet sich ein Romantiker, der seinen Naturbegriff von den nackten Fakten widerlegt sieht.

Die zweite Werkphase kommt erst nach einer mehrjährigen Pause so richtig in Schwung. Der Erste Weltkrieg ist ausgebrochen, Benn zieht als Militärarzt in den Krieg. Längere Zeit ist er im deutsch besetzten Brüssel in einem Prostituiertenkrankenhaus tätig. In den Gedichten, die hier entstehen, klingt noch der Ton der »Morgue« nach, nun jedoch mit stärker aufgedrehter Verzerrung.

> Die Krone der Schöpfung, das Schwein, der Mensch –:
> geht doch mit andern Tieren um!
> Mit siebzehn Jahren Filzläuse,
> zwischen üblen Schnauzen hin und her,
> Darmkrankheiten und Alimente,
> Weiber und Infusorien,
> mit vierzig fängt die Blase an zu laufen –:
> meint ihr, um solch Geknolle wuchs die Erde
> von Sonne bis zum Mond –? Was kläfft ihr denn?
> (…)

Aus dem noch sachlich gebändigten Entsetzen der »Morgue«-Gedichte ist unverhohlener Weltekel geworden. Ohne die Kriegssituation, die Benn nachhaltig geprägt hat, sind diese Verse schwerlich denkbar: Jedem idealistischen Überbau für das Sterben an der Front und dahinter setzt Benn die abstoßenden organischen Verfallsprozesse des menschlichen Körpers entgegen. Anders als etwa die zur Kenntlichkeit entstellten Fratzen der Kriegsgewinnler auf den Bildern eines George Grosz verstehen sich Benns virtuose Haßtiraden jedoch keineswegs als soziale Anklage. Sie richten sich nicht gegen Ausbeuter, sie feuern unterschiedslos auf alles, was sich bewegt: Kleinbürger, Bürger, Proletarier. Letztlich richten sie sich gegen die Verletzlichkeit des menschlichen Körpers.

Benn ist auch ein Produkt des Systems, an dessen krankhaften Auswüchsen er hier herumdoktert. Den militärischen Habitus hat er sein Leben lang gepflegt, in der unsentimentalen Selbstanalyse ebenso wie in einem fast zwanghaft durchorganisierten Tagesablauf (bei Verabredungen erwartete der eiserne Hobbit stets minutenpünktliches Eintreffen). Im nachhinein hat sich ihm die Zeit im besetzen Brüssel gar zur schönsten aller Lebensphasen verklärt; er konnte davon schwärmen wie mancher traumatisierte Weltkrieg-zwo-Teilnehmer von der unnachahmlichen Kameradschaft beim Rußlandfeldzug. Natürlich galt seine Apotheose nicht dem menschlichen Zusammenhalt. Nein, die Brüsseler Etappe wurde ihm zum Inbegriff literarischer Schaffenskraft – seiner eigenen, versteht sich.

Nach seiner Rückkehr aus dem Krieg eröffnet Benn in Kreuzberg eine Praxis für Haut- und Geschlechtskrankheiten. Fast zwanzig Jahre lang, von 1918 bis 1935, hat er in dem Haus Belle-Alliance-/Ecke Yorckstraße seine Vierzimmer-Wohnpraxis betrieben, mit Gedichtmanuskripten in der Schublade, mit Geschlechtskranken vor dem Schreibtisch und mit wachsendem Insider-Ruhm innerhalb des literarischen Berlins. Wohin aber kann sich ein Werk aus der äußersten Zuspitzung entwickeln? Benns Antwort in der dritten Werkphase lautet: Abkehr von drastischen Schockmomenten, Hinwendung zu klassischen Gedichtformen, jedoch ohne klassischen Sprachduktus. Er brilliert nun mit einer Fremd- und Reizwortfülle, welche die Welt so bislang noch nicht vernommen hat:

Keime, Begriffsgenesen,
Broadway, Azimut,
Turf- und Nebelwesen
mischt der Sänger im Blut,
immer in Gestaltung,
immer dem Worte zu
nach Vergessen der Spaltung
zwischen ich und du.

Neurogene Leier,
fahle Hyperämien,
Blutdruckschleier
mittels Koffein,
keiner kann ermessen
dies: dem einen zu,
ewig dem Vergessen
zwischen ich und du.

Soweit die zwei Eingangsstrophen des Gedichtes »Der Sänger«, 1925 in dem Band »Spaltung« erschienen. Aber nicht um Spaltung geht es Benn, sondern um deren Überwindung durch Kunst: Die Spaltung von »ich und du« soll er hinter sich lassen, dieser Sänger, ganz wie es einst Orpheus tat, ganz so, wie es nur zwei Jahre zuvor Rilke in seinen »Sonetten an Orpheus« versucht hat. Was aber singt er, der Sänger, oder, mit dem Titel eines anderen Gedichtes zu sprechen, das ebenfalls in dieser Zeit entsteht, aber erst posthum veröffentlicht wird, »Was singst du denn –«:

was singst du denn, die Sunde
sind hell von Dorerschnee,
es ist eine alte Stunde,
eine alte Sage der See:
Meerwiddern und Delphinen
die leichtbewegte Last –
gilt es den Göttern, ihnen,
was du gesungen hast?

Nicht mehr der Einzelne, sondern das historisch-mythologische Ganze steht zur Verhandlung. Angeekelt von Weltengang und Menschendrang hat sich Doktor Benn von seinen Patienten abgewandt und Halt und Haltung in ewigen Themen gesucht. Er inszeniert nun sprachtrunkene Bildungsspiele; achtzeilige Reimstrophen werden sein Markenzeichen.

Frühe Hochkulturen, Figuren der Antike – das ist der Stoff, aus dem die abendländisch-humanistische Bildung gemacht ist. Er ist nun auch der Stoff Bennscher Gedichte. Was am ehesten auf der Strecke bleibt, ist ausgerechnet die so angestrengt an die aufgewühlte Sprachoberfläche gespielte Bedeutung. Reim mich oder ich freß' dich – dazu muß man nicht »Herz« auf »Schmerz«, dazu kann man auch »Sunde« auf »Stunde« reimen, ohne daß dem oberflächlichen Zugewinn an jongleurhafter Artistik irgendein tieferer innerer Zuwachs an Erkenntnis entspräche.

Gern benutzt Doktor Benn die ganz großen Wörter, so groß, daß man gar nicht mehr weiß, was alles hineinpaßt. »Werden und Frage«, »Ferne und Sein« – wo ist da Sinn, und was verdankt sich lediglich der Sehnsucht nach dem hohen Ton? Bedeutsamkeit ist nicht gleich Bedeutung. Von dem Anspruch, Gedichte »nachprüfbar, diskussionsfähig, geschichtsfähig zu machen«, ist Benn zu dieser Zeit weiter denn je entfernt.

Dazu paßt, daß er sich in den frühen dreißiger Jahren als wortgewaltiger Polemiker gegen linke Schriftstellerkollegen hervortut. Nach der Machtergreifung der Nazis erwärmt er sich ein Jahr lang für die neuen Herren im Lande – nicht aus Sympathie, wie er später sagt, sondern weil er das Nazitum für eine jener großen barbarischen Umwälzungen gehalten habe, die in seinem dekorativ-martialischen Geschichtsbild die Zeitläufte bestimmen. Seine Toleranz gegenüber Gewalt und Barbarei läßt freilich schnell nach, als er merkt, daß darunter auch die abendländischen Umgangsformen leiden: Die Nazis zeigen ihm rasch und eindrucksvoll, daß sie auf ihn verzichten können.

Er löst seine Praxis auf und überlebt Hitlers »Drittes Reich« samt Schreibverbot und anderen Schikanen als Militärarzt mit den Stationen Hannover, Berlin und Landsberg im heutigen Polen. Ein neuer Ton gewinnt in diesen Jahren der Isolation Klangkraft. Ein *neuer* Ton? Im Grunde ist der Benn-Ton der vierten Werkphase der ganz alte Ton der Lyrik: Statt mystische Ursänger zu bedichten, kommt Benn jetzt selbst ins Singen. Die einschüchternde rhetorische Wortgewalt früherer Gedichte ist in diesen Stücken zu meisterhaften, halbverwehten Melodien à la Chopin sublimiert. Was zählt, sind die intimen Nuancen, nicht mehr die verbalen Hammerschläge.

> Um deine Züge leg ich Trauer,
> um deine Züge leg ich Lust,
> indes die Nacht, die Todesschauer
> weben allein durch meine Brust.

Na bitte, möchte man ausrufen, es geht doch: Ein großer Dichter kann »Brust« auf »Lust« reimen und trotzdem ein unverwechselbares, einzigartiges Sprachkunstwerk von großer Intimität schaffen. Typisch für Benn ist dann freilich die nächste Strophe von »Auf deine Lider senk ich Schlummer«, in der die zögerliche Hinwendung an das angesprochene »Du« brüsk zurückgenommen wird.

> Du, die zu schwach, um tief zu geben,
> du, die nicht trüge, wie ich bin –
> drum muß ich abends mich erheben
> und sende Kuß und Schlummer hin.

Eine seltsame Formulierung übrigens, dieses: »Du, die nicht trüge, wie ich bin«. Vordergründig erhebt hier eine gewichtige Persönlichkeit Anspruch auf Anerkennung. Doch dahinter klingt die Sehnsucht an, nicht nur *er*-, sondern auch *ge*tragen zu werden. Man denkt unwillkürlich an eine Mutter, die ihr Kind im Arm wiegt. Und wie das so ist, wenn aus geliebten Müttern im weiteren Verlauf des Lebens mütterliche Geliebte werden: Sie sollen alles verstehen und alles verzeihen, weil der Bub nun einmal »so ist«.

Bei Benn heißt das allemal, daß er neben der versorgenden Ehefrau immer auch eine Geliebte braucht, die seine Blockaden löst und seine inneren Erstarrungen aufweicht, kurzum: die ihn sich ein wenig lebendiger fühlen läßt, als er in Wahrheit ist. Der maßlose Egozentrismus fordert seinen Preis: Von den drei Ehefrauen Benns hat nur die letzte den Bund mit dem Untragbaren überlebt. Wer zynisch sein wollte, könnte sagen: weil dieser vor ihr starb.

Doch zuvor hat der Fünfphasendichter am heimischen Schreibtisch die letzte Werkphase eingeläutet, die dann nicht nur sprachmusikalisch, sondern auch thematisch ganz unmittelbar mit Chopin zu tun haben kann, wie in diesem lyrischen Biogramm des Komponisten:

Nicht sehr ergiebig im Gespräch,
Ansichten waren nicht seine Stärke,
Ansichten reden drum herum,
wenn Delacroix Theorien entwickelte,
wurde er unruhig, er seinerseits konnte
die Notturnos nicht begründen.

(...)

Nie eine Oper komponiert,
keine Symphonie,
nur diese tragischen Progressionen
aus artistischer Überzeugung
und mit einer kleinen Hand.

Womit wir bei dem Band »Statische Gedichte« angelangt wären, in dem sich diese Verse finden. Die deutsche Erstausgabe im Limes Verlag ist ein kleinformatiger, unscheinbarer Pappband, auf dessen Titel der Name des Dichters kaum größer als die Gedichte selbst gedruckt ist.

Die letzten Zeilen von »Chopin« dürfen wir ohne weiteres als Selbstaussage des nunmehr sechzigjährigen Benn verstehen, dessen Schreibtisch seit Kriegsende in der Bozener Straße in Schöneberg steht. Wiederum hat er sich in einer Vierzimmer-Wohnpraxis eingerichtet, in der er seine Gedichte schreibt und die Geschlechtskranken versorgt, deren Zahl in der Nachkriegszeit sprunghaft ansteigt. Es sind ihm fast zu viele: »Sprechstunden nur nach Vereinbarung«. Sein Bemühen, den rapiden Wechselfällen des zwanzigsten Jahrhunderts eine statische Biographie entgegenzuhalten, ist unverkennbar.

Der scheinbar lapidare, in Wahrheit höchst kunstvoll mit Spannung und Lockerung der Sprache arbeitende Berichtsstil, der in »Chopin« bereits makellos ausgeprägt ist, trägt und prägt noch einige der schönsten Gedichte, die Benn in seinen letzten zehn Lebensjahren schreiben wird. Dieser Stil ist auch keineswegs auf biographische Skizzen beschränkt, obwohl ein anderer Dichter rund dreißig Jahre später in einem »Mausoleum« genau diesen Aspekt aufgreifen und gekonnt durchdeklinieren wird. Benn hingegen findet gegen Ende seines Lebens immer öfter zu unverstellt autobiographischen Gedichten. Sein Mißtrauen gegenüber dem Alltäglichen verläßt ihn trotz der neugewonnenen Lässigkeit im lyrischen Umgangston nicht:

> Was du in Drogerien sprachst
> beim Einkauf von Mitteln
> oder mit deinem Schneider
> außerhalb des Maßgeschäftlichen –
> was für ein Nonsens diese Gesprächsfetzen,
> warst du da etwa drin?

Seltsamer Anspruch, immer nur Bedeutsames von sich zu geben. Das Mißtrauen gegenüber der Normalität der

Umgangsfloskeln weist letztlich eher auf einen seelischen Defekt als auf philosophische Skepsis hin; nicht ohne Grund trägt das zitierte Gedicht den Titel »Verzweiflung«. Immerhin läßt der sechsundsechzigjährige Benn sein Altersgedicht (es ist im Jahr 1952 im »Merkur« erschienen) mit einer Frage enden, die Zweifel an der sonst so kaltblütig ausgespielten Attitüde des Geistesaristokraten weckt:

Alles zusammengerechnet
aus Morgen- und Tagesstunden
in Zivil und Uniform
erbricht sich rücklings vor Überflüssigkeit,
toten Lauten, Hohlechos
und Überhaupt-mit-nichts-Zusammensein –

oder beginnt hier die menschliche Gemeinschaft?

Das ist nun allerdings eine bange Frage. Was also bleibt außer »Überflüssigkeit«, wenn man »alles zusammengerechnet« hat aus den fünf grob skizzierten Lebensphasen »in Zivil und Uniform«? Fassen wir die vorläufigen Ergebnisse unseres biographischen Testlaufs kurz zusammen:

– Der junge Benn der »Morgue«-Gedichte ist von heftigem Weltekel erfaßt, doch hinter der scheinbar kühl attestierenden Attitüde ist – *Phase eins* – nacktes Entsetzen spürbar.

– Der Benn der Brüsseler Zeit kultiviert – *Phase zwei* – den Weltekel und stößt scharfzüngige Haßtiraden gegen eine Menschheit aus, die er offenbar nur noch als Lumpenpack wahrnehmen kann.

– Es folgt – *Phase drei* – die Hinwendung zur hehren Welt der Sagen, Mythen und frühen Hochkulturen, die den Vorzug genießt, keine Ansprüche an den weltflüchtigen Dichter zu stellen.

– Als nächstes – *Phase vier* – kultiviert Benn klassische Gedichtformen. Jetzt besingt er nicht mehr nur antike

Sänger, sondern wird selbst zum Sänger à la Orpheus. Sogar Liebeslieder gelingen ihm – *with a twist.*

– *Phase fünf* in Stichworten: gelassene Selbstgenügsamkeit; prosanahe, lapidare, formal hochraffinierte Verse, in denen sich anhaltende Skepsis gegenüber der Welt mit Zweifeln an der eigenen Person mischt.

Der Verfallsdrohung des Organischen zu entkommen, sich selbst von der fleischlichen, sterblichen Masse abzuheben, das ist über Jahrzehnte das künstlerische Movens unseres Dichters gewesen. Vielleicht hat er die formale Selbstbezogenheit der Lyrik deshalb so stark betont. Wenn nämlich seine Poesie auf weniger bestrickende Weise von sich selbst handeln würde, bliebe kaum eine Rechtfertigung für ihre Existenz. Die Botschaft »Laßt mich in Ruhe, aber nehmt mich wahr« jedenfalls ist, bei Licht besehen, eine stofflich recht magere Ausbeute.

Seine Totenreden auf den Dichterkollegen Klabund und auf Else Lasker-Schüler lassen früh einen anderen, teilnahmsvolleren Benn erahnen. Doch erst am Ende seines Lebensweges findet die Ahnung in sein Werk, daß nicht nur die Zeitläufte ihn in eine lebenslange Abwehrhaltung getrieben haben, sondern so etwas wie eine grundlegende Störung seiner Persönlichkeit. Das Ekelvokabular der frühen Jahre trifft nun – in gemäßigter Form – das Ziel, das es insgeheim schon immer hatte: den Dichter selbst, in dessen Person Selbstbezogenheit und Autoaggression ein explosives Treibstoffgemisch bilden. Und daß nicht jeder Treibstoff gut ist für jeden Motor, wer wüßte das besser als Ihr Prüfer vom Lyrik-TÜV.

*

Das Mißtrauen gegenüber jeder Normalität, das tiefsitzende Gefühl der Absurdität jeglicher menschlichen Existenz mag einer verbreiteten Stimmung der Nachkriegszeit entsprechen. Im Fall Benns entspringt es einer seelischen Disposition. Wir erinnern uns seiner Formulierung: »Es muß eine schwere Krankheit gewesen sein, jetzt ist sie ausgeheilt. Ist sie ausgeheilt?« Es hat lange gedauert, bis Benn sich dieser Frage nicht mehr entzogen hat. Auf eine Beschäftigung mit seelischen Leiden hatte er als junger Assistenzarzt in der Psychiatrie noch mit etwas reagiert, was wir getrost als Psychosomatik bezeichnen dürfen:

> Es war mir körperlich nicht mehr möglich, meine Aufmerksamkeit, mein Interesse auf einen neu eingelieferten Fall zu sammeln oder die alten Kranken fortlaufend individualisierend zu beobachten. Die Fragen nach der Vorgeschichte ihres Leidens, die Feststellungen über die Herkunft und Lebensweise (...) schufen mir Qualen, die nicht erklärbar sind. Mein Mund trocknete aus, meine Lider entzündeten sich, ich wäre zu Gewaltakten geschritten, wenn mich nicht vorher schon mein Chef zu sich gerufen, über vollkommen unzureichende Führung der Krankengeschichten zur Rede gestellt und entlassen hätte.

Benn bemühte sich, der Sache auf den Grund gehen:

> Ich versuchte mir darüber im klaren zu werden, woran ich litt. Von psychiatrischen Lehrbüchern aus, in denen ich suchte, kam ich zu modernen psychologischen Arbeiten (...); ich vertiefte mich in die Schilderungen des Zustandes, der als Depersonalisation oder als Entfremdung der Wahrnehmungswelt bezeichnet wird, ich begann, das Ich zu erkennen als ein Gebilde, das (...) zu einem Zustand strebte, in dem nichts mehr von dem, was die moderne Kultur als Geistesgabe bezeichnete, eine Rolle spielte, sondern in dem alles (...) die tiefe, schrankenlose, mythenalte Fremdheit zugab zwischen dem Menschen und der Welt.

Halten wir uns vor Augen, was hier passiert: Benn vermutet eine psychische Erkrankung bei sich, aber sobald er seine Vermutung bestätigt sieht, scheint ihm der Befund nicht recht zu gefallen. Statt »Ich« zu sagen, greift er nun zu einem uralten Trick der Lyriker – er erfindet ein lyrisches Ich. Das heißt nun nicht mehr »Ich, Gottfried Benn«, sondern »*das* Ich«. Die wundersame Verwandlung vollzieht sich in nur sechs magischen Worten: »ich begann, das Ich zu erkennen«. So schnell kommt nicht jeder vom Ich zum Wir.

Wir erkennen jetzt, warum für ihn die Hinwendung zum Sagenhaften, Frühgeschichtlichen so wichtig wurde. Sie bedeutet nämlich gleich in doppelter Hinsicht eine Entlastung: Einmal erlaubt sie ihm »all den Fragen nach der Vorgeschichte« anderer Menschen auszuweichen und sich höheren, schöneren, edleren Motiven zuzuwenden; zum anderen erlöst sie ihn aus der stark empfundenen Verpflichtung, sich mit den eigenen menschlichen Voraussetzungen kritisch zu befassen. Rund drei Jahrzehnte weiterer Selbstbezüglichkeit hat Benn sich mit diesem Trick genehmigt. Die Kosten waren, wie wir noch sehen werden, hoch.

Auf daß der Bannspruch wirke, kann Benn ihn gar nicht oft genug wiederholen. Insbesondere seine Essayistik liest sich teilweise wie das Resultat einer fortgesetzten Autosuggestion. Gebetsmühlenhaft sagt Benn sich und der Welt seinen einen, einzigen Glaubenssatz vor, der da lautet: »mythenalte Fremdheit (...) zwischen dem Menschen und der Welt.« Erstaunlich, wie viele Zusammenhänge er für diese wolkige Annahme findet. Einmal ist er sich in einer durchaus amüsanten Formulierung sicher ...

daß der Mensch in allen Wirtschaftssystemen das tragische Wesen bleibt, das gespaltene Ich, dessen Abgründe sich nicht durch Streuselkuchen und Wollwesten auffüllen lassen, dessen Dissonanzen nicht sich auflösen im

> Rhythmus einer Internationale, der das Wesen bleibt, das leidet

… ein andermal bekräftigt er mit exakt derselben Formulierung, daß sein literarisches Alter ego namens Rönne,

> vor das Erlebnis von der tiefen, schrankenlosen mythenalten Fremdheit zwischen den Menschen und der Welt gestellt, unbedingt der Mythe und ihren Bildern glaubte.

Zivilisation, das sind Wollwesten und Streuselkuchen, damit darf man dem Weltkrieg-eins-erprobten Durchblicker Benn nicht kommen. Seltsam, wo doch gerade dieser Dichter physisch einen wollig weichen und streuselkuchenhaft wohlgerundeten Eindruck macht. Trotz häufiger Klagen über seine finanzielle Situation kann unser Hobbit-Poet sich darauf verlassen, daß seine Haushälterin ihm die Mahlzeiten stets pünktlich auftischt. Dennoch steht für ihn fest:

> … daß nicht das Fleischliche, nicht Fraß und Paarung, für den Menschen der Triumph des Lebens ist, sondern daß trotz allen Geweses unserer Tage um das Materielle, um Komfort und Hygiene (…) es innere Leistungen sind, für die wir das Bewußtsein eingeprägt erhielten, für Kräfte der Ordnung und des individuellen Verzichts.

Mit anderen Worten: Der zivilisatorische Prozeß hat nicht die Reifung des Ichs, sondern die Fütterung der Massen im Sinn. Er ist, wenn man Benn in letzter Konsequenz folgen wollte, fast schon eine kulturelle Verfallserscheinung:

> erhielte sich ein Staat durch Straßenbeleuchtung und Kanalanlagen, wäre Rom nie untergegangen –; immanente geistige Kraft wird es wohl sein, die den Staat erhält, produktive Substanz aus dem Dunkel des Irrationalen.

Während in Berlin ringsum die Straßenkämpfe zwischen Kommunisten und Nationalsozialisten toben, während die Inflation ein neues Heer der Elenden schafft und die grausam entstellten Invaliden des Ersten Weltkrieges bettelnd mit den Sammelbüchsen rasseln, während kaum ein Schriftsteller dieser Zeit darum herumkommt, sich Gedanken um die Zukunft zu machen und seine Rolle im Gesellschaftsganzen zu bedenken, sitzt Benn in seiner Wohnpraxis und nimmt nicht teil. Das alles war schon immer so, sagt er, das alles wird auch immer so bleiben. Laßt mich in Ruhe damit, stört meine Kreise nicht, denn:

> die Armen wollen hoch und die Reichen nicht herunter, schaurige Welt, aber nach drei Jahrtausenden Vorgang darf man sich doch wohl dem Gedanken nähern, dies alles sei weder gut noch böse, sondern rein phänomenal. (...) Wer Geld hat, wird gesund, wer Macht hat schwört richtig, wer Gewalt hat, schafft das Recht. Die Geschichte ist ohne Sinn, keine Aufwärtsbewegung, keine Menschheitsdämmerungen, keine Illusionen mehr darüber, kein Bluff.

»Lebensweg eines Intellektualisten« hat Benn eine seiner autobiographischen Prosaarbeiten genannt. Aber als »Intellektualist« war unser Dichter leider oft ein Dünnbrettbohrer. Mit einigen bei Nietzsche geborgten Phrasen hat er sich durch sein gesamtes geistiges Leben gemogelt.

Was nicht heißt, daß er es nicht besser gewußt hätte – insgeheim. Seiner eigentlichen Motivation ist Benn in privaten Äußerungen sehr viel näher gekommen als in den oft streitbaren Verlautbarungen über Literatur und Kunst. In einem Brief an die Geliebte Gertrud Zenzes aus dem Jahr 1922 heißt es:

> Es mag auch sein, daß ich menschliches Leid nicht mag, da es nicht Leid der Kunst ist, sondern nur Leid des Herzens. Sehe ich menschlichen Gram, denke ich:

nebbich; sehe ich Kunst, Erstarrtes aus Distanz und Melancholie (...) denke ich: wunderschön.

Gerade auch die autobiographischen Texte um den jungen Arzt Rönne lassen deutliche Zweifel an den »uralten Mythen und Bildern« anklingen, für die sich Benn andernorts so vehement ausspricht. Die alten Verfahrensweisen der Poesie, die doch angeblich ganze Staaten zusammenhalten können, sie versagen hier schon, wenn nur der Poet selbst um Haltung ringt:

> Dann wollte er sich etwas Bildhaftes zurufen, aber es mißlang. Dies wieder fand er bedeutungsvoll und zukunftsträchtig: vielleicht sei schon die Metapher ein Fluchtversuch, eine Art Vision und ein Mangel an Treue.

»Fluchtversuch«, »Mangel an Treue« – das sind Stichworte, die in fast jedem Lebensbereich Benns Gültigkeit haben, am offensichtlichsten aber in seinem Verhältnis zu Frauen. Dieses delikate Thema ist uns natürlich einen eigenen Abschnitt wert, doch ehe wir uns den Damen zuwenden, wollen wir eine andere Form von Flucht betrachten: die Flucht in die Ferne. Bei Benn könnte man sie mit einer schönen Formulierung aus der Welt der Trivialkultur bedenken: Flucht in Ketten.

*

Schweifen wir also in die Ferne, was im Falle Benns zumeist heißt: bleiben wir hübsch daheim. Berühmt geworden ist sein Gedicht »Reisen«, wenige Jahre nach »Statische Gedichte« in dem Band »Fragmente« erschienen:

> Meinen Sie, Zürich zum Beispiel
> sei eine tiefere Stadt,
> wo man Wunder und Weihen
> immer als Inhalt hat?

> Meinen Sie, aus Habana,
> weiß und hibiskusrot,
> bräche ein ewiges Manna
> für Ihre Wüstennot?

Soweit die ersten zwei Strophen. Typisch dann wieder die finale Abwendungs- und Verweigerungsgeste in der abschließenden vierten Strophe:

> Ach, vergeblich das Fahren!
> Spät erst erfahren Sie sich:
> bleiben und stille bewahren
> das sich umgrenzende Ich.

Nicht immer hat sich das Ich so eng umgrenzt. Zwar ist Benn nur selten und mit großer Vorsicht gereist, aber es fällt doch auf, daß er nicht ohne eine gewisse nostalgische Wehmut von seinen unterbliebenen Abenteuern spricht.

Zwar hat Benn in dem Gedicht »Reisen« die Not des Nichtverreisens zur Tugend des sich selbst erfahrenden Geistesmenschen erklärt, doch an anderer Stelle verkündet er genau das Gegenteil: Geldmangel sei der Grund für seinen Mangel an Welterfahrung. Bekanntgeworden – und unter Lyrikern fast schon ein Gemeinplatz – ist vor allem eine Äußerung aus dem Aufsatz »Kunst und Staat«. Dort schreibt Benn über die Doppelexistenz von Arzt und Dichter:

> Was mich angeht so lebe ich ausschließlich von meinem gewerblich erworbenen Einkommen, meine künstlerischen Arbeiten haben mir, wie ich gelegentlich meines vierzigsten Geburtstages berechnete, im Monat durchschnittlich vier Mark fünfzig, während eines Zeitraumes von fünfzehn Jahren eingebracht.

Mit einem derart kargen Salär ist nicht gut abenteuern, zumal auch das »gewerblich erworbene Einkommen« Ende der zwanziger Jahre recht dürftig auszufallen scheint.

Benn sehnt sich nach einer festen Stelle mit guter Bezahlung und ausreichend Freizeit für seine privaten Interessen. Wiederum kommt das Reisen als gewichtiges Argument ins Spiel:

> Ich möchte eine Stellung mit festem Einkommen, damit ich etwas mehr für mich arbeiten kann. Ich bin über Vierzig und habe nie in meinem Leben länger als vierzehn Tage Ferien machen können, ich möchte auch einmal vier Wochen verreisen und doch am Ersten meine Miete zu bezahlen wissen.

»Ja, das möchtste«, ist man versucht, mit Tucholsky auszurufen. Und das alles für einen, der nicht zögert, gegen moderne soziale Errungenschaften zu wettern? Als seine eigene Gewerkschaft findet Benn durchaus klare Töne für konkrete soziale Forderungen: Urlaub und Fernreisen zwar nicht für alle, aber doch bitte schön für mich, den Dichter!

Daß Benn überhaupt in der Lage gewesen wäre, die so gewonnene Reisefreiheit zu nutzen, darf bezweifelt werden. Vieles spricht dafür, daß ihm das Erlebnis der Ferne als Gedankenreise, als Schlagervers und innere Sehnsuchtsmelodie, allemal lieber war als die tatsächliche Erfahrung anderer Lebensrealitäten: Nirgends ist Fernweh so schön wie zu Hause. An Ausreden für seine Reiseunlust hat es Benn denn auch nicht gemangelt. Was in jungen Jahren der Mangel an Geld war wurde im Alter der befürchtete Mangel an Bequemlichkeit. Ursula Ziebarth, die junge Geliebte der letzten Lebensjahre, hat hinter alldem gewichtige habituelle Gründe vermutet. Sie schreibt:

> Benn kannte Rom und auch Florenz nicht. Daß es ihn nach Florenz nicht zog, weil ihm bildende Kunst nicht viel bedeutete, verstand ich. Aber daß er auf Rom als den historischen Nabel der doch von ihm geliebten europäischen Welt verzichtete, erstaunte mich. Doch mußte ich erkennen, daß er sich die Unternehmung

nicht mehr zutraute. Reisen strengte ihn als einen Menschen, der alles vorher planen mußte, nur noch an.

Soweit die Ausrede. Doch nun kommt Frau Ziebarth zum wahren Hintergrund, den sie uns Nachfahren in der ihr eigenen Lockerheit übermittelt:

> Ich glaube, auch in seinen früheren Jahren konnte er nichts locker angehen. Wichtiger Mitgrund seiner Absage war, daß er, nicht italienisch und nur schlecht französisch sprechend, eine »traurige Figur« machen könnte. Es kam ihm immer sehr auf den Eindruck an, den zu machen er in der Lage war, eben einen sehr guten und nicht den, nicht mit allen internationalen Wassern gewaschen zu sein. (...) Nach Rom zu fahren war für ihn, einen Stein wälzen zu sollen, ohne dafür die Kräfte zu haben.

In Ursula Ziebarths Kommentaren erleben wir Benn als Umstandskrämer und Konventionsfetischisten ohnegleichen. Der Fünfphasendichter erscheint in diesen Schilderungen einer selbstbewußten, auf ihre unkonventionelle Lebensart stolzen Frau als ein Mensch, der auf äußere Haltung bedacht ist, weil er seine innere Fassung längst verloren hat. Umgeben von Schutzvorrichtungen aller Art, versucht er in jähen Befreiungsschlägen der drohenden Totalerstarrung zu entkommen. Ein wenig erinnert unser Dichter dabei an die Ritter des Spätmittelalters, die in ihren Plattenpanzern zwar unverwundbar, aber auch völlig unbeweglich geworden waren.

*

Benn hat sich Erlösung aus seiner Erstarrung vor allem von Frauen erhofft, und zwar sympathischerweise auch solchen, die ihn mit ganz anderen als den eigenen Formen der Weltwahrnehmung konfrontierten. Ein anderer ist er darum nicht geworden. Typisches Kennzeichen kontaktgestörter Menschen ist ja, daß die sich immer wieder ihre soziale Tauglichkeit beweisen wollen und dies mit beachtlichem Aufwand an Charme auch erreichen, um dann doch wieder zu resignieren, geknüpfte Verbindungen aufzulösen, erhoffte Aufbrüche aufzuschieben, geplante Reisen abzusagen. Der Charmeoffensive folgte bei Benn mit unschöner Regelmäßigkeit der Rückzug in die einsame Dichterklause.

»Für die Praxis gilt meine Maxime: gute Regie ist besser als Treue«, lautet eine Äußerung unseres Dichters, die von kulturbeflissenen Herren gern mit anerkennendem Unterton zitiert wird. Aus dem Mund kulturbeflissener Damen hört man sie hingegen eher selten. Kein Wunder, denn hinter Benns Sottise steckt weder bürgerliches Taktgefühl noch kühner Nonkonformismus, sondern eine gehörige Portion Kaltschnäuzigkeit – ganz zu schweigen von der Mißachtung einiger bürgerlicher Werte, die zu den schlechtesten nicht zählen. Wenige Dinge sind spießiger als die Familienflucht des notorischen Fremdgängers; so gesehen, war Benn ein Spießer durch und durch. Entsprechend breit ist die Schneise der Verwüstung, die seine irdische Laufbahn unter Geliebten und Ehefrauen hinterlassen hat.

Da wäre als erstes Else Lasker-Schüler. Gottfried Benn lernt die Dichterin im Jahr der »Morgue« kennen, 1912. Sie ist dreiundvierzig Jahre alt, er sechsundzwanzig. Die Liebesbeziehung zwischen beiden währt nur kurz, findet aber ihren Niederschlag in einigen der schönsten Gedichte Lasker-Schülers. Diese Gedichte bezeugen eine Begegnung, in der sich der Mann fortwährend entzieht und mit schwärmerischen Anrufungen seitens der Frau zurückgehalten werden soll. Ob es wirklich so war? Vor Gericht wären die Gedichte einer so lustvoll inszenierenden Frau ein fragwürdiges Beweismittel, und wie weit Lasker-Schülers Interesse am existierenden Real-Benn reichte, bleibt zweifelhaft. Nicht jedem wäre es eingefallen, den kleinen Mann aus der Odermark als »Giselheer« zu bezeichnen und ihm prunkvolle Beinamen wie »Tiger« und »König« zu geben.

Zwei Jahr später heiratet Benn Edith Osterloh. Die verwitwete Mutter eines kleinen Sohnes ist acht Jahre älter als er. Unser Dichter hat die weltläufige Münchener Dame im Urlaub auf Hiddensee kennengelernt. Da Benn sich bei Ausbruch des Ersten Weltkrieges sogleich als Armeearzt verpflichtet, führt das Ehepaar zunächst eine Fernbeziehung. In den Kriegsjahren bringt Edith Benn das erste und einzige Kind des Dichters zur Welt, die Tochter Nele. Nach Kriegsende zeigt Benn sich wenig interessiert daran, die Fern- in eine Nahbeziehung umzuwandeln. Zwar zieht Frau Edith nach Berlin und richtet dort eine gemeinsame Wohnung ein, doch ihr kunstsinniger Gatte vergräbt sich in seiner Vierzimmer-Wohnpraxis und beschränkt den Kontakt zu Frau und Kindern auf förmliche Anstandsbesuche an den Wochenenden.

Knapp fünf Jahre geht das so, ehe Edith Benn überraschend einem Gallenleiden erliegt. In einer Spezialklinik in Jena verbringt Benn einen Tag am Bett der Todkranken; die beiden Kinder sind zuvor bei einer ortsansässigen Tante untergebracht worden. Als seine Frau am späten Abend verstirbt, erklimmt Benn unter Zurücklassung von Ziehsohn und Tochter den Nachtzug gen Berlin und kehrt erst mehrere Tage später zur Beerdigung zurück. Auf der Rückfahrt von der Beerdigung bandelt er im Zug bereits mit einer kommenden Liebschaft an. Die Tochter Nele wird von Bekannten in Kopenhagen aufgenommen und wächst als dänische Staatsbürgerin fernab vom Vater auf.

Sieben Jahre später: Eine Geliebte Benns, Lili mit Namen, nimmt sich in Berlin das Leben. Nachdem sie Benn den Selbstmord zuvor telefonisch angekündigt hat, stürzt sie sich aus ihrer Wohnung im fünften Stock in die

Tiefe. Benn findet bei seinem Eintreffen den Leichnam auf der Straße vor. In einem Brief berichtet er später von dem tragischen Ereignis. Er tut dies in zwei Sätzen, die durch das krasse Nebeneinander von Schuldeingeständnis und Schuldzurückweisung ... tja, was? Beeindrucken?

> Natürlich starb sie an oder durch mich, wie man sagt. Sie war mir nicht gewachsen als Ganzes oder vielmehr: sie wollte mir in Dingen gewachsen sein, wo sie es nicht konnte und als Frau nicht zu sein brauchte.

Benns zweite Ehefrau nimmt sich ebenfalls das Leben. Benn hat die zurückhaltende Herta von Wedemeyer in seiner Zeit als Stabsarzt der Wehrmacht in Hannover kennengelernt; sie heiraten im Jahr 1938. Als das Ehepaar in den letzten Kriegstagen nach Berlin flieht, hält Benn es angesichts der dort herrschenden Verhältnisse für angebracht, seine Ehefrau in ein niedersächsisches Dorf zu schicken. Monatelang lebt sie, völlig von der Umwelt abgeschnitten, unter den kärglichsten Umständen. Nachdem ein Fluchtversuch vor den anrückenden Truppen der Roten Armee mißlingt, greift sie zu der Überdosis Morphium, die Benn für den Notfall beiseite gelegt hatte.

Gewiß hatte Gottfried Benn vorrangig die Sicherheit seiner Frau im Sinn, als er sie aus dem zerbombten und umkämpften Berlin aufs Land schickte, und es besteht auch kein Zweifel an der Aufrichtigkeit seiner Trauer. Man würde ihm die gute Absicht freilich noch eine Spur bereitwilliger abnehmen, wenn er zuvor nicht jahrzehntelang bestrebt gewesen wäre, Frauen erst an sich zu binden, um sie dann auf Distanz zu halten.

Überhaupt verblüfft an unserem Dichter, wie rücksichtslos er sich über gesellschaftliche Konventionen hinweggesetzt hat. Obwohl er nach außen hin stets peinlich um bürgerliche Form bemüht war, hat Gottfried Benn letztlich eine asoziale Existenz geführt. Er hätte dieser Einschätzung schwerlich widersprochen – sie gehörte zu seinem Künstlerbild, das er sich so recht nach seinem eigenen Lebenswandel ausgemalt hatte.

Nehmen wir als letztes Beispiel sein Verhältnis zu der bereits erwähnten Ursula Ziebarth. 1946 hatte Benn die Zahnärztin Ilse Kaul geheiratet – keine schlechte Partie für einen Mann von sechzig Jahren: Frau Ilse ist fast halb so alt wie der Dichter und mithin eine potentiell gute Versorgerin für die kommenden Jahre des Greisentums, zumal sie sich dank ihres Berufes finanzieller Unabhängigkeit erfreut. Auch von ihr verlangt Benn, ihn zu »tragen, wie er ist«. Die langjährige Erfolgsserie »Dr. Benn auf der Flucht« wird fortgesetzt. Ursula Ziebarths Auftritt beschreibt Benn so:

> Wir sind ranzig, mürbe, liegen herum, stehn am Ausgang, jahrelang, und dann kommt Sie. Gesicht wie eine schwarze Orange, klein und schief, fischotterähnlich, als ob sie aus einer Flut auftaucht – wälzt alles um. Nun funkeln wir, blenden, plötzlich gruppiert sich alles anders.

Wie sollen wir uns dieses Umgruppieren vorstellen? Benn bewohnt mit seiner Frau eine Vierzimmerwohnung in der Passauer Straße, nun auf einmal treffen Briefe einer jungen Frau aus Worpswede ein. Der Dichter beginnt einen für seine Verhältnisse lebhaften Reiseverkehr, kurz vor seinem Tod zieht Fräulein Ursula gar in ihre Heimatstadt Berlin zurück. Wie mag sich Ilse Benn gefühlt haben? Sie hat Glück, als einzige von Benns drei Frauen überlebt sie die Ehe, denn der an Knochenkrebs erkrankte Benn stirbt vor ihr. In seinem Nachlaß finden sich, wie seltsam, nur noch drei Briefe an Ursula Ziebarth.

Kann irgendeine Kunstproduktion, und sei sie noch so bewundernswert, dieses private Schlachtfeld rechtfertigen? Das ist eine Frage, die zu beantworten der Lyrik-TÜV seinem Leser nicht abnehmen möchte. Eines allerdings bittet er zu bedenken: Die Vorstellung, daß große Kunst nur aus einer gesellschaftlichen Randstellung erwachsen könne, ist nicht gottgegeben, sondern hat sich historisch entwickelt. Sie war die Lieblingsidee eines bereits verblassenden Großbürgertums, das sich um die vorletzte Jahrhundertwende selbst zu langweilen begonnen hatte.

*

Bleibt die Frage, die sich uns schon im Zusammenhang mit George und Rilke gestellt hat: Wie wird man so? Wie kommt es zu der von Benn bei sich selbst diagnostizierten »Entfremdung der Wahrnehmungswelt«? In seinem Lebenslauf finden wir keine wirklich schlüssige Antwort. Alle Biographen sind sich allerdings darin einig, daß der Vater die bestimmende Persönlichkeit in Benns Leben gewesen ist. Fritz J. Raddatz bezeichnet ihn in seinem biographischen Benn-Essay als »eine Fontane-Figur in seiner Mischung aus knorriger Güte und bescheidenem Selbstbewußtsein«.

Gustav Benn war Pfarrer in verschiedenen Ortschaften der Neumark. Manches ist über den kulturprägenden Einfluß des protestantischen Pfarrhauses gesagt worden. Es scheint jedoch, als hätte in Benns Elternhaus weniger humanistische Bildung das geistige Klima bestimmt als vielmehr soziales Engagement, verbunden mit einem recht naiven Gottesglauben. In seinem berühmten Altersgedicht »Teils – teils« hat Benn diese Atmosphäre unnachahmlich heraufbeschworen:

> In meinem Elternhaus hingen keine Gainsboroughs
> wurde auch kein Chopin gespielt
> ganz amusisches Gedankenleben
> mein Vater war einmal im Theater gewesen
> Anfang des Jahrhunderts
> Wildenbruchs »Haubenlerche«
> davon zehrten wir
> das war alles.

Oder war es doch nicht alles? Hören wir, was ein Bruder Benns über die Prinzipien des Vaters zu sagen weiß:

> Er war in keiner Weise Parteigänger des adligen Großgrundbesitzers, sondern einem jeden Gliede seiner Gemeinde in gleicher Weise zugetan. Gerade die einfachen Leute hingen an ihm, weil sie empfanden, daß er auch sie und ihre Nöte ernst nahm. Wir Kinder hätten uns nie einfallen lassen dürfen, von einem Landarbeiter ohne den Zusatz »Herr« zu sprechen. Wenn der alte Vater Thunack kam, hatten wir ihm mit einem höflichen »Guten Morgen, Herr Thunack« die Hand zu geben und unsern Diener zu machen, nicht anders, als wenn der Graf aus Trossin gekommen wäre.

Das klingt nicht nur nach väterlichem Gerechtigkeitssinn, sondern auch nach straffer Handlungsanweisung an die sieben Kinder aus erster Ehe. Wenn Kinder nicht nur vom Vater, sondern in Personalunion auch noch vom Verkünder des Wortes Gottes auf Erden gemaßregelt werden, sind Konflikte fast unvermeidlich. Es sieht denn auch ganz danach aus, als wäre Benn zumindest innerlich recht früh mit dem Vater aneinandergeraten. Über das deutsche protestantische Pfarrhaus hat er sich lange Zeit nur herablassend geäußert, noch im Jahr 1932, als Mittvierziger, spricht er abschätzig von »schwäbischer Pfarrhauslyrik«.

Die Jahrzehnte zuvor nehmen sich so aus, als habe Benn das genaue Gegenteil des väterlichen Lebensentwurfes verwirklichen wollen. Andere Schriftsteller seiner Generation wurden von ihren Vätern zu »nützlichen« Studien wie Jura und Medizin angehalten, obwohl sie viel lieber einem geisteswissenschaftlichen Curriculum gefolgt wären. Gottfried Benn ist der kuriose Sonderfall eines bedeutenden deutschen Dichters, der sich mit dem Wunsch nach einem Medizinstudium gegen seinen Vater durchsetzen mußte. Dieser hatte für den Sohn ein philologisches Studium bevorzugt, wenn auch nicht aus Liebe zur Literatur, sondern als Eintrittsbillett für eine Laufbahn als Schullehrer.

Die Opposition gegen den Vater bleibt für Gottfried Benn lange Zeit prägend: Seine Gleichgültigkeit gegenüber den Erscheinungsformen der Armut, seine Verachtung des Durchschnittlichen, seine Abneigung gegen soziales Engagement in jeder Form, ebenso seine Vergötterung des abendländischen Bildungskanons – all das läßt sich als Parteinahme gegen den altruistischen, aber ungebildeten Vater begreifen. Sie hat ihn bis weit über die Lebensmitte hinaus begleitet und wohl noch seine fatalen Gedanken zur »Züchtung«, mit denen er sich den Nazis andienen wollte, mitbestimmt.

An einem bestimmten Punkt in Benns Biographie scheint sich die Ablehnung geradezu in Haß gesteigert zu haben: Im Jahr 1912 – demselben, in dem auch Benns Erstling »Morgue« erscheint und Benn seine erste Ehefrau kennenlernt – ruft die an Brustkrebs erkrankte Mutter den soeben zum Arzt approbierten Sohn um Hilfe in das elterliche Pfarrhaus. Der möchte die Leiden der offenkundig mit dem Tod Ringenden mittels Morphium lindern, doch der Vater untersagt ihm dies als unstatthaften Eingriff in die göttliche Ordnung.

Zu vermuten ist, daß der am Totenbett der Mutter eskalierende Vater-Sohn-Konflikt bereits eine jahrzehntelange Vorgeschichte hatte. Die beiden Kontrahenten werden deutlich gespürt haben, daß es sich um einen Fall von Deutungshoheit handelte, um einen Autoritätskonflikt, der stellvertretend als Kampf zweier Systeme ausgetragen wurde: der Religion hie und der Naturwissenschaft da. Benn zieht den kürzeren und muß einsehen, daß ihm seine wissenschaftliche Ausbildung nicht zwangsläufig die ödipale Oberhand über den Vater verschafft.

Er reagiert mit bitterem Sarkasmus. Das im Jahr 1913 veröffentlichte Gedicht »Blumen« erfindet eine höhnische, wenn auch nicht ganz trennscharfe Symbolik auf die biedere Selbstgerechtigkeit, mittels deren ein Kirchenmann zwischen den christlichen Symbolen des Leidens seinen Frieden mit sich selbst macht:

> Im Zimmer des Pfarrherrn
> zwischen Kreuzen und Christussen,
> Jerusalemhölzern und Golgathakränzen
> rauscht ein Rosenstrauß glückselig über die Ufer.
> Wir dürfen ganz in Glück vergehn.
> In unserm Blute ist kein Dorn.

Einige Jahre später spricht Benn schon weniger durch die Blume. In dem Gedicht »Pastorensohn« begegnet er dem zeugungspotenten Vater mit einer unverhüllten Kastrationsphantasie:

> In Gottes Namen denn, habt acht,
> bei Mutters Krebs die Dunstverbände
> woher –? Befiehl du deine Hände –
> zwölf Kinder heulen durch die Nacht.
>
> Der Alte ist im Winter grün
> wie Mistel und im Sommer Hecke,
> 'ne neue Rippe und sie brühn
> schon wieder in die Betten Flecke.
>
> Verfluchter alter Abraham,
> zwölf schwere Plagen Isaake
> haun dir mit einer Nudelhacke
> den alten Zeugeschwengel lahm.

*

Auch in »Statische Gedichte« ist Abwendung die bevorzugte Geste Benns. Doch nie zuvor klang sein Loblied auf den Künstler als edlen, nach Perfektion strebenden Auserwählten so bestrickend. Mehr denn je zuvor weht einen vieles wie eine zauberische Melodie Chopins an:

Wer allein ist, ist auch im Geheimnis,
immer steht er in der Bilder Flut,
ihrer Zeugung, ihrer Keimnis,
selbst die Schatten tragen ihre Glut.

Trächtig ist er jeder Schichtung,
denkerisch erfüllt und aufgespart,
mächtig ist er der Vernichtung
allem Menschlichen, das nährt und paart.

Ohne Rührung sieht er, wie die Erde
eine andere ward, als ihm begann,
nicht mehr Stirb und nicht mehr Werde:
formstill sieht ihn die Vollendung an.

Magische Klänge, keine Frage. Fragwürdig ist daran weniger das genüßliche und produktive Auskosten der Einsamkeit – das sei dem Dichter und seinem sich auf den Benn-Sound einschwingenden Leser von Herzen gegönnt. Fragwürdig ist vielmehr die schon recht ranzig gewordene Vorstellung vom Dichter als einem, der angeblich im Bannstrahl zeit- und raumübergreifender Erleuchtungen steht. Daraus einen Machtanspruch abzuleiten, noch dazu einen, der die »Vernichtung« alles »Menschlichen, das nährt und paart« im Sinn hat, ist nicht nur lächerlich, es ist hochgradig problematisch.

Wir müssen freilich bedenken, daß es das deutsche Volk der Nazizeit war, das sich da rund um Benn unverdrutzt nährte und paarte. Und sicherlich verdankt sich Benns Beharren auf Individualität und Abgrenzung auch dem starken Empfinden, aus der ihn umtobenden Zeit herausgefallen zu sein. Was an den Gedichten des eisernen Hobbits bisweilen verärgern kann, ist denn auch weniger ihre Weltabgewandtheit als vielmehr die propagandistische Übersteigerung einer höchst individuellen Befindlichkeit in eine menschheitsumgreifende Scheinanalyse.

Das Großartige und Versöhnende an dem Gedicht »Wer allein ist –« scheint mir zu sein, daß es die Überwindung der geschilderten Misere in ebendieser Schilderung schon aufscheinen läßt: Der Einsame entwickelt in seiner Isolation eine schöne Wahrnehmungssensibilität und Gelassenheit im Umgang mit der Welt. Das Gedicht ist insofern Zeugnis seiner eigenen Auflösung – einerseits. Es ist, andererseits, aber auch ein etwas inzestuöses Dokument der Selbstbefruchtung, das sich am Ende sozusagen selbst in den Schwanz beißt: Seht her, sagt es, ich bin die »formstille Vollendung«, entstanden aus weltabgewandten Stunden der Isolation. Ich bin meine eigene Rechtfertigung, meine eigene Thematik, ich bin ein Gedicht über das Dichten in Abwesenheit der Welt.

In der deutschen Erstausgabe von »Statische Gedichte« aus dem Jahr 1948 steht »Wer allein ist –« gleich nach »Einsamer nie –«. Keine Frage, daß die Seiten dreiundsechzig und vierundsechzig des Bandes damit eines der bedeutendsten Stücke Papier der deutschen Lyrik bilden. Wort- und wirkmächtiger ist das Türschild »Bitte nicht stören, ich arbeite« weder vorher noch nachher formuliert worden. Man muß Benns Geisteshaltung nicht mögen oder gar teilen, aber seine Anerkennung kann ihm kaum versagen, wer ein Gespür für den Zauber der Worte hat.

Ein anderes, weniger bekanntes Gedicht aus »Statische Gedichte« zeigt, daß Benns Abspaltung von der Welt nicht nur die wohlfeile Machtphantasie des Schreibtischtäters kennt, sondern auch das Gefühl der eigenen Ohnmacht. Diesmal sind es nicht Menschen, von denen er sich abgespalten fühlt, diesmal sind es die unhinterfragten organischen Lebensäußerungen der Natur, der »Rausch der Dinge« also, der sich in »Einsamer nie –« so treffsicher auf »Tausch der Ringe« reimt. Hier nun heißt es:

Wenn etwas leicht und rauschend um dich ist
wie die Glyzinienpracht an dieser Mauer,
dann ist die Stunde jener Trauer,
daß du nicht reich und unerschöpflich bist,

nicht wie die Blüte oder wie das Licht:
in Strahlen kommend, sich verwandelnd,
an ähnlichen Gebilden handelnd,
die alle nur der eine Rausch verflicht,

der eine Samt, auf dem die Dinge ruh'n
so strömend und so unzerspalten,
die Grenze zieh'n, die Stunden halten
und nichts in jener Trauer tun.

Die »Trauer«, die Benn – folgt man der verflochtenen Syntax des Gedichtes – den Dingen unterstellt, ist selbstredend seine eigene beim Anblick eines schmerzlich schönen Details wie der »Glyzinienpracht an dieser Mauer«. Erst hier, wo es einmal nicht um Menschen, sondern um Pflanzen geht, erlaubt er sich, die Verzweiflung über seinen Mangel an innerer Verbundenheit einzugestehen.

Damit aber kommen wir endlich zu dem, was man als das große Geheimnis hinter den Gedichten Benns bezeichnen könnte: Nur im Glücken eines Gedichtes fühlt er sich »reich und unerschöpflich«, nur dann kann er, der noch in der gern und regelmäßig aufgesuchten Bierhalle ein Zaungast bleibt, sich der Restwelt wirklich als zugehörig empfinden. Wo aber gelingt laut Benn ein Gedicht? Richtig, in der Isolation von allem, dem der Dichter insgeheim eigentlich zugehören möchte.

Das also ist der große, tragische Widerspruch in Benns Leben: daß er sich abschotten muß, um sich zugehörig zu fühlen, anders ausgedrückt: daß ihm in seiner Entfremdung von einer normalen Teilnahme am Leben bereits der einsame Akt des Gedichteschreibens an ein nicht sichtbares Publikum als Gipfel der Kommunikation erscheint.

Abgespalten zu sein heißt freilich auch, sich dauernd um das bemühen zu müssen, was anderen wie selbstverständlich zufällt. Und so wundert es nicht, daß gerade manche späten Gedichte eine höchst feinsinnige Zugewandtheit zeigen. Das Gedicht »Dann –« in »Statische

Gedichte« ist ein solches Meisterwerk der Wahrnehmung, der Sprache und des einfühlenden Empfindens:

> Wenn ein Gesicht, das man als junges kannte
> und dem man Glanz und Tränen fortgeküßt,
> sich in den ersten Zug des Alters wandte,
> den frühen Zauber lebend eingebüßt.
>
> Der Bogen einst, dem jeder Pfeil gelungen,
> purpurgefiedert lag das Rohr im Blau,
> die Cymbel auch, die jedes Lied gesungen:
> – »Funkelnde Schale«, – »Wiesen im Dämmergrau« –,
>
> Dem ersten Zug der zweite schon im Bunde,
> ach, an der Stirne hält sie schon die Wacht,
> die einsame, die letzte Stunde –,
> das ganze liebe Antlitz dann in Nacht.

Die »Entwicklungsarmut« des Weisen hat Gottfried Benn nicht besessen. Zum Glück. Seine »Statischen Gedichte« sind Ausdruck mal mutiger, mal zaghafter Selbsterkenntnis und mühsam errungener Altersgelassenheit. Doch die »Statik« dieser Gedichte, ihre formale Bauweise, ihr künstlerisches Fundament, ihre handwerkliche Ausgestaltung, ist auch heute noch unerschüttert: Einen größeren Baumeister als Benn hat die deutsche Dichtung der letzten hundert Jahre nicht gekannt.

VI

IRDISCHES VERGNÜGEN IN G

Wer etwas über Zeitgeschmack in der Lyrik lernen will, der kaufe sich eine stockfleckige alte Anthologie. Zum Beispiel die hier: »Deutsche Lyrik der Gegenwart«, läßlich herausgegeben und belanglos eingeleitet von Willi Fehse, erschienen in Reclams Universal-Bibliothek im Jahre des Herrn 1955. Ächzen und seufzen muß, wer dieses Buch liest, es sei denn, er schätzt windelweiche, fransig belanglose, reimtechnisch schlecht zusammengeklopfte Pseudopoesie. Selbst Schwergewichte wie Brecht und Benn (bei Ersterscheinen noch unter den Lebenden weilend) machen in Onkel Willis Auswahl einen irgendwie läppischen Eindruck, und sogar ein Klassiker wie »Astern« schaut einen so verstimmt an, als würde er sich in dieser zweifelhaften Gesellschaft zutiefst unbeheimatet fühlen. Vollends die weniger namhaften Beiträger sind ganz danach angetan, alle bösen Klischees von den falschen Fuffzigern in den Stand güldener, ewiger Wahrheiten zu erheben.

»Gülden« und »ewig« sind denn auch zwei Adjektive, die sich in »Deutsche Lyrik der Gegenwart« auf Anhieb zu Hause fühlen dürften. Nicht, daß der Ewigkeitsquotient oder der Erleuchtungsgrad besonders hoch wären. Nein, es wird gern gequirlt gequatscht, und je präziser der Anlaß, desto preziöser die Wortwahl beziehungsweise desto »brückenhafter« die »Brauen«, wie es Herr Otto Gillen so unnachahmlich ausgedrückt hat. In seinem Poem »Die offene Stunde« schreibt der geborene Greizer auf Seite vierundachtzig des fraglichen Bandes:

> Unter den Brücken der Brauen
> sieht dich Vergangenes an,
> traurige Augen von Frauen,
> das Kind und der fremde Mann.

Ach ja, das Vergangene, das aller wortreichen Verdrängung zum Trotz immer noch aus toten Augenhöhlen herüberglotzt. Dumm, so eine Vergangenheit, die nicht weichen will. Sie macht, daß allen ein wenig weh um die schwammigen Seelchen wird. Ob die Symptomatik wohl irgendwie mit traumatischen Bombennächten, verlorenen Blitzkriegen und strammhart exekutierten Genoziden zusammenhängt? So genau will das hier keiner wissen.

Und wenn einer es schicksalshalber eigentlich wissen müßte, hat Onkel Willi derart wabernde Arbeitsproben ausgesucht, daß von Schuld und Sühne nur ein schulterzuckendes »Was tut's« übrigbleibt. Beispiel: Werner Bock, Sohn von Vater Alfred (vergessener Büchner-Preisträger des Jahres 1924), mithin einer zum Christentum konvertierten jüdisch-hessischen Industriellenfamilie entstammend, reiht unter der Überschrift »Mutter Europa« folgende friedfertige, ja geradezu strunzfriedliche Zeilchen aneinander:

> Mutter Europa,
> Schoß meines ersten Schreis,
> Jubel und Klage in einem.
> Was tut's, daß nicht alle deine Sprosse
> Dir recht gerieten,
> Daß sie mich quälten,
> Die von dir Abgefallenen?
> Du bleibst die Mutter,
> Dein Antlitz hell
> Wie der Schaum deiner Meere,
> Wie der Schnee deiner Gipfel
> Wie...

... und so weiter. Tja, was tut's? Eine ganze Menge, sollte man meinen. Dem gebeutelten Verseschreiber seien der verklärend umflorte Blick auf Mutter Europa und das bereitwillige Hinhalten der anderen Wange so herzlich gegönnt wie Schaum, Schnee und dergleichen verbale Zuckerwatte. Aber versgewordene Schwächeanfälle dieser Machart als lyrische Belege für die eingeschränkte Schuldhaftigkeit der Deutschen zu nehmen, das geht dann wohl doch einen Stiefelabsatz zu weit.

Nelly Sachs und die rauchenden Gaskammern ihrer Gedichte sucht man denn auch vergebens auf den wehe- und weihevollen zweihundertneunundsechzig Seiten von »Deutsche Lyrik der Gegenwart«. Und die nachrückende Generation? Teils, teils, liebe Freunde, teils, teils. Jung-Celan etwa fügt sich mit seinem kunsthandwerklichen Frühwerk (»Sie kämmt ihr Haar«) gespenstisch gut ein in die weltschmerzverzerrte Nachkriegs-Jodelfuge, wohingegen Jung-Enzensbergers »an alle fernsprechteilnehmer« eine der wenigen Irritationen des Bandes bildet.

Eine andere Irritation hat sich Anthologie-Fehse wohlweislich gleich ganz gespart: Peter Rühmkorf, wie Enzensberger aufsehenerregender Lyrikdebütant der späten Fünfziger, findet bei Reclams Universalquatsch schlichtweg nicht statt. Wie hätte das denn auch ausgesehen in einem so respektablen Umfeld:

> Mit unsern geretteten Hälsen,
> immer noch nicht gelyncht,
> ziehn wir von Babel nach Belsen,
> krank und karbolgetüncht.
>
> Fraßen des Daseins Schlempe,
> zelebrierten in gleitender Zeit
> unter des Hutes Krempe
> das Hirn, seine Heiligkeit.

Tätowiert mit des Lebens Lauge,
doch von erstaunlichem Bestand;
das Weiße in unserm Auge,
das Warme in unserer Hand.

Wir haben gelärmt und gelitten;
wir schrieben Pamphlete mit Tau und mit Teer –
Worte schöpfen, Worte verschütten
in ewiger Wiederkehr.

Mag ein Gedicht wie dieses – aus Rühmkorfs Debütband »Irdisches Vergnügen in g« – auch mehr Symptom als Diagnose sein, läßt es doch immerhin eine erfreuliche Bereitschaft zu zynischer Sensibilität erkennen. Entsprechend allergisch reagierte Rühmkorf auf die Lyrik der umliegenden fünfziger Jahre. Unter dem Pseudonym »Leslie Meier« hat er just in den Jahren zwischen Ersterscheinen und Drittauflage von Fehses lyrischer Gegenwart in seiner »Lyrik-Schlachthof« betitelten »Konkret«-Kolumne über allerlei allergische Reaktionen Buch geführt. Es lohnt sich, einen Blick aufs Original zu werfen, da hier manches noch ungefilterter schäumt als in dem Essay »Das lyrische Weltbild der Nachkriegsdeutschen«, den Rühmkorf später aus seinen verstreuten Erregungen gekeltert hat:

> Wie zutiefst seltsam, daß sich die aparten Dekorationsstücke durch die Bank und durch die Bücher finden, daß wir auf sie stoßen in nahezu allen Bei-, Bild- und Wortspielen (...): Meer-Nacht-Tod, just diese Trinität ist's doch, die sich als penetranter Dreiklang durch die gesamte Demimoderne Nachkriegsdeutschlands zieht. Penetrant insbesondere, da bei allen Autoren der Sommerschlußverkauf die nämlichen Raritäten aufs Tapet bringt, da Wahlverwandtschaft und, vielleicht, Zwangsheirat überall die gleichen Vokabeln, Begriffe, Reizworte im Verein auftreten läßt. Traulich wie Pfeffer und Salz, Antek und Frantek, Majoran und Thymian (...),

sicher wie das Amen in der Kirche und der Thyrsenstab in der Hand des Dionysos zeigt sich heut, in fix-und-fertiger Kopulation: Dorn und Dürre, Krug und zerscherbt, versteint und Maske, Schlaf und Mohn und Traum und Grotte, Kammer – Kerze – bitter – fremd, gläserne Bläue, blaue Glasigkeit, Braue – Saum – Schläfe – Rand, dann Wurzel und Schwelle, auch Rose – Licht – Siegel, Pappel (!) schließlich und Krähe, einspinnen, verketten und gestorbenes Laub (...) Keiner mit eigenem Inventar? Kaum!

Wie aber ist es um den Autor dieser Zeilen bestellt? Was erfahren wir über sein poetisches Programm, welches Inventar hat er anzubieten? Um das in Erfahrung zu bringen, wollen wir zu einem kleinen Zeitsprung von knapp zwanzig Jahren ansetzen.

*

Wir turnen in höchsten Höhen herum,
selbstredend und selbstreimend,
von einem I n d i v i d u u m
aus nichts als Worten träumend.

Was uns bewegt – warum? wozu?
den Teppich zu verlassen?
Ein nie erforschtes Who-is-who
im Sturzflug zu erfassen.

Wer von so hoch zu Boden blickt,
der sieht nur Verarmtes / Verirrtes.
Ich sage: wer Lyrik schreibt, ist verrückt,
wer sie für wahr nimmt, wird es.

Ich spiel mit meinem Astralleib Klavier,
v i e r f ü ß i g – vierzigzehig –
Ganz unten am Boden gelten wir
für nicht mehr ganz zurechnungsfähig.

> Die Loreley entblößt ihr Haar
> am umgekippten Rheine...
> Ich schwebe graziös in Lebensgefahr
> grad zwischen Freund Hein und Freund Heine.

Da haben wir ihn, den typischen Rühmkorf-Sound, dessen besondere Wirkung vor allem auf den weiblichen Teil des Publikums ein Schriftstellerkollege einmal nicht ohne Neid vermerkt hat. Das federleicht anmutende Gedicht trägt den nach Sägemehl und Körperschweiß riechenden Titel »Hochseil«. Es ist erstmals im Jahr 1975 in Rühmkorfs »Walther von der Vogelweide, Klopstock und ich« erschienen, einem Mischbuch aus Essays und Gedichten. Der Dichter ist zu diesem Zeitpunkt fünfundvierzig Jahre alt und hat strenggenommen erst zwei »richtige« Gedichtbände mit insgesamt einhundert Gedichten veröffentlicht; ein Schnell- und Vielschreiber ist er also nicht. Schauen wir uns die Bände genauer an.

Sechzehn Jahre zuvor, 1959, ist im Rowohlt Verlag Rühmkorfs bereits erwähntes Gedichtdebüt, »Irdisches Vergnügen in g«, erschienen; fünfzig Gedichte sind darin enthalten. Der Folgeband kommt im Jahr 1962 heraus, wiederum bei Rowohlt. Auch er bietet fünfzig Gedichte auf, besser gesagt: »Kunststücke«, so lautet nämlich der Titel. Während die meisten Lyriker bestrebt sind, ihre Arbeiten als »Kunstwerke« in Ansehen zu bringen, sucht Rühmkorf offenbar von Anfang an die Nähe zum Zirzensischen. Wir scheinen hier auf eine Art roten Leit- und Ariadnefadens im Werk des Dichters gestoßen zu sein – einen Leitfaden namens »Hochseil«.

Unser Dichter-Artist gibt sich einige Mühe, das Vollbringen lyrischer Kunststücke auf dem imaginären Hochseil als riskante, ja lebensgefährliche Arbeit darzustellen. Den Schutzumschlag von »Irdisches Vergnügen in g« etwa ziert auf Anregung des Autors ein Ikarus im Sturzflug.

Wir sehen gerade noch die nach oben ragenden Beine, einen Arm mit machtlos geballtem Fäustchen und ein Stück wallenden Umhangs – der Rest sind fliegende Federn. Das wäre die eine Seite der Akrobatik, die das Scheitern – den »Sturzflug« also – quasi als Erkenntnismethode mit eingeplant hat.

Die andere Seite – auch sie klingt im Titel »Kunststücke« an – ist eher durch den Einsatz von Trickmitteln als durch den Einsatz des Lebens gekennzeichnet. »Kunststück!« ruft der Volksmund aus, wenn etwas gar nicht so schwierig ist, wie man meinen könnte, vorausgesetzt, man weiß, wie's gemacht wird und hat entsprechend lange geübt. Damit wäre nicht nur schaustellerischer Pragmatismus bezeichnet, sondern auch solides handwerkliches Know-how. Gottfried Benns nach Mallarmé angestimmtes Credo für das »Gemachte« im Gedicht ist ebenfalls deutlich vernehmbar. Wir erinnern uns seiner gar nicht oft genug zu wiederholenden Sätze:

> Die Öffentlichkeit lebt nämlich vielfach der Meinung: da ist eine Heidelandschaft oder ein Sonnenuntergang, und da steht ein junger Mann oder ein Fräulein, hat eine melancholische Stimmung, und nun entsteht ein Gedicht. Nein, so entsteht kein Gedicht. Ein Gedicht entsteht überhaupt sehr selten – ein Gedicht wird gemacht.

Die vermeintliche Equilibristik des Sprachartisten hätte demnach weniger mit Tricktechnik als mit Understatement zu tun. Nicht Inspiration (»Heidelandschaft«), sondern Transpiration bringt den Dichter ans Ziel. »Ein Gedicht wird gemacht« – und zwar an der lyrischen Werkbank und nicht im Bannstrahl melancholischer Stimmungen.

Der andere große »Macher« der deutschen Lyrik des zwanzigsten Jahrhunderts hat ganz in diesem Sinn das

»Leichte, das schwer zu machen ist« beschworen. Auch wenn Brecht dabei nicht die Leistung des Dichters, sondern die Durchsetzung des Kommunismus vor Augen gehabt hat, bleibt die Zielrichtung doch die gleiche. Dem politagitatorisch bewegten Rühmkorf steht der kommunistische Macher Brecht ohnehin nicht allzu fern:

> Erst mit Benn und Brecht gingen für uns zwei miteinander konkurrierende Leitgestirne am deutschen Dichterhimmel auf, die richtungsweisend in die deutsche Nachkriegsszenerie hineinfunkten (...) Wo wir uns in unserem finalen Fracksausen geradezu leidensgenossenschaftlich von Gottfried Benn angezogen fühlten, mochten wir dem Verlangen nach einer Veränderung der Verhältnisse doch nicht einfach Valet sagen, was uns dann wieder an die Seite unseres anderen Gewährsmannes trieb.

Benn und Brecht sind Hausgötter, aus deren unmittelbarem Bannkreis sich der junge Rühmkorf erst einmal herausschreiben muß. Vor allem um Benn haben Rühmkorf und sein früh verstorbener Kompagnon Werner Riegel (der im nachfolgenden wie im vorangegangenen O-Ton die zweite Ingredienz der ersten Person Plural ausmacht) in ihren gemeinsamen Jahren ausgiebig gebuhlt.

> Wir warben um seine Anerkennung, schrieben ihm Briefe, schickten ihm unsere Gedichte zu (...); bis dann die Geschichte aufkam, daß er einen Spezialschrank besäße, eine Art Dauerpapierkorb, in dem die unverlangt eingesandten Briefe und Manuskripte ungeöffnet zu landen pflegten. (...) Zum Schluß ein Witz: Als Höllerer 1955 im Limes Verlag Besuch machte, saß dort gerade Benn über unseren Gedichten und empfahl sie dem Verleger Niemeyer zur Publikation.

Ein guter Witz, zumal die unverhoffte Dosis Vitamin Benn umgehend Wirkung zeitigt: Noch im selben Jahr erscheint bei Limes ein schmales Heft mit dem Titel »Heiße Lyrik«; eine Hälfte steuert Peter Rühmkorf bei, die andere Werner Riegel. »Heiße Lyrik« ist damit gewissermaßen ein Debüt vor dem Debüt, denn die prägnanteren Gedichte aus »Heiße Lyrik« nimmt Rühmkorf später auch in den eigentlichen Erstling »Irdisches Vergnügen in g« auf.

Kehren wir noch einmal zum Nebeneinander von Kunstwerk und Kunststück in Rühmkorfs Werk zurück. »Dialektisch« hat man derartige Zweischritte zu Rühmkorfs Glanzzeiten gern genannt. Zweischritt, das meint im Fall des sensiblen Hamburger Linksauslegers auch den hinkenden Wechsel zwischen standfester Schwerarbeiterpose und hüpfendem Bruder-Leichtfuß-Gebaren. Was dann ja doch wieder eine klassische Positur ergibt: Standbein, Spielbein. Den Gipfel der pietistischen Arbeitsmoral erklimmt Rühmkorf im Jahr 1989, als er den Entstehungsprozeß eines einzigen Gedichtes auf den sechshundertsechsundneunzig Seiten eines überformatigen Buches dokumentiert. Der Titel nimmt bereits die Reaktion des durchschnittlichen Lyriklesers und -käufers vorweg: »Aus der Fassung«.

Überschätzen sollten wir Rühmkorfs selbstgemeißeltes Standbild als Held der lyrischen Arbeit dennoch nicht. Wer das schaustellerische Gewerbe so erfolgreich bei B. & B. gelernt hat wie er, der kennt auch die Tricks des Gewerbes. P. R. weiß, daß Trommeln zum Geschäft gehört; seine Initialen stehen deshalb immer auch für subtile Public Relations in eigener Sache. Die ganze »Heiße Lyrik« ist nicht nur eine brandgefährliche Sache in dünner Höhenluft, sondern hat auch etwas mit, ja doch, heißer Luft zu tun. Da empfiehlt sich beizeiten ein entspannter Spaziergang zur Durchlüftung des Hirnkastens. Und solche

Spaziergänge hat Rühmkorf gottlob nicht wenige unternommen. So auch im Band »Haltbar bis Ende 1999«:

> Aber dann, aufeinmalso, beim Schlendern,
> lockert sich die Dichtung, bricht die Schale,
> fliegen Funken zwischen Hut und Schuh:
> Dieser ganz bestimmte Schlenker aus der Richtung,
> dieser Stich ins Unnormale,
> was nur einmal ist und auch nicht umzuändern:
> siehe, das bist du.

Genug jongliert mit Dichternamen, Buchtiteln und Jahreszahlen. Höchste Zeit, die Hände – wenn auch nicht die Stimme – mit Kreide zu präparieren und in Peter Rühmkorfs lyrische Zirkuskuppel aufzusteigen. Dort wollen wir nachschauen, was sich von seinen zirzensischen Künsten bis heute kühn und unverbraucht erhalten hat. Eines sei schon jetzt angekündigt: daß unsere Erkundungen uns immer wieder in das Jahr 1959 führen werden, zu »Irdisches Vergnügen in g«. Nicht nur, weil heute die fünfziger Jahre auf unserem Programm stehen und der fragliche Band in dieser Dekade veröffentlicht wurde, sondern vor allem, weil hier der Anfang eines Ariadnefadens sichtbar wird, der sich durch Rühmkorfs gesamtes Leben und Werk ziehen wird. Schauen wir, wohin Ariadne uns führt.

*

»Walther von der Vogelweide, Klopstock und ich« heißt, ohne falsche Bescheidenheit, der Band, aus dem das Gedicht »Hochseil« stammt. Rühmkorf schätzt solchen Rückhalt bei namhaften Toten. Folgen wir der Bildwelt des Gedichtes, so können wir uns die drei titelgebenden Dichter als verschworene Gemeinschaft von Artisten vorstellen, die in der Zirkuskuppel der Literatur ihre Salti schlagen – ein »Trio infernale«.

So wird denn auch die rund siebenhundertfünfzig Jahre umfassende Zeitkuppel verständlich, die der Buchtitel von Walther bis Peter spannt: Dichter, so gibt uns Rühmkorf zu verstehen, sind aus ihrer Zeit gefallene Figuren: gesellschaftliche Außenseiter, die sich über die Alltäglichkeiten des Lebens hinausschwingen und aus dieser abgehobenen Position einen skeptischen Blick auf das Treiben der Zeit werfen.

Wer von so hoch zu Boden blickt,
der sieht nur Verarmtes / Verirrtes.
Ich sage: wer Lyrik schreibt, ist verrückt,
wer sie für wahr nimmt, wird es.

Auch der Titel des Debütbandes »Irdisches Vergnügen in g« weist zurück in die Vergangenheit, nämlich auf Barthold Heinrich Brockes' lyrisches Großwerk »Irdisches Vergnügen in Gott«. Wer ist dieser Brockes?

Der vermögende Hamburger Senator führte einst, Anfang des achtzehnten Jahrhunderts, an der Alster einen kunstsinnigen Salon. Sein »Irdisches Vergnügen in Gott« ist ein lyrisches Mammutprojekt, dessen Entstehung sich über Jahrzehnte erstreckte. Zu Lebzeiten des Dichters sind fünf umfangreiche Abteilungen veröffentlicht worden; nach Brockes' Tod erschienen vier weitere Abteilungen aus dem Nachlaß. Macht insgesamt dreitausendachthundert Seiten Poesie voller Weltbejahung und Neugier gegenüber den Wundern der Schöpfung. Brockes kann gar nicht genug bekommen von satten Sinneseindrücken aller Art. In seinen besten Gedichten mischt sich ein naturwissenschaftliches Erkenntnisinteresse mit überschwenglichen Lobpreisungen einer von Gott wohleingerichteten Natur – etwa in dem Gedicht »Die Luft«:

Wenn ich dieses überlege,
    Was für ungemeine Kraft

> Unser Luft-Kreis in sich hege,
> Und wie aller Pflanzen Saft,
> Wie die Theil' aus allen Dingen
> Sich beständig aufwärts schwingen,
> Und in Luft verwandelt seyn:
> Nimmt mich ein Erstaunen ein.

Von diesem Erstaunen will der junge Rühmkorf sich etwas abschauen. Der, wie wir noch sehen werden, tragisch in sich selbst verstrickte junge Mann möchte ebenso frohgemut und neugierig wie Brockes aus der eigenen Wäsche hinaus in die Natur blicken. Aber während für Brockes die Luft etwas ist, das alle umspielt und im Überfluß vorhanden ist, erscheint sie Rühmkorfs lyrischem Helden als etwas, das vor allem ihn selbst angeht – eine knapp bemessene Henkersmahlzeit:

> Und dann, wenn die Nacht ins Kraut schießt,
> (Luna sichelt schon im himmlischen Baumwollfeld)
> warum denn, Towarischtsch Monomane,
> nach der Luft geschnappt, als wäre sie wer weiß was,
> und als würfe man dich morgen
> schon der Ewigkeit zum Fraß vor –?

Todesnähe, frühes Siechtum, antizipiertes Greisenalter sind zuverlässig wiederkehrende Motive in Rühmkorfs Lyrik – wir erinnern uns: Freund Hein wird in einem Atemzug mit Freund Heine genannt. Ob er auf diese Weise seinem bedrohlich erdflüchtigen Ich ein gewisses Quantum Schwerkraft mitgeben will? Dafür spricht zumindest die Verballhornung des Brockes-Titels: Aus dem großen »Gott« von einst ist bei Rühmkorf ein kleines »g« geworden. Wie uns der Klappentext der Erstausgabe belehrt, handelt es sich dabei um das physikalische Symbol für die Fallbeschleunigung. Hochseil und Sturzflug also schon wieder beziehungsweise auch hier schon. In die Sprache der Psychologie übersetzt, klingt der kokette Doppelschritt allerdings schon deutlich weniger verlockend. Das Stichwort lautet »manisch-depressiv«.

*

Kein Zweifel: Peter Rühmkorf ist ein Dichter, der nicht davor zurückschreckt, »ich« zu sagen. Er macht es in fast jedem Gedicht, und selbst wenn er mal »du« sagt, klingt das oft wie »ich«. Aber was für ein »Ich« ist das? Bezeichnet es immer die gleiche Person? Und wieviel hat es mit der Persönlichkeit des Verfassers zu tun? Wir wollen uns diese auf die große lyrische Leinwand geworfenen Selbstprojektionen einmal genauer ansehen. Oft reichen schon wenige Zeilen der Gedichte aus »Irdisches Vergnügen in g« aus, um einen angemessen farbigen Eindruck zu vermitteln. Ich habe die Eingangsstrophen von fünf Gedichten aus »Irdisches Vergnügen in g« zu einem einzigen Stück montiert, das erstaunlich gut für sich selbst stehen kann. Nennen wir das so entstandene Artefakt spaßeshalber »Irdisches Vergnügen am großen I« – was natürlich heißen soll: am großen Ich.

> Abends Ginfizz –
> Wo sich die Schatten stauen,
> am Arsch der Genesis,
> will ich mich niederhauen.
>
> Himmel vor Kriwoi Rog,
> maßloses Versprechen –
> läuft mein Gehirn Amok
> über die inneren Flächen.
>
> Phänomenal vor die Hunde,
> was liegt noch drin?
> Am Abend die Viertelstunde,
> wo ich verwundbar bin.

> Fromms Gummischwamm, Wasser im Haar,
> der Spiegel neigt sich nach rechts.
> Ich fühle, was ist und war
> im Sieb des Sonnengeflechts.
>
> Mein Ich-und-Alles, nix versteh,
> der Mond geht hoch, da sitz ich baff
> und brenn mir meinen Schnaps aus Schnee,
> the pangs of despised love.

Womit wir uns mit einem »Hallo, Hamlet« aus unserer kleinen Montage verabschieden. Wie lautet das Fazit? Fünf Gedichte – aber immer dasselbe Ich. Es hat schon etwas Heroisches, mit welchem Kraft- und Kunstaufwand sich hier ein von allerhand Zweifeln angenagtes Subjekt buchstäblich frohsingt unter Zuhilfenahme aller selbstgebrannten Rauschmittel der Sprache: Ich dichte, also bin ich.

Doch erst wenn das überhöhte Dichter-Ich möglichst unmittelbar auf die irdische Realperson zurückwirkt, kann die kompensatorische Selbststärkung glücken. Einen autobiographischen Bezug stellt Rühmkorf deshalb oft ganz bewußt her. Wo andere sorgsam Spuren verwischen, leiht dieser Dichter seinem lyrischen Ich sogar den eigenen bürgerlichen Namen.

> Der rote Rühmkorf, wie er singt und spinnt,
> geht ihm sein Hirn zutal;
> man hat ihm eine Freude angezündet,
> die Ohren allzumal.

Und weil Lyrik oft mit Symmetrie zu tun hat, finden wir im letzten Gedicht des drei Jahre später erschienenen Bandes »Kunststücke« eine ganz ähnliche Selbstzueignung. Daß Rühmkorf etwas mit »Rühmen« zu tun hat, gefällt ihm zu gut, als daß er sich den Witz auf eigene Kosten verkneifen könnte.

Ich pfeif meinen Sparren, ich rühme Korff
und ich heirat die Venus von Willendorf.
Du runzelst das Auge: Wie geht das zusamm',
der spirrige Kerl und die propre Madame?

Die Kluft zwischen Fiktion und Realität wird durch solche Namensspiele nur scheinbar aufgehoben. Auch das Rühmkorf-Ich ist ein literarisch mehrfach gebrochenes Spiegelscherben-Subjekt, also eine Fiktion.

In strahlender Gänze kann man den narzißtischen Spiegeleffekt freilich erst dann recht würdigen, wenn man auch die Pseudonyme hinzuzählt, die sich Rühmkorf frühzeitig zugelegt hat. Von Leslie Meier, dem aufstrebenden »Konkret«-Mitarbeiter, war bereits die Rede. In »Irdisches Vergnügen in g« figuriert Herr Meier weniger als Lyrikschlächter denn als schillernder Held der Lyrik.

Leslie Meier trägt seine Haare zurückgekämmt.
Seine Existenz reicht vom Sirius bis zum Absatz,
                              dem schiefen.
Was ihm der Tag in die hirnene Reuse schwemmt,
Furcht und Vernunft, die üblichen Hieroglyphen.

So beginnt eine kleine, kaum verkappte Selbstfeier, deren Titel »Einer der Allergeringsten« schwerlich anders denn als Koketterie zu deuten ist. Einmal umblättern, und sogleich wird nachgetragen, was Herrn Meiers Freunde zum Tanz ums goldene Leslie-Ich beizutragen haben – Rühmkorf überläßt die Befriedigung seiner Bedürfnisse (»Respekt, Bewunderung und Liebe«, um mal Robert Gernhardt zu zitieren) wohlweislich nicht dem freien Literaturmarkt und dessen Unwägbarkeiten, sondern erfüllt sie seinem Alter ego mit höchsteigener Dichterhand:

Meine Freunde sagen: Leslie Meier, sing uns ein Lied,
das uns so leicht keiner singt!
So hebe ich also meine Stirne aus Eternit
 sicher und unbedingt.

Wer sich so zündend anfeuert, der hat's nötig und sieht sich vielleicht sogar von Feinden umzingelt. Was die sagen, steht freilich auf einem anderen Blatt, nämlich auf Seite vierundfünfzig der Erstausgabe:

> Leslie, das asthenische Schwein,
> gut, wir lassen es leben –
> Auf so muntere Art morbid zu sein,
> ist nicht jedem gegeben.

Der muntere Tonfall kann uns über die Tragik einer solchen Existenz nicht hinwegtäuschen: Der »Traum vom Individuum«, den Peter Rühmkorf träumt, bezeichnet einen erheblichen Mangel an fraglosem Weltbezug, an jener Erdung, die für viele Menschen selbstverständlich ist. Und damit sind nicht nur die kummervollen Anwandlungen eines jungen Mannes zwischen zwanzig und dreißig gemeint. »Grad zwischen Freund Hein und Freund Heine« sieht sich Peter Rühmkorf, wie wir gehört haben, noch als Mittvierziger. Umgekehrt gibt es schon in »Irdisches Vergnügen in g« ein »Heinrich-Heine-Gedenk-Lied«. Darin wird von der Leichtfüßigkeit bis zur Schwermut der ganze Bezirk artistischen Künstlertums ausgeschritten und der buntschillernde Aufklärer H. H. in seine lyrischen Spektralfarben zerlegt. Hier die beiden Schlußstrophen, ganz im Geist des großen Ahnen gesprochen:

> Was schafft ein einziges Vaterland
> nur soviel Dunkelheit?!
> Ich hüt mein' Kopf mit Denkproviant
> für noch viel schlimmere Zeit.
>
> Und geb mich wie ihr alle glaubt
> auf dem Papier –:
> als trüg ein aufgeklärtes Haupt
> sich leichter hier.

*

Von Heinrich Heine hat Rühmkorf nicht nur den engagierten Aufklärerhabitus, sondern auch die sichere Handhabung freirhythmischer Verse im Reimgedicht lernen können. Selbst die Reime kommen in dem frühen Gedicht gelockert daher; ihre Kunstfertigkeit wird eher spaßhaft-salopp als mit Virtuosenattitüde zur Schau gestellt. Das gilt überhaupt für manches frühe Stück Rühmkorfs, was dann zu dem witzigen Fehlurteil eines Mannes aus der Vätergeneration führte. Kurt Kusenberg, Schriftsteller und Kritiker des Jahrgangs 1904, lange Zeit als Lektor im Dienst des Rowohlt Verlages stehend, verfaßte Anfang der fünfziger Jahre ein recht giftiges Verlagsgutachten über Rühmkorfs frühe Poesie:

> Auch Rühmkorf ist – wie Celan – ein Halbdichter, bei dem es nicht ganz zulangt. Ab und zu ein gelungener Vers, eine gute Metapher oder gar eine gelungene Strophe, aber davor und dahinter steht Schwächeres, und nie wird der geistige Bogen der Gedichte ganz ausgewölbt, ganz durchgehalten bis zum Schluß. Der Mann ist nicht begabt und nicht diszipliniert genug, als daß man ihn einen Lyriker von Rang nennen könnte, er ist nicht dicht genug, um wirklich zu dichten.

Ein Urteil, mit dem sich der Halbschriftsteller Kusenberg schon deshalb ganz unvergleichlich in die Nesseln gesetzt hat, weil er mit Celan gleich noch die Galionsfigur der anderen Hauptabteilung Dichtung anzusägen versuchte. Rühmkorf war denn auch souverän genug, in seinem vor zwei Jahren erschienenen Erinnerungsband »Wenn ich mal richtig Ich sag...« das fragliche Dokument in Gänze abzudrucken. Oder war es gar nicht Souveränität, sondern die Hoffnung auf ein möglichst heilsames, möglichst einvernehmlich-schallendes Gelächter der geneigten Leser im Jahr einundvierzig danach? Man darf sich schon fragen, wie lange und wie weit solche Verdikte der Vätergeneration den Söhnen im Gedächtnis haftenbleiben: Je früher der Hieb, desto tiefer die Wunde.

Jedenfalls dauert es nach Kusenbergs Urteil noch sechs Jahre, bis Rühmkorf seinen Erstling bei Rowohlt erscheinen lassen kann. Manches in »Irdisches Vergnügen in g« wirkt gar, als sollten Bedenken des ungeneigten Gutachters von einst zerstreut werden. So hatte Kusenberg Rühmkorfs Reimtechnik bemängelt: »Unsaubere, forcierte, ungeschickte Reime tauchen auf: Brett – Gebet, des Heils – des Beils, Gezwängtsein – Gemengtsein, Erlebnis – Endergebnis.« Kusenberg argumentiert hier noch ganz mit der Strenge eines akademischen Metrikers aus dem neunzehnten Jahrhundert, als hätte es Rilke, Benn und Brecht nie gegeben. Oder doch so, als sollten nachwachsende Lyriker sich nicht allzu früh die Freiheiten der Großen herausnehmen.

Das muß Rühmkorf mit seinem ausgeprägten Handwerkssinn eigentlich eingeleuchtet haben. Und so findet er einen ziemlich genialen Weg, sich in kritische Distanz zu übermächtigen Vorbildern zu setzen, zugleich aber deren Techniken produktiv zu adaptieren. Die »forcierten« Reime, die Kusenberg bemängelt, sind ja ein Markenzeichen vor allem Benns. Rühmkorf, und darin liegt nun ein ganz originäres Verdienst dieses Lyrikers, erfindet die Parodie als, wie er es nennt, »kritisches Sondierungsverfahren«, das heißt, als Erkenntnisinstrument, das nicht von vornherein auf Lächerlichmachung abzielt. In der letzten Abteilung seines Debütbandes, »Volks- und Monomanenlieder« betitelt, unterzieht er das Verfahren einer frühen Probe.

Darin enthalten ist, neben dem Heinrich-Heine-Gedenk-Lied, auch ein »Lied der Benn-Epigonen«. Wollen wir dem Titel glauben, so geht es darin weniger dem Meister Benn persönlich als dessen Nachahmern an den Kragen – strenggenommen also auch Rühmkorf selbst. Weil aber Rühmkorf gern über Bande spielt, versucht er

Benn zu übertrumpfen und sich selbst vom Nachahmer zum Nachfolger zu küren. Sogar den angeblich unmöglichen Reim auf »Menschen« findet er:

> Die schönsten Verse der Menschen
> – nun finden Sie schon einen Reim! –
> sind die Gottfried Bennschen:
> Hirn, lernäischer Leim –
> Selbst in der Sowjetzone
> Rosen, Rinde und Stamm.
> Gleite, Epigone,
> ins süße Benn-Engramm.

Was dann ja doch wiederum nicht allzu respektvoll im Sinne eines »kritischen Sondierungsverfahrens« tönt. Ohnehin geht es Rühmkorf mehr um lyrische Verwandtschaftsverhältnisse als um Literaturwissenschaft, und da gilt allemal: Nur ein toter Vater ist ein rundum guter Vater. Böse Überraschungen in Form mißgünstiger Gutachten sind von so einem jedenfalls nicht mehr zu befürchten.

Daß Rühmkorf zum Vatermörder gern auch Glacéhandschuhe trägt, zeigt eine Replik auf Kurt Kusenbergs Gutachten. Als Rowohlt im Jahr 1998, also fast fünfzig Jahre danach, einen Band mit Erzählungen des vormaligen Verlagsangestellten veröffentlicht, da schreibt wer das Vorwort? Richtig, Peter Rühmkorf ist's. Und wie beschreibt er den Gutachter von einst? Selbstverständlich ganz im Ton des schon von Amts wegen auf Freundlichkeit verpflichteten Vorwortschreibers. Aber diesmal macht nicht der Ton die Musik, sondern der Text. Verwundert liest man, der zu Lobende sei »eine ›Punch‹-Figur vielleicht vom Anfang des Jahrhunderts oder ein aus der ›Häschenschule‹ unversehens in den bürgerlichen Arbeitsalltag verschlagener Mümmelmann« gewesen.

Es soll ja Leute geben, die Lyriker für die Fliegengewichte der Literatur halten. Hier können wir studieren, daß auch ein Fliegengewicht bisweilen über ein Elefantengedächtnis verfügt. Man mag es ihm kaum verübeln. Das Anmaßende in Kusenbergs Urteil lag ja darin, daß er aus wenigen frühen Arbeitsproben ein Persönlichkeitsprofil mit Haltbarkeitsanspruch für das Restleben des Probanden zu schnitzen versuchte.

*

Bei oberflächlicher Betrachtung könnte man versucht sein zu sagen: Seit Heinrich Heine hat die deutsche Lyrik keinen Dichter hervorgebracht, der sich so sehr den zwei Themen Eros und Politik verschrieben hat. Die Frage ist nur: Kann eine derart auf lyrische Konsolidierung der eigenen Person abzielende Künstlernatur wie Rühmkorf überhaupt echte Liebesgedichte schreiben? Gedichte also, die den Schritt vom Ich zum Wir gehen und den liebevollen Blick auch mal weg vom eigenen Nabel auf den der Geliebten zu richten vermögen? Lassen wir die Gedichte selbst sprechen – wiederum in Form einer kleinen Zitaten-Kollage, diesmal um einige Zwischenbemerkungen ergänzt.

> Schwenken die Winde, fallen sie nördlich
> in die Weiten aus Sauerstoff –
> Mistblondes Mädchen, spiele du zärtlich
> mit dem Ohr des Raskolnikoff....

Hier kommt der Selbststilisierung als tragisch umwitterter Dostojewski-Figur unverkennbar höherer Stellenwert zu als der Charakterisierung eines »Mädchens«, das schon durch diese Bezeichnung in sichere Objektdistanz gerückt wird. Merke: *die* Frau, aber *das* Mädchen!

> Die sich seine Liebste schilt,
> im Zarten – im Groben,
> ist es, die seine Schüssel füllt
> und sie trägt ihm die Glut aus dem Koben.

Auch hier ist »sie« nicht ohne unmittelbare Ankopplung an »ihn« denkbar: »Die sich seine Liebste schilt«, existiert selbst semantisch nur in dieser Abhängigkeit. Und die im vorigen Gedicht noch zu zärtlichem Ohrenspiel angehalten wurde, ist es, die jetzt weiteren Anweisungen Folge zu leisten hat: Schüssel füllen! Glut wegtragen (will heißen: männliche Lust stillen)! Wegtreten! Wenn dann die Momente der Nähe einmal etwas näher erläutert werden, hat man gleich wieder das Gefühl, es werde Verkehr mit unmündigen Abhängigen betrieben. Preisfrage: Wie originell ist der Doppelsinn des »Eierbriketts« in der folgenden Strophe?

> Egle ich dir am Fett,
> weil's sich so gibt und schickt:
> einen glühenden Eierbrikett
> dir am Hals zerdrückt!

Die schönste, weil zärtlichste Strophe in dieser Reihe haben wir uns für den Schluß aufgehoben:

> Häng dein chow-chow-farbenes Haar
> Vor unser beider Gesichte;
> Besser, sag ich, verwechselbar
> als ganz zunichte.

Und dennoch: Wäre nicht die Chow-Chow-Farbe, würde auch diese Liebste sich kaum von jener zuvor erwähnten »mistblonden« unterscheiden. Es sind allenfalls Tönungen, mit denen sich Rühmkorf seine blonde Universalgeliebte von Gedicht zu Gedicht zu scheinbarer Individualität umfrisiert. Das ist nun allerdings eine Form der Zuneigung, in der die Abwendung bereits inbegriffen ist.

»Ich bin ein Lichtblick, der vorüberschweift«, heißt es in einem späteren Gedicht, womit die charakteristische Mischung aus leuchtendem Selbstlob und schnell erloschenem Liebesinteresse trefflich bezeichnet wäre. Rühmkorfs männliche Helden haben Zugriff auf Frauen, diese hingegen haben keine Ansprüche an sie. Seine Eigenständigkeit, seine Männlichkeit beweist sich das vielfach facettiertes lyrische Ich dieses Dichters gern durch Flucht. Der Diarienband »Tabu II« enthält diesbezüglich einen vielsagenden Eintrag aus dem Februar 1972. Rühmkorf entrüstet sich aus Anlaß einer geselligen Runde bei Spiegel-Herausgeber Rudolf Augstein über die dort vorherrschende Meinung, »daß die Lust zu schreiben alle damit verbundenen Risiken aufwiege«. Das sind, wie Rühmkorf findet –

> von ganz hoch oben her verfügte Verelendungstheorien mit dem Dichter als familiär alimentiertem Pflegefall in der Mitte. Beispielsweise: Frau verdient – Lehrerin – Ärztin – Krankenschwester – Laborantin – Journalistin – Managerin – Politikerin o. ä., was ich als besonders verletzend empfand, weil es den freien Schriftsteller zwangsläufig zu einer von milden Zuwendungen abhängigen Parasitärexistenz verdonnert. Kenne sie doch aus engster-nächster Bekanntschaft bis Befreundung, alle-alle, (...) u. kann glaubwürdig bezeugen, daß sie sich nicht mal zu einem Waltherschen Mädchen-Minnelied oder einem nach der Natur gemalten Eheroman aufzuraffen wagen.

Die angestrebte ökonomische Unabhängigkeit soll vorgeblich eine erotische Freiheit des Künstlers befördern, die dann in künstlerische Produktivität umgemünzt wird. Aber der Schein trügt respektive wird woanders ausgegeben. Wenige Zeilen später zitiert Rühmkorf einen Künstlerfreund mit der Antwort auf die Frage, ob dieser sich in finanziellen Notzeiten von seiner Ehefrau aufhelfen lasse:

> Gottes willen, dann müßte ich ja jeden Fuffi hundertmal umdrehen, ehe ich ihn mit immer noch schlechtem Gewissen einer netten Gelegenheit unters Strumpfband schiebe.

Da tritt die künstlerische Schaffenskraft schon deutlich hinter die männliche Lendenkraft zurück, ganz abgesehen davon, daß es ein befremdlicher und unangenehmer Kasinoton ist, der Frauen auf »nette Gelegenheiten« reduziert. Kein Wunder, daß Rühmkorf die fragliche Äußerung bei aller Zustimmung einem anderen in den Mund gelegt hat. Fast scheint es, als wolle er sich in seiner eigenen schwankenden Mannhaftigkeit bei dem robusteren Chauvikumpel unterhaken.

Tatsächlich sieht unser Dichter sich andernorts selbst in der Rolle einer netten Gelegenheit mit Strumpfband. In »Strömungslehre 1« finden sich einige kunstvoll erboste bis ehrlich verzweifelte Briefe aus der Mitte der siebziger Jahre, gerichtet an schleppend zahlende Sendeanstalten und andere säumige Auftraggeber. Wieder taucht das Motiv der künstlerischen Unabhängigkeit auf, wieder wird es in Zusammenhang mit käuflicher Liebe gesetzt. Diesmal jedoch ist es der Künstler, der sich – in einer durchaus femininen Assoziation – feilbietet:

> Da ich selbst die Anmutung ablehne, im Sinne des großen Ziels andrer Leute Subventionen zu verbuttern (z. B. Frau verdient doch, Gatte kann in aller Ruhe Empfindsamkeiten poetisch absichern), muß ich Anwürfe bezügl. Prostituierbarkeit jederzeit auf mich nehmen. (...) Fazit: entweder die Kunst geht schnorren (bei Frau, Eltern, Verwandtschaft, DAAD o. ä.) oder betteln (bei Stifterverband), oder sie geht mal eben von Zeit zu Zeit auf den Strich. Ich bin für Strich.

Ich auch. Nämlich für einen Gedankenstrich. –

*

Wie immer beim Lyrik-TÜV wollen wir auch diesmal einen Blick auf die frühen Jahre unseres Dichters werfen, um herauszufinden, wie er wurde, was er ist. Ob sich das prekäre Verhältnis zu Frauen am inneren Schauplatz der Kindheit klären läßt? Warten wir's ab. Fest steht einstweilen, daß Peter Rühmkorf wie nicht wenige seiner Kollegen eine illegitime Frucht des deutschen protestantischen Pfarrhauses ist. Wobei »illegitim« in diesem Fall wörtlich verstanden werden darf: Seine ersten Erdenjahre nehmen sich wie ein Lehrstück über die biographischen Verrenkungen und Verzerrungen aus, die ein unehelich zur Welt gebrachtes Kind in den angeblich so weltoffenen zwanziger Jahren nötig machte.

Die Mutter, Elisabeth Rühmkorf, Tochter eines Superintendenten in der niedersächsischen Kreisstadt Otterndorf, arbeitet Ende der zwanziger Jahre als Religionslehrerin an der Volksschule eines Dorfes namens Warstade, zwanzig Kilometer vom Amtssitz des väterlich-pastörlichen Patriarchen entfernt. Sie verliebt sich, vierunddreißig Jahre alt, in einen durchreisenden Puppenspieler ungefähr gleichen Alters. Was folgt, ist der Super-GAU protestantischer Wohlanständigkeit. Elisabeth Rühmkorf protokolliert lakonisch: »Als er erfuhr, daß ich ein Kind von ihm erwartete, kam er nicht mehr zurück. So hatte ich auch jetzt meinen Weg allein zu gehen.«

Die einzigen Hinterlassenschaften des durchreisenden Schaustellers sind ein Exemplar von Rilkes »Stunden-Buch« und Ibsens »Peer Gynt«. Elisabeth Rühmkorf, die sich von ihrem Geliebten betrogen fühlt, beschreibt die weniger poetischen Nachwirkungen der flüchtigen Liaison:

> Nun mußte ich selber lügen, mußte meinen Eltern, um sie nicht zu betrüben, die Unwahrheit sagen, meine Vorgesetzten mit falschen Gründen um Urlaub bitten und den Ort meiner Tätigkeit verlassen, um mir irgendwo in der Fremde Arbeit und Unterkunft zu suchen. Nur eine Freundin wurde eingeweiht.

Die Fremde ist in diesem Fall nicht Amerika, wohl aber Dortmund, wo die Mutter für ein Jahr Unterkunft und

Arbeit findet und ihr Kind zur Welt bringt. Bald darauf nimmt sie ihren Dienst als Religionslehrerin in Warstade wieder auf. Der Sohn wächst indessen bei einer Pflegefamilie in Dortmund auf. Der äußeren Trennung von Mutter und Sohn ist zuvor bereits eine innere Trennung vorangegangen, jedenfalls aber eine starke Belastung des Mutter-Kind-Verhältnisses. Seit dem Verschwinden des Vaters fühlt sich Elisabeth Rühmkorf ihrem Kind entfremdet:

> Ich war der Verzweiflung nahe. Nicht weil ich ein Kind erwartete, das war immer mein Wunsch gewesen, – aber weil ich ihn verloren hatte, diesen Mann, den ich über alles geliebt hatte. Ich war enttäuscht, daß er mich so belügen konnte, und ich glaubte, das Kind nicht lieben zu können.

Knapp zwei Jahre später nimmt die Mutter den Sohn dann doch zu sich. Damit er ihren Namen tragen kann und damit seine Existenz im dörflichen Umfeld keine neugierigen Nachfragen veranlaßt, geschieht etwas Kurioses: Peter Rühmkorf wird zum Adoptivsohn der eigenen Mutter. Er bleibt das einzige Kind von Elisabeth Rühmkorf und wächst fortan in einem, wie er selbst es nennt, »Feminat« auf. Dazu gehören neben der Mutter auch eine Schwester sowie eine Freundin der Mutter. Der anfangs noch moralisch entrüstete Superintendent und Großvater aber wird vom jungen Peter kurzerhand als Ersatzvater adoptiert. Ende gut, alles gut?

Wohl kaum. Wie lange Rühmkorf die widrigen Umstände seiner Geburt beschäftigt haben, zeigen wiederum einige Verse aus »Irdisches Vergnügen in g«. Ein sogenanntes »Wiegen- oder Aufklärelied« verschmilzt die privaten Kümmernisse der Mutter mit den gesellschaftlichen Nöten der Inflationszeit:

Schlaf mein Kindchen-ungewollt,
Rubel-Mond durch Wolken rollt;
Silberdollar: dir und mir –
ratzepatz! zu Altpapier!

Doch schon dieses schwarze Idyll ist reines Wunschdenken, denn in Wahrheit hat eben nicht die leibliche Mutter, sondern eine Pflegemutter dem Knaben in den ersten Lebensjahren Wiegenlieder vorgesungen – wenn überhaupt. Wir wissen nicht, wie eng das Verhältnis des Ein-, Zweijährigen zu seiner Pflegefamilie war. Doch zumindest die Rückkehr zur Mutter dürfte einen bleibenden Eindruck in der Seele des knapp Zweijährigen hinterlassen haben.

Die Psychoanalyse spricht in solchen Zusammenhängen vom »Urvertrauen«, welches das Kind in den ersten achtzehn Lebensmonaten durch die verläßliche Zuwendung einer Dauerpflegeperson entwickle – oder eben nicht entwickle. Dieses Urvertrauen bildet die Grundlage für die Liebesfähigkeit und das gesunde Selbstwertgefühl eines Menschen nicht nur während der Kindheit, sondern während seines gesamten Lebens. Fehlendes Urvertrauen kann in Extremfällen zu gravierenden Eßstörungen des Kindes führen. Durch die anhaltend verweigerte Nahrungsaufnahme entwickelt sich dann eine Mangelkrankheit, »Marasmus« genannt, an der solche vernachlässigten Kinder bisweilen sogar sterben.

In diesem Zusammenhang ist interessant, daß Peter Rühmkorf als junger Mann zwischen seinem achtzehnten und zwanzigsten Lebensjahr nach eigenem Bekunden eine Zwangsneurose ausgebildet hat, deren »Verstörungen sich mit allen Merkmalen einer Anorexie anließen, einer pubertären Magersucht also.«

Zu meiner eigenen Leidenslage will ich nur so viel bemerken, daß ich schließlich nur noch in gekrümmter Stellung auf unserem Wohnküchensofa dahinvegetieren konnte und daß der Versuch, die selbstgewählte Couch zu verlassen, augenblicklich von Krampfzuständen begleitet war, quälenden Eingeweidespasmen, auch asthmatischen Beängstigungen, und daß das unheilvolle Körpergeschehen gleichzeitig mit einem gesteigerten Trieb zur Selbstbeobachtung einherging.

Diese Symptomatik fällt gewiß nicht in den Bereich eines frühkindlichen Marasmus, aber es scheint doch vorstellbar, daß sie auf frühere Verstörungen ähnlicher Art verweist. Interessanterweise bietet Rühmkorf als Erklärung für seine seelische Erkrankung die, wie er wörtlich sagt, »Angst vor dem Abschied vom Mutterhaus« an.

Den »gesteigerten Trieb zur Selbstbeobachtung« hat Rühmkorf später erfolgreich sublimiert – kein Wunder, daß es ihn zur Lyrik als der subjektivsten literarischen Gattung zog. Und weil wir gerade von Eßstörungen sprachen: Ein besonders inniges Verhältnis zum Essen wird in dem Gedicht »Im Vollbesitz seiner Zweifel« zelebriert. Auf Seite siebenundzwanzig meiner klappenbroschierten und handsignierten Erstausgabe von »Irdisches Vergnügen in g« gibt Rühmkorf so langwierig wie genüßlich eine ganze Speisekarte wieder. Vielleicht etwas zu langwierig und genüßlich, um wirklich von Unbefangenheit zu zeugen?

Nicht zu predigen, habe ich mich an diesem Holztisch niedergelassen,
nicht, mir den Hals nach dem Höheren zu verdrehen,
sondern mir schmecken zu lassen dies:
Matjes mit Speckstibbel, Bohnen, Kartoffeln, Einssechzig;
Aal in Gelee, Kartoffelpürree, gemischten Salat,
Zweiachtzig;
Kalbszüngerl mit Kraut, Zwomark;
Beefsteak a la Meyer, Erbsenundwurzeln, Zwozwanzig;
Rührei – Blumenkohl, Einemarkdreißigpfennige (...)

Das waren noch Preise! Der Preis, den Peter Rühmkorf für die Turbulenzen seiner allerersten Lebensjahre zu zahlen hatte, fällt deutlich höher aus. Manches deutet darauf hin, daß die Ursachen für seinen vielfach von ihm selbst besungenen, artistisch überhöhten und kraftmeierisch kompensierten Mangel an männlichem Selbstwertgefühl in einer frühen Unterversorgung zu suchen sind. Auch der etwas schnöde Umgang mit den Frauen seiner Gedichte mag sich durch die tiefsitzende Angst vor dem Verlassenwerden erklären.

Auch dafür, daß Rühmkorf menschlichen Halt gern in politischen Gesinnungsgemeinschaften sucht, findet sich ein frühes Beispiel: Als Gymnasiast ist er Mitglied der sogenannten »Stibierbande«, einer Gruppe von fünf Schulkameraden, die sich mitten im Zweiten Weltkrieg nicht durch sportliche oder künstlerische, sondern durch politische, sprich: antifaschistische Interessen definiert. Rühmkorf scheint sich die Lektion auf Lebenszeit gemerkt zu haben: Egal was passiert, Jungs halten zusammen. Kameradschaft und politisches Einvernehmen gingen für ihn seitdem zusammen wie Pawlow und Hund. Womit wir uns aus den frühen Jahren des Wirkens und Werdens heraustibitzen wollen, denn diese Thematik ruft nach einem eigenen Abschnitt.

*

Das erste der beiden vermeintlichen Kardinalthemen unseres Dichters, die Liebe, hätten wir also beleuchtet. Was aber hat es mit dem zweiten Hauptthema, der Politik, auf sich? Wo die Väter sich dünnemachen und – zumindest zeitweise – auch die Mütter Fluchtneigungen zeigen, da bezeichnet die Politik für Rühmkorf einen Bereich der Verläßlichkeit und positiv definierten Mannhaftigkeit über Jahrzehnte hinweg. »Ein Kerl muß eine Meinung haben«, meinte bereits der sozialistisch engagierte Alfred

Döblin, und Rühmkorf schließt sich dieser Meinung in seinem Tagebuchband »Tabu I« ohne Abstriche an. Rühmkorfs Männerfreundschaften, etwa diejenige mit Günter Grass, sind folglich weniger an literarische als an Fragen der Gesinnung geknüpft. Und die Zuverlässigkeit, mit der Rühmkorf Wahlaufrufe der SPD unterschreibt, hat mittlerweile etwas geradezu Eheähnliches an sich.

Im Gegenzug sind Treue und Beständigkeit in Rühmkorfs langjähriger Ehe mit der SPD-Politikerin Eva Rühmkorf wohl stark an den Gleichklang in gesellschaftlichen Fragen gekoppelt. So heißt es in dem Erinnerungsband »Die Jahre die Ihr kennt« kurz und knapp:

> 1964: Hochzeit mit der Genossin Eva-Maria Titze (diplomierte Antiatomkämpferin u. zus. mit Erika Runge und Ulrike Meinhof in der weiblichen Initiativ-Trias des Berliner Studentenkongresses unvergeßlich hervorgetreten) (...) Das war die geschichtsträchtige und weltbewegende Stunde, wo (...) Ulrike Röhl das prophetische Wort sprach: »Ihr seid etwas, was ich nie verstehen werde, ihr seid etwas völlig anderes.«

Ein Hochzeitsandenken, wie es wohl nicht jeder im Album hat. Im Vordergrund stehen bei diesem eigentlich ganz privaten Anlaß auffällig viele politische Verbindlichkeiten: Die Braut wird als »Genossin« tituliert und ihre politische Tüchtigkeit so ausdrücklich gelobt, als sei dies allein bereits Grund genug für den Ehebund. Politik, so könnte man sagen, ist der Bereich, in dem der sonst schwer faßbare, ja haltlose Dichter seine vielfältigen Fluchtbewegungen durch Beständigkeit auszugleichen versucht. Umgekehrt ist es die Treue in Gesinnungsfragen, die ehelichen Zusammenhalt offenbar mehr als alle äußeren Reize eines »chow-chow-farbenen«, »mistblonden« oder sonstwie kolorierten Haarschopfes garantiert.

Aber Rühmkorf wäre nicht Rühmkorf, wenn er sich nicht auch hier ein Hintertürchen offenhielte. Politik ist ja ein Bereich, in dem sich Opposition und Integration bruchlos miteinander verbinden lassen: Der demokratisch engagierte Mensch, er darf und muß beizeiten widersprechen. Als selbsternannter kritischer Kopf kann Rühmkorf seine Außenseiterexistenz im Politischen ungehindert ausleben, ohne sogleich ins gesellschaftliche Abseits zu rutschen. Das Widerspenstige, Unbeständige, im Bereich des gesellschaftlichen Engagements ist es zum unabdingbaren Bestandteil der Beständigkeit geworden.

So gesehen, hat die Politik gegenüber der Kunst einen unschätzbaren Vorteil: Unter dem Drahtseil, das sie spannt, hängt ein sicheres Netz. Erstaunlich, daß sich die Politlieder unseres Dichters trotzdem im Rahmen vager, wenn auch schmissig formulierter Widerstandsaufforderungen halten:

> Und ich war da und da warst auch Du
> Und da hörten wir einen schrein.
> Dann banden sie ihm die Schnauze zu,
> Und ich war da und da warst auch Du
> Und keiner von uns sagte nein.

Ob es da um Positionen oder um Posen geht, mögen andere entscheiden. »Schnauze auf!« ist als politisches Programm vielleicht ein wenig dürftig, als literarische Selbstverpflichtung aber unabdingbar. Daß Rühmkorf im Zivilleben die subjektive Wahrnehmung des Lyrikers allemal der ideologischen Verblendung vorzieht, macht ihn Ihrem Prüfer beim Lyrik-TÜV jedenfalls eher sympathisch als fragwürdig. Als Höhepunkt dieser Abteilung sei daher ein Ausschnitt aus »Tabu I« zitiert. Rühmkorf unternimmt im Nachwendejahr 1990 einen Ausflug nach Mecklenburg-Vorpommern. In Ludwigslust kommt ihm – »aufeinmalso beim Schlendern« – eine schöne Erkenntnis.

Einen Sozialismus bei gutem Wetter und abzüglich Staatssicherheit und Verhinderungsbürokratie mag man sich gerade noch vorstellen – bei dem herrschenden Nieselgepiesel scheint er schlechterdings unerträglich.

*

»Ein chaotischer Fall, mein lieber Watson«, sagte Sherlock Holmes bei seiner Abendpfeife. »Es wird Ihnen kaum gelingen, ihn in der gedrängten Form, die Ihnen so sehr am Herzen liegt, zu präsentieren.« Aber versucht sei es doch. Mancher glaubt, daß ohne irgendeine Störung sowieso keine Produktivität denkbar sei. Die Frage ist nur: Was fängt er damit an? In bezug auf Rühmkorf können wir guten Gewissens antworten, daß er mit seinen persönlichen Verkantungen vieles anfangen konnte und eine Menge fertiggebracht hat. Seine Obsession für die Sprache und für die sich lebenslang stilisierende Kunst- und Künstlerfigur namens »Ich« hat einige der haltbarsten, pointiertesten und einprägsamsten deutschsprachigen Gedichte der letzten fünfzig Jahre hervorgebracht. Rühmkorf hatte von Anfang an, was jeder bedeutende Dichter haben muß: Höhenwahn und Erdhaftung. Und so sind seine frühen Gedichte auch heute noch ein sehr irdisches, aber eben auch ein atemberaubend luftiges Vergnügen.

Nun Watson, knapper hätten Sie das doch auch nicht hinbekommen, oder?

VII

BLINDENSCHRIFT

Willkommen zu Folge sieben der TÜV-Prüfung! Welcher Dichter könnte ihr am besten gerecht werden, der magischen, der doppelsilbigen, der trochäisch-jubiläischen Sieben? Ein raunender Sprachschamane im Zwielicht seiner hermetischen Hütte? Ein schallender Sänger mit strahlendem Timbre, umbrandet vom Beifall des Publikums? Ein bebrillter *poeta doctus,* der sein eigenes Werk besser interpretiert als jeder wohlbestallte Exeget? Keiner von diesen soll es sein. Ihr ölverschmierter Prüfer vom Lyrik-TÜV mußte im Vorfeld der heutigen Folge mächtig aus*sieben*, ehe er im Geknäul der Sechzigerjahrelyrik eines würdigen Kandidaten ansichtig wurde. Wolf »Die Drahtharfe« Biermann, Erich »Zeitfragen« Fried und der kleine »eugen gomringer« kamen bei aller grundsätzlichen Wertschätzung im Sinne christlicher Nächstenliebe schon einmal nicht ein Frage – der vermaledeiten »Gedichte« wegen. Ernst Jandl hätte ich durchaus gern an dieser Stelle gesehen, wäre sein Debütband »laut & luise« (1966) nicht dummerweise eines seiner schwächeren Bücher.

Fündig bin ich dann bei einem geworden, der mit jedem seiner acht weiteren Gedichtbände genausogut beim Lyrik-TÜV hätte vorfahren können. Nun also ist es die 1964 erschienene »Blindenschrift«, die in meiner Erstausgabe mit der wohlfeilen Avanciertheit vergangener Zeiten noch »blindenschrift« heißt (der Dichter hat den

Mißstand später selbst behoben). Der magischen Sieben wird unser Dichter auch dadurch gerecht, daß er auf seine Art ein rechter Zauberkünstler ist, der neben der Kleinschreiberei noch so manchen anderen Effekt im Ärmel hat. Seinen Paradetrick führt er uns in »Blindenschrift« freilich noch nicht vor. Erst sechzehn Jahre später, in dem Band »Die Furie des Verschwindens«, wird das inzwischen wohlbekannte Kunststück erstmals vor ein größeres Publikum gebracht. Es trägt den Titel »Der Fliegende Robert« und geht so:

> Eskapismus, ruft ihr mir zu,
> vorwurfsvoll.
> Was denn sonst, antworte ich,
> bei diesem Sauwetter! –,
> spanne den Regenschirm auf
> und erhebe mich in die Lüfte.
> Von euch aus gesehen,
> werde ich immer kleiner und kleiner,
> bis ich verschwunden bin.
> Ich hinterlasse nichts weiter
> als eine Legende,
> mit der ihr Neidhammel,
> wenn es draußen stürmt,
> euern Kindern in den Ohren liegt,
> damit sie euch nicht davonfliegen.

Man merkt es dem lakonischen Tonfall an, daß hier kein graziös taumelnder Hochseilartist und Reimfetischist à la Peter Rühmkorf am Werk ist, sondern ein gut geerdeter Pragmatiker, der mit gleichwohl beachtlichen levitatorischen Fähigkeiten beeindruckt. Und wer würde dieser Beschreibung eher gerecht als unser heutiger Kandidat, Hans Magnus Enzensberger. Seit fünf Jahrzehnten begleitet dieser Schriftsteller unseren bundesdeutschen Wohlstandsstaat mit seinen meist vielbeachteten Einwürfen. In den sechziger, siebziger Jahren hat mancher in ihm deshalb schon eine Art deutschen Lehrmeister sehen wollen, einen linken *praeceptor germaniae*.

Daß Enzensberger ein unerwachsener Mensch sei, gehört schwerlich zu dem Bild, das eine größere Öffentlichkeit sich von ihm macht. Trotzdem beharrt der Held des zitierten Gedichtes auf einer gewissen Kindlichkeit. Schon der Titel deutet es an: »Der Fliegende Robert« ist eine Figur aus dem Kinderbuchklassiker »Struwwelpeter« des Dr. Heinrich Hoffmann. Dessen bebildertes *opus magnum* wird heutzutage oft ein wenig vorschnell der Rubrik »Schwarze Pädagogik« zugeordnet. Doch mit gepfefferten Stellungnahmen gegen Rassismus, Jagdwahnsinn und Tierquälerei ist das Buch auch nach hundertfünfzig Jahren noch hoch-, top- und megaaktuell. Die rabiaten Strafen, mit denen ein lehrreiches Fatum kindliche Fehltritte im »Struwwelpeter« ahndet, wurden des öfteren kritisiert, meist von Menschen, die eine sehr viel biedermeierlichere Vorstellung vom Kindsein hegen als der aus dem Biedermeier stammende Verfasser selbst. Doch das Bild vom Hasen, der die Flinte auf den Jäger richtet, gehört auf jede Jagdhütte, in jedes Forstamt und gern auch auf die Nachttischchen unserer lieben Kleinen.

Auch das lyrische Ich unseres Gedichtes scheint den »Struwwelpeter« für ein Werk mißgünstiger Erwachsener zu halten. Diese langweiligen Menschen neiden den Kindern ihre Fähigkeit zum Davonfliegen und wollen ihnen mit Schreckensgeschichten das Hinausstürmen bei schlechtem Wetter vermiesen: Spielverderber, denen es ein Schnippchen zu schlagen gilt! Gottlob hat unser Held sich seine kindlichen Talente nicht abtrainieren lassen. Noch als »Großer« beherrscht er den Trick mit dem Fliegen und entzieht sich damit bei Bedarf allen Zumutungen der Erwachsenenwelt.

Von euch aus gesehen,
werde ich immer kleiner und kleiner,
bis ich verschwunden bin.

Die entscheidenden Worte lauten hier natürlich: »Von euch aus«, was im Umkehrschluß soviel heißen dürfte wie: »Von *mir* aus gesehen schrumpft *ihr.*« Der Trick mit dem Fliegen ist also in Wahrheit ein Verschwindetrick, ein doppelter sogar. Folgerichtig findet sich das Gedicht vom Fliegenden Robert in einem Gedichtband, der – mit Hegels plastischer Wortprägung – »Die Furie des Verschwindens« heißt. Als das Buch im Jahr 1980 erscheint, gilt Enzensberger manchem linken Gesinnungsgenossen von einst schon als Renegat. »Eskapismus«, rufen ihm jene zu, die glauben, daß er die gemeinsame Sache verraten habe. Enzensberger wäre nicht, der er ist, wenn er nicht eine ebenso kühle wie wohlformulierte Antwort für sie bereithielte. In seinem Essay »Das Ende der Konsequenz« heißt es 1981: »Wer von Prinzipientreue spricht, der hat bereits vergessen, daß man nur Menschen verraten kann, Ideen nicht.«

Wer ist dieser Mann, dem manche Freunde – wie etwa der schwedische Schriftsteller Lars Gustafsson – eine reptilienhafte Kälte zusprechen, manche Kontrahenten hingegen – wie etwa Peter Weiss – größte Sensibilität? Der seit fünfzig Jahren in der literarischen Szene der Bundesrepublik so stetig präsent ist wie kaum ein anderer und dennoch immer wieder für überraschende Eskapaden gut? Gibt es neben den geschriebenen auch gelebte, sprich: biographische Spuren, die zu ihm führen? Wir wollen versuchen, dem Fliegenden Robert auf seiner schäumenden Luftspur zu folgen und ihm, wer weiß, vielleicht sogar ein bißchen auf die Schliche zu kommen.

Im Mittelpunkt unserer Aufmerksamkeit soll ein früher Gedichtband Enzensbergers stehen: »Blindenschrift«. Als dieses Buch 1964 erscheint, hat Enzensberger die literarische Szene der jungen Bundesrepublik bereits im Sturm erobert. Ein Jahr zuvor ist ihm, dem Dreiunddreißigjährigen, als bislang jüngstem Empfänger der Büchner-Preis zugesprochen worden. Nun, in seinem dritten Lyrikband, überrascht und irritiert er mit einem Tonfall, den man bislang nicht von ihm kannte. Der Fliegende Robert, so könnte man sagen, spannt zum ersten Mal den Regenschirm auf. Schauen wir, wohin der Wind ihn trägt.

*

Das Gedicht vom Fliegenden Robert findet sich im Band »Die Furie des Verschwindens« auf der vorletzten Seite. Als Finale folgt das Titelgedicht, in dem Enzensberger die Bewegung der Auflösung mit großer Geste vom Persönlichen ins Allgemeine überführt. Die Furie, die hier ihren Auftritt hat, ist zwar dem grammatikalischen Geschlecht nach weiblich; ansonsten ist sie jedoch ein höchst seltsames Zwitterding, halb Fabelwesen, halb Abstraktion, halb sexy Sadie:

> Sie sieht zu, wie es mehr wird,
> verschwenderisch mehr,
> einfach alles, wir auch;
> wie es wächst, über den Kopf,
> die Arbeit auch; wie der Mehrwert
> mehr wird, der Hunger auch (...)

Sie tut dies in der ruhigen Gewißheit, daß ihr letztlich sowieso alles zukommt, was da wächst und gedeiht. Und so lautet der Schluß des Gedichtes:

> ohne die Hand auszustrecken
> nach dem oder jenem,
> fällt ihr, was zunächst unmerklich,
> dann schnell, rasend schnell fällt, zu;
> sie allein bleibt, ruhig,
> die Furie des Verschwindens.

Das ist nun allerdings eine bedrohlichere Art des Verschwindens, als »Der Fliegende Robert« sie zuvor praktiziert hat. Dennoch sind beide Stücke nahe Verwandte; ihre gemeinsame Ahne findet sich in einem anderen Gedicht Enzensbergers. Was uns zu unserem erklärten Hauptgegenstand bringt, dem Band »Blindenschrift«: Auf Seite zweiundsechzig meiner dunkelgrau kartonierten Erstausgabe entfaltet die Ahnfrau aller Robertiaden ihre erstaunliche Wirkung. Ihrem Würdentitel, »die windsbraut«, macht sie bei diesem furiosen Auftritt alle Ehre:

> sie schlägt die türen zu
> sie reißt die türen auf
> sie wirft dir sand in die augen
> ihr haar ist dunkel wie die vernunft
>
> sie stöhnt und ist taub
> gegen dein stöhnen
> sie ist ein atem der atem raubt
> und atem schenkt

Interessante Frau, mag man sagen, ob Sie mich der mal vorstellen könnten? Doch schon die nächste Strophe läßt ahnen, daß diese temperamentvolle Brünette eher etwas ist, was man sich selbst vorstellen muß:

> sie kommt mit staubwolken auf der stirn
> und zerfetzt die fahnen
> alte zeitungen neue
> jagt sie über den roten platz

Keine Furie des Verschwindens, sondern der Furor des Vernichtens macht mit solchen Aktionen von sich reden. In seinen Schredder geraten vorzugsweise überkommene Gewißheiten: Nichts ist so alt wie die Fahne von gestern. Daß dieses Verlieren von Gesinnungsballast eine durchaus lustvolle Angelegenheit sein kann, zeigt der weitere Verlauf des Gedichtes, in dem der reinigende Wirbelsturm wieder zu einer lockenden Windin mythischen Zuschnitts changiert:

> sie ist schön
> sie denkt auf biegen und brechen
> sie umarmt die wurzeln und rauft sie aus
> sie empfängt den flüchtigen samen

Es folgt so etwas wie ein mythologisch übersteigerter Geschlechtsakt. Die Windmetaphorik wird selbst beim Clinch mit der raufenden Frau bis in die aerodynamischen Einzelheiten aufrechterhalten:

> stämme dich gegen sie
> und sie trägt dich
> gib dich hin
> und du fällst

Ratschläge, die auch beim Segelfliegen von Nutzen sein dürften. Wie das Gedicht »Die Furie des Verschwindens« ist »die windsbraut« ein virtuoses Spiel mit dem Doppelsinn, der sich aus einer Abstraktion und ihrer weiblichen Personalisierung ergibt. Was dort der Vater des Weltgeistes leistete, unternahmen hier des Weltgeists naive Kinder in ihrem animistischen Aberglauben, daß in Wirbelstürmen ein weibliches Prinzip walte. Enzensberger lieferte zur semantischen Zweideutigkeit die lyrische Extrapolation.

Noch steht freilich die behauptete Verbindung zum »Fliegenden Robert« aus. Erst ganz zum Schluß des Gedichtes vermählt sich die Windsbraut mit ihrem widerständigen Gegenpart, und die Hochzeitsreise geht – wohin? Richtig, in die Lüfte:

> sie weht
> sie erhebt sich
> sie wiegt dich
> sie wirft dich

> stämme dich auf ihre brust
> nimm sie
> sie trägt dich
> sie trägt dich fort

Womit auch dieser frühe Vorläufer des »Fliegenden Robert« sich glücklich verflüchtigt hätte. Wir sehen, daß Enzensberger das Motiv des Verschwindens über die Jahre hinweg immer wieder aufgegriffen und abgewandelt hat. Ähnlich wie Beethoven in seinen Variationen auf einen launigen Walzer Diabellis erreicht unser Dichter dabei eine erhebliche Variationsbreite auf schmaler Grundlage: Zwischen luftigem Scherz und dem Ernst der Vernunft ziehen seine Fluchtgedichte ihren klaren Kurs.

Und der Flug geht weiter bis in die Gegenwart. Ein im Jahr 1999 erschienener Gedichtband Enzensbergers trägt den Titel »Leichter als Luft« – da wird die Methode fast schon zur Masche. Der Gedanke an Flucht und Auflösung weist neben neckischen aber auch schmerzliche Ausprägungen auf. Im 1995 erschienenen »Kiosk« ist es eine »Gedankenflucht« in vier Teilen, die den Band durchzieht und strukturiert. »Gedankenflucht« – ein schön doppeldeutiger Titel ist das, der offenläßt, ob es die Gedanken selbst sind, die fliehen, oder ob die Flucht sich in der Vorstellung vollzieht. So leicht wie einst fällt das Verschwinden jedenfalls nicht mehr. Eine neue Unübersichtlichkeit ist an die Stelle der überkommenen Schemata getreten, und wer aus dem Links-Rechts-Stechschritt von einst ausschert, ist nurmehr einer von vielen:

> Als wäre gleich hinter Helsinki
> oder Las Palmas alles ganz anders,
> überall Umzüge, Fluchtgedanken.
> Ganze Ortschaften kommen abhanden.

Wohin fliehen angesichts solcher Völkerwanderungen? Abhauen wäre ja schon mitmachen. In dieser Zwickmühle artikulieren Bedenken sich vorzugsweise als Fragen, die eine gespaltene Seele im inneren Zwiegespräch an sich selbst richtet:

> Auch du, mein Alter, läßt dich bewegen,
> bewegst dich. Bei aller Liebe.
> Wozu? Was suchst du? Dollars,
> Maniok, Spaß, Munition?
> Oder nur deine Ruhe?
> »Ich suche eine Erklärung.«

Im dritten Teil der »Gedankenflucht« wendet sich Enzensbergers lyrischer Held probehalber vom Tagesgeschehen ab und der Natur samt ihren Wissenschaften zu. Doch siehe, auch hier ist alles auf Wandel angelegt:

> Daß es nicht dabei bleibt,
> gilt auch für die Steine.
> Das Gebirge dehnt sich, fließt,
> pulsiert, rauscht, reißt,
> wenn auch langsam.
> Was heißt schon langsam
> bei einem Berg?

In einer Zeit, da ständige Veränderung das einzig Sichere zu sein scheint, stellt sich Enzensbergers lyrisches Subjekt die Frage nach der eigenen Haltung. Früher reichte schon ein Regenschirm nebst »Sauwetter«, um sich fröhlich über die Dinge zu erheben. In den neunziger Jahren bleibt die Erkenntnis, daß bei aller Wendigkeit eine Flucht letztlich nicht möglich ist. Da hilft es wenig, auf der eigenen Beweglichkeit zu beharren.

> Du ziehst um, fliehst,
> vermischst dich mit dem,
> was der Fall ist.

> Auf Weiterungen
> heißt es gefaßt sein.
> Bei uns bleibt es nicht.

Letztlich, so gibt Enzensberger zu verstehen, ist jegliche Individualität nur eine winzige Schattierung in einer keineswegs unendlichen Menschheitsgeschichte. Bei soviel gefaßtem Geschichtspessimismus verwundert es nicht, daß der vierte Teil der »Gedankenflucht« noch einmal jene Bewegung nachvollzieht, die bereits die beiden Schlußgedichte des Bandes »Die Furie des Verschwindens« nahmen: vom sich auflösenden Individuellen ins personalisierte Abstrakte, vom »Fliegenden Robert« zur »Furie«. Wiederum wird das Enthobene durch eine weibliche Rollenzuschreibung versinnbildlicht.

> Die kleine Pilgerin da
> auf ihrer chaotischen Bahn,
> dieses umherirrende,
> glimmende Nichts –
> wie war doch der Name gleich? –
> und was sucht sie nur,
> die bis auf weiteres
> unsterbliche Seele?
>
> Sie wühlt im Müll,
> unermüdlich, nach Weisheiten,
> die plötzlich weg waren,
> zerkrümelt in endlosen Permutationen,
> vermoderten Paperbacks.

Ob es wirklich die Seele der Seelsorger ist, die Enzensberger hier mit Assoziationen umkreist? »Gedankenflucht« ist ein Dokument der Ratlosigkeit, und ein wenig ratlos läßt das Gedicht auch den Leser zurück.

Eines jedoch dürfte sich mit einiger Gewißheit abgezeichnet haben: daß Hans Magnus Enzensberger nicht nur der wohlbekannte, wache und wendige Geist ist, der die Geschichte der Bundesrepublik mit beständiger Wandelbarkeit begleitet hat. Hinter seinen kleinen und großen Fluchten steckt vielmehr eine komplexe Künstlerpersönlichkeit, die in Gedichten immer wieder ihre dunklen Seiten ausleuchtet. So erfolgreich ist sie damit, daß mancher vom poetischen Werk schon auf ein sonniges Gemüt des Poeten schließen wollte. Ihr Lyrik-TÜV rät da zur Vorsicht, denn auch das haben wir dem Gedicht »die windsbraut« entnehmen können: Die Vernunft ist dunkel.

*

Enzensbergers Spiel mit dem Erscheinen und Verschwinden ist nicht nur ein künstlerisches Motiv, sondern auch eine biographische Strategie. Seine Kollegen haben das Sichauflösen und Neuformieren der Enzensberger-Person am eigenen Leib erlebt. Peter Rühmkorf schreibt in seinem autobiographischen Memoband »Die Jahre die Ihr kennt«:

> Wenn wir uns zufällig einmal trafen, entwich er alsbald in dringende Termine, Verabredungen auf Flugplätzen, Besprechungen in Hotel-Lobbys, Projektkonferenzen für alle Medien und auf allen Wellenlängen. Vermutlich ist er überhaupt kein Festkörper sondern ein Luftwesen, das Prinzip Hoffnung auf Rädern, der Weltgeist auf Achse, sich den Zeitströmungen auf eine seglerhafte Art akkomodierend.

Fliegender, segelfliegender Robert also auch hier. Rühmkorf malt das Bildnis des Dichterkollegen als eines Mannes der Zwischenräume. Der Vielbeschäftigte versteckt sich hinter seinen vielen Beschäftigungen: Ich ist woanders.

Man könnte auch einen weniger aeronautischen Vergleich finden: »Zickzack« heißt im Jahr 1997 ein Essayband unseres Probanden. Der Zickzacklauf ist eine bekannte Fluchtstrategie des heimischen Feldhasen. In Enzensbergers Hauswappen, falls es denn eines gäbe, müßte dieser erfolgreiche Vertreter der Gattung *lepus* gleich neben dem »Fliegenden Robert« seinen Platz finden. Wenn Enzensberger das Hasenpanier ergreift, flaggt er deshalb freilich nicht gleich weiß. Er gehört – siehe Dr. Hoffmanns Ausführungen zu diesem Thema – zu jener Unterart von *lepus europaeus,* die schießen kann – notfalls mit Spatzen auf Kanonen und bei Bedarf sogar auf die eigenen Leute.

Hakenschlagen ist eine für Boxer wie Hasenfüße gleichermaßen nützliche Fähigkeit. Peter Weiss hat Enzensbergers Künste in dieser Disziplin erlebt und ihre Durchschlagskraft schriftlich bezeugt. In einem Notat vermerkt er über den Kollegen:

> Immer dieses ungute Gefühl: man weiß nie, wo man ihn hat, aber das ist eben seine Stärke, daß niemand ihn kennt, er hält mir ja auch vor, daß ich mich allzu leicht zu erkennen gäbe. Daß er kommt, wenn's ihm paßt, geht, wenn ihm danach ist, das macht seine Überlegenheit aus. Er ist der Ungebundne, sich zu engagieren, das ist lächerlich. Und doch: wahrt er diesen Abstand nicht aus einer Verletzbarkeit heraus? Wer hätte mehr Sensibilität als er?

Merken wir uns einstweilen die Stichwörter »Überlegenheit«, »Verletzbarkeit«, »Sensibiliät«. Ich habe so eine dunkle Ahnung, daß im Verlauf dieser Nachforschungen noch öfter auf diesen bemerkenswerten Dreischritt – zickzack! – zurückzukommen sein wird.

Weiss' Notat ist bemerkenswert vor allem dort, wo es eine Vorhaltung Enzensbergers kolportiert: »Das ist eben seine Stärke, daß niemand ihn kennt, er hält mir ja auch vor, daß ich mich allzu leicht zu erkennen gäbe.« In der Tat dürfte unser Dichter die Arbeit an seinem Bild in der Öffentlichkeit stets als integralen Teil seiner Schriftstellertätigkeit verstanden haben. Der kokette Verweis auf das biographische Ich und dessen Widersacher im Gedicht »Der fliegende Robert« ist eines von vielen Puzzleteilen der öffentlichen HME-Imago, wenngleich Werbeleute bei soviel planvoller Selbstvermarktung wohl eher von »Image« sprechen würden. Daneben gibt es jedoch auch eine biographisch belegte Unrast bei Robertus Magnus, die tiefere Gründe als eine planvoll verfolgte Karriere und das lustvoll narzißtische Vexierspiel mit vielerlei Selbstbespiegelungen haben muß.

An Rupturen und Migrationen auf Zeit herrscht bei Enzensberger in der Tat kein Mangel. Zumindest in den ersten Jahren seiner staunenswerten Karriere ist unser Mann dauernd auf Achse. Im Jahr 1958 zieht er, knapp dreißigjährig, nach Stranda in Norwegen. Ein Jahr später, 1959, folgt die Umsiedlung nach Lanuvio in Italien. Ein weiteres Jahr später, 1960, geht es zurück nach Deutschland, wo er für ein Jahr in Frankfurt am Main wohnt. Das darauffolgende Jahr sieht ihn wieder in Norwegen, nun allerdings auf der Insel Tjøme. Hier hält es ihn, von Reisen unterbrochen, immerhin gut drei Jahre lang, ehe er 1965 in Berlin-Friedenau Domizil nimmt. 1968 folgt dann ein einjähriger, ziemlich desillusionierender Aufenthalt auf Fidel Castros Revolutions-Kuba, ehe er wieder nach Berlin geht (zur dauerhaften Heimat der späteren Jahrzehnte wird bekanntlich München). Macht insgesamt sechs Wohnorte in vier verschiedenen Ländern, auf zwei Kontinenten, innerhalb eines Jahrzehnts. Selbst in Enzensbergers Ehen mag man die Sehnsucht nach einer Befreiung vom eigenen Vaterland gespiegelt sehen: Seine erste Frau ist Norwegerin, die zweite Russin. Erst die dritte Heirat bringt ihn mit einer Deutschen zusammen.

Apropos »Vaterland«: Günter Grass hat sich gegenüber seinem Biographen Michael Jürgs zur Problematik der in den späten zwanziger Jahren Geborenen geäußert, und es ist sicherlich kein Zufall, daß Enzensberger dabei namentlich erwähnt wird:

> Wir alle, die damals jüngeren Lyriker der fünfziger Jahre, Rühmkorf, Enzensberger, Bachmann, waren uns deutlich bis verschwommen bewußt, dass wir zwar nicht als Täter, doch im Lager der Täter zur Auschwitz-Generation gehörten, dass also unserer Biographie, inmitten der üblichen Daten, das Datum der Wannseekonferenz eingeschrieben war.

Interessant, daß Grass das Wort »Biographie« im Singular verwendet – so, als ob Rühmkorf, Enzensberger und Bachmann einen völlig identischen Lebenslauf hätten, der die genauere Unterscheidung überflüssig machte. Etwas seltsam weht einen auch die Formulierung »im Lager der Täter« an, um so mehr, als gleich darauf Auschwitz erwähnt wird: Im Lager befanden sich doch wohl die Opfer, nicht die Täter. Noch die Prägung »Auschwitz-Generation« läßt eine seltsame Vermengung von Täter- und Opfer-Perspektive erkennen.

Beim jungen Enzensberger äußert sich die Zugehörigkeit zur Flakhelfergeneration nicht in verwaschenen Äußerungen, sondern in pointierten politischen Gedichten. Seine ersten beiden Gedichtbände, »Verteidigung der Wölfe« von 1957 und »Landessprache« von 1960, beziehen ihre Dynamik wie auch ihre Wirkung auf das zeitgenössische Publikum ganz überwiegend aus einem beträchtlichen Zorn auf die Nachkriegsgesellschaft. Es scheint freilich, als sei Enzensberger die Lust am Wettern recht bald vergangen. Im Jahr 1958 gibt der Achtundzwanzigjährige in einem Suhrkamp-Prospekt über sein gegenwärtiges Tun Auskunft. Da heißt es zunächst: »Praktisch, bei der Arbeit des Gedichteschreibens, und theoretisch, als Essayist, bewegt mich in diesen Monaten die Frage nach dem politischen Gedicht«. Das ist die Pflicht, doch nun folgt die Kür:

> Vor eine zweite, weniger grimmige poetische Aufgabe stellt mich (...) meine sieben Monate alte Tochter.

Auch sie verlangt Gedichte; auch sie ist mit dem bloß Gutgemeinten nicht zufrieden. »Es war einmal ein Männchen, / das kroch in ein Kännchen, / dann kroch es wieder raus, / und jetzt ist die Geschichte aus.« Solche Verse verlangt sie.

Es sei dahingestellt, ob ein sieben Monate altes Mädchen schon so artikuliert nach Versen fragen kann; die meisten Kinder sind in diesem Alter noch ganz mit dem Übergang von flüssiger zu fester Nahrung beschäftigt. Ziemlich sicher sehnt sich aber der stolze Vater des frühreifen Kindes nach »solchen Versen«. Dahinter steckt nichts anderes als der Wunsch nach »schöpferischer Verwandlung«.

Die uralten Kinderreime, ihr oft absurder Witz, ihre rhythmische Potenz, ihr einfacher Glanz, das alles kann für einen Gedichtschreiber nicht nur eine Quelle der Erheiterung und des Vergnügens, sondern auch der schöpferischen Verwandlung sein.

Es fällt auf, wie klar unser Dichter die Arbeit am »politischen Gedicht« von den Quellen »der Erheiterung und des Vergnügens« abgrenzt. Jenes, so spüren wir, ist für ihn das Seriöse, der Brotberuf, dieses das Vergnügen, welches er gegenüber einem sich vorzugsweise tiefernst und staatstragend gebärdenden Literaturbetrieb vorsichtig verteidigt. Halten wir einstweilen fest, daß Enzensberger sich offenbar schon als knapp Dreißigjähriger nicht mehr hundertprozentig im Einklang mit seiner Rolle als seriöser, avancierter und politisch einflußnehmender Poet und Essayist fühlt, daß er vorerst aber nicht anders als in widerstreitenden Kategorien denken kann, wenn es um die Verbindung des spielerisch Zweckfreien mit dem gesellschaftlich Zweckgebundenen geht.

Den Grundstein für die anstehende Wandlung legt dann bezeichnenderweise nicht der Lyriker, sondern der

Theoretiker Enzensberger. In seinem Essay »Poesie und Politik« lesen wir 1962:

> Literaturkritik als Soziologie verkennt, daß es die Sprache ist, die den gesellschaftlichen Charakter der Poesie ausmacht, nicht ihre Verstrickung in den politischen Kampf. Bürgerliche Literaturästhetik verkennt oder verheimlicht, daß Poesie gesellschaftlichen Wesens ist. Entsprechend plump, entsprechend unbrauchbar die Antworten, die beide Lehren vorzuschlagen haben auf die Frage, wie der poetische zum politischen Prozeß sich verhalte.

Das ist gute alte Wildwestmanier: erst einmal links und rechts die Nebenbuhler ausschalten, ehe man um die schöne Tochter des Sheriffs anhält. Daß das Ganze auf Entlastung hinausläuft, ja auf eine fast schon Thomas Mannsche Schreibruhe, macht wenige Seiten später der folgende Satz deutlich:

> Der revolutionäre Prozeß der Poesie entfaltet sich, so steht zu vermuten, eher in stillen, anonymen Wohnungen als auf den Kongressen, wo dröhnende Barden in der Sprache dichtender Kaninchenzüchter die Weltrevolution verkünden.

Mehr Abgrenzung, mehr Entlastung geht nicht, wenn man denn nicht gleich den gesamten »revolutionären Prozeß« in der Kunst verabschieden will. So weit ist Enzensberger im Jahr 1962 noch nicht. Dennoch kann kein Zweifel daran bestehen, daß er erste Übungen im Davonfliegen wagt.

*

Es gibt von Julian Barnes ein ganz wunderbares Buch, eine Art poetologischen Romans namens »Flauberts Papagei«, darin sich Barnes' Held Geoffrey Braithwaite ausgiebig mit seinem Lieblingsschriftsteller, Gustave Flaubert natürlich, befaßt. Fünfzehn Kapitel lang umkreist Dr. Braithwaite, ein englischer Arzt im Ruhestand, den gewichtigen Gegenstand seines pensionären Interesses in immer neu strukturierten Varianten: Es gibt eine »Schriftliche Prüfung« (»Für alberne oder überheblich kurze Antworten ... Punktabzug«), es gibt »Braithwaites Wörterbuch der übernommenen Ideen« (Stichwörter in alphabetischer Reihenfolge von »Achille« bis »Zola, Emile«), und es gibt gleich zu Beginn eine Chronologie in mehreren Teilen.

Teil eins schildert ein an Triumphen reiches Schriftstellerleben vom Elternhaus (»aufgeklärtes, anregendes Milieu«) über rauschende literarische Erfolge (»*Salammbô* liefert sogar den Namen für eine neue Sorte *petit four*«) bis an die tränengetränkte Bahre (»Hochgeehrt, allseits beliebt stirbt Gustave Flaubert in Croisset«); Teil zwei bietet das Kontrastprogramm vom Durchfall an der Pariser Juristischen Fakultät über Epilepsie, Syphilis und Depression bis zu Einsamkeit, Schreibhemmung und Mißerfolg (»Veröffentlichung von *L'Education sentimentale;* bei der Kritik und auch kommerziell ein Flop«). Ein größerer Gegensatz läßt sich schwer denken, und dennoch *sind beide Teile vollkommen wahr.*

Kurzum, ein ausgezeichnetes Buch, das mit Hans Magnus Enzensberger nicht das geringste zu tun hat. Daß ich hier darauf zu sprechen komme, hat zwei Gründe: Zum einen will mir scheinen, daß *jede* der bislang von uns auf diesen Seiten betrachteten Künstlerbiographien diese beiden Seiten aufweist. Hinter dem Glanz des Glückens steht oft genug das Verzweifeln des Scheiterns oder, schlimmer noch, die Mediokrität der Zwischenzeiten. Zum anderen, und um wieder auf unseren Gegenstand zurückzukommen, gibt es bei Hans Magnus Enzensberger, wenn schon keine doppelte Biographie, so doch eine doppelte Bibliographie von ähnlicher Polarität wie die zwei Leben des Gustave Flaubert. Veröffentlichungen mit bedeutsamen Titeln wie »Politik und Verbrechen«, »Deutschland,

Deutschland unter anderm« oder »Einzelheiten I: Bewußtseins-Industrie« stehen andere gegenüber, die »Allerleirauh« und »Edward Lears kompletter Nonsens« heißen oder ihre hochgreifenden Titel (»Mittelmaß und Wahn«) zumindest durch heitere Untertitel wie »Gesammelte Zerstreuungen« konterkarieren – Enzensbergers ganz eigene »Andere Bibliothek«, wenn man so will.

Wie erklären wir uns diese Janusköpfigkeit in Enzensbergers Werk? Es scheint, als würde sich der schnell aufgebaute Erfolgsdruck der frühen Jahre in einem gewissen Unbehagen des Dichters an seiner eigenen Rolle im Literaturbetrieb niederschlagen. Hinzu kommt, daß für einen Lyriker von seinen Ansprüchen das Schreiben eine schwierige Sache ist und bleibt. Der Kulturjournalist Jörg Lau präsentiert in seiner sehr lesenswerten Biographie »Hans Magnus Enzensberger – ein öffentliches Leben« eine Selbstaussage aus dem Jahr 1960, in der Enzensberger Antwort auf eine Umfrage der Zeitschrift »konkret« gibt:

> Übrigens arbeite ich sehr ungern, es ist sehr mühselig, zu schreiben, ich brauche also, abgesehen von der Zeit, die ich meinem Beruf widme, Zeit, um nichts zu tun, darauf lege ich Wert. Wohin aber soll ich diese Zeit, die wichtigste, rechnen – ist das »Erhaltung« oder »Produktion«? Sie sehen, es ist nicht so einfach. Aber hungern muß man dabei nicht, wie mir scheint; ich kann es mir sogar leisten, kein Auto zu besitzen.

Das ist souverän und mit Witz gesagt. Enzensberger deutet eine durchaus prekäre schöpferische Situation an – »übrigens arbeite ich sehr ungern« –, verbittet sich dann aber besorgte Nachfragen – keine Angst, »hungern muß man dabei nicht« –, ehe er beidem, der Entlastung und der Schreibproblematik, mit einer kleinen gesellschaftskritischen Volte ein Schnippchen schlägt. Zickzack.

Vergleichen wir diese Selbstaussage von 1960 mit der oben zitierten von 1958, so ergibt sich ein Bild Enzensbergers, das zu seinem damaligen Image als zorniger junger Mann in einigem Gegensatz steht. »Schöpferische Verwandlung«, »Zeit, um nichts zu tun« – das sind nicht eben Formulierungen, wie man sie von einem voranstürmenden Junggenie erwarten würde. Augenscheinlich hält sich Enzensberger bereits in den Jahren zwischen seinem ersten und zweiten Gedichtband kleine Fluchten offen, in denen er dem wachsenden Erfolgsdruck entwischen kann.

Daß sein Zickzackkurs keine unproblematische Sache ist, hat Enzensberger bei einem Treffen der »Gruppe 47« erfahren müssen. Anfang der sechziger Jahre ist er der beneidete und weithin akzeptierte Jungstar der Gruppe; entsprechend selbstbewußt tritt er auf. Doch mit dem Aufstieg wächst auch die Fallhöhe. Im Jahr 1961 findet das Gruppentreffen in der Nähe von Lüneburg statt. Ausgerechnet in einem Jagdschloß wird Hans Magnus Enzensberger seinen Zickzackkurs ausprobieren und eine »schöpferische Verwandlung« versuchen. Was dann geschieht, schildert Jörg Lau wie folgt:

Enzensberger liest hier aus seinem Drama *Die Schildkröte*. Es wird ein schrecklicher Reinfall, der erste und einzige dieser Art in Enzensbergers Karriere. »Als er seine Lesung beendet hatte«, schreibt Hans Werner Richter in seinen Erinnerungen an die Gruppe, »setzte lähmendes Schweigen ein.« Wolfgang Hildesheimer meldet sich und sagt nur einen Satz: »Schmeiß es in den Papierkorb« – ein Rat, den Enzensberger spontan befolgt. Wolfdietrich Schnurre äußert sich in seinem Tagesbericht in der *Welt* ungewöhnlich scharf über Enzensbergers »Pennäler-Sketches«: »Hier ist einer, der es sich nicht leisten dürfte, vor der Wirklichkeit in den reinen Infantilismus zu fliehen. Sicher, es ehrt Enzensberger, daß er seinen Durchfall mit Fassung ertrug, doch die Fassungslosigkeit derer, die auf ihn setzten, ist weitaus größer gewesen.«

Fast also hätte Enzensberger neben Dr. Hoffmanns Fliegendem Robert und schießendem Hasen noch eine Schildkröte in sein Wappen aufnehmen können. So wie die Dinge sich entwickeln, wandert die Schildkröte in den Papierkorb, und ein hochbegabter junger Dichter lernt, daß allzu offenes Entwischen aus dem eigenen Rollenbild manchen scheinheiligen Kollegen umgehend zum Halali blasen läßt. Fortan setzt Enzensberger das Spielerische nur noch unter genau bedachten Vorkehrungen ein.

Hier einige weitere Beispiele aus der »zweiten« Bibliographie, die in den nachfolgenden Jahrzehnten trotz verschärfter Sicherheitsbedingungen entstanden ist:

– In den achtziger Jahren steuert Enzensberger den neunten Band zu seiner »Anderen Bibliothek« bei: »Das Wasserzeichen der Poesie« ist eine fulminante Anthologie der Les- und Spielarten von Lyrik, deren Ruhm in den Jahrzehnten seit ihrem Erscheinen noch gewachsen ist. Enzensberger befreit seine Leser aus der Ehrfurchtsstarre vor den Werken der Dichter und zeigt, daß Gedichte Spaß machen können. Als Herausgeber der Sammlung firmiert ein pseudonymes Alter ego namens »Andreas Thalmayr«. Aufmerksame Leser des Essaybandes »Politische Brosamen« von 1982 ahnen, wer sich hinter der Maske verbirgt – wir werden noch darauf zu sprechen kommen.

– In den neunziger Jahren schweigt Andreas Thalmayr – vielleicht weil es Enzensberger nunmehr keinerlei Schwierigkeiten bereitet, die Eingebungen seiner spielenden Muse unter Klarnamen zu veröffentlichen. So sei an dieser Stelle denn auch freudig der vorläufige Höhepunkt einer Hasenkarriere im Zickzack vermerkt: Im Jahr 1993 erscheint in Zusammenarbeit mit Irene Dische eine Buch namens »Esterhazy. Eine Hasengeschichte«. Auf dreißig Seiten geht es, in Form einer Fabel für Kinder und Erwachsene, um altes Abendland und neues Europa, um Mauerfall und Zeitenwende – ein »Watership Down« *en miniature*. Hier, so möchte man sagen, ist der Hase im Ziel eingelaufen, und zwar einige Löffellängen vor seinem krummbeinigen Mitläufer Zeitgeist.

– Noch besser trifft Enzensberger den Ton der eben anbrechenden Harry-Potter- und Sofies-Welt-Zeit mit einem Edutainment-Titel des Bücherjahres 1997. »Der Zahlenteufel« heißt im Untertitel »Ein Kopfkissenbuch für alle, die Angst vor der Mathematik haben« und ist Enzensbergers, wie er selbst sagt, einziger »richtiger« Bestseller. Wie bewußt er sich der Kreuz- und Querverbindungen in seinem Werk ist, können wir dem Namen des kindlichen Helden in »Der Zahlenteufel« ablesen: er heißt Robert.

– Zwei Jahrzehnte nach »Das Wasserzeichen der Poesie« reaktiviert Enzensberger sein Alter ego Andreas Thalmayr. Im Jahr 2004 erscheint der Band »Lyrik nervt«, ein Vademekum für die, die Gedichte nicht lesen (aber, wenn wir Enzensberger recht verstehen, gut daran täten), im darauffolgenden Jahr ein sprachkritischer Essay unter dem Titel »Heraus mit der Sprache«. Nun wird auch dem letzten klar, daß die ursprünglich zum Schutz der eigenen Person erfundene Persönlichkeitsspaltung längst den Charakter eines fröhlichen Rollenspiels angenommen hat – soweit sie das nicht schon von Anfang an war.

*

Als »Blindenschrift« im Jahr 1964 erscheint, nehmen deutsche Gesinnungsgenossen mit einiger Verwunderung die Gedichte aus dem norwegischen Naturidyll wahr, in dem Enzensberger seit drei Jahren lebt. Das erste Gedicht trägt den Titel »küchenzettel« und wirkt fast wie eine buchstäbliche Umsetzung der Programmatik aus »Poesie und Politik«:

an einem müßigen nachmittag, heute
seh ich in meinem haus
durch die offene küchentür
eine milchkanne   ein zwiebelbrett

einen katzenteller.
auf dem tisch liegt ein telegramm.
ich habe es nicht gelesen.

in einem museum zu amsterdam
sah ich auf einem alten bild
durch die offene küchentür
eine milchkanne   einen brotkorb
einen katzenteller.
auf dem tisch lag ein brief.
ich habe ihn nicht gelesen.

in einem sommerhaus an der moskwa
sah ich vor wenigen wochen
durch die offene küchentür
einen brotkorb   ein zwiebelbrett
einen katzenteller.
auf dem tisch lag die zeitung.
ich habe sie nicht gelesen.

durch die offene küchentür
seh ich vergossene milch
dreißigjährige kriege
tränen auf zwiebelbrettern
anti-raketen-raketen
brotkörbe
klassenkämpfe.

links unten ganz in der ecke
seh ich einen katzenteller.

Wir erinnern uns, wie das in Prosa lautete: »Der revolutionäre Prozeß der Poesie entfaltet sich, so steht zu vermuten, eher in stillen, anonymen Wohnungen als auf den Kongressen.« »küchenzettel« ist zweifelsohne eine Impression aus einer »stillen Wohnung«. Mit dem »revolutionären Prozeß« ist es jedoch so eine Sache; ihm wird ziemlich kurzer Prozeß gemacht.

Was hier und heute in meiner Küche geschieht, so gibt das lyrische Ich zu verstehen, das ist mehr oder weniger dasselbe wie auf dem Stilleben eines alten Meisters »in einem museum zu amsterdam«. Die Zeitläufte mit ihren »anti-raketen-raketen« und »klassenkämpfen« scheinen das abgeschiedene Idyll nicht zu gefährden, sondern seine angenehme Überschaubarkeit noch zu steigern. Irgendwo auf der Welt, so der lyrische Held, findet sowieso immer etwas Schreckliches statt, davon verdirbt mir die Milch nicht. Aus dieser Perspektive werden sogar »dreißigjährige kriege« austauschbar.

Enzensbergers intensive Beschäftigung mit der Poesie der internationalen Moderne macht sich in seinem dritten Gedichtband verstärkt bemerkbar. Ein »Inventar« finden wir vor Günter Eich bereits bei Jacques Prévert; in der Übersetzung von Kurt Kusenberg ist es 1960 auch in Enzensbergers »Museum der modernen Poesie« enthalten. Die ersten beiden Strophen des Gedichtes könnten mit ihrem aufgelockerten Bilanzduktus das Modell für den »küchenzettel« abgegeben haben.

> Ein Stein
> zwei Häuser
> drei Ruinen
> vier Totengräber
> ein Garten
> Blumen
>
> ein Waschbär
>
> ein Dutzend Austern eine Zitrone ein Brot
> ein Sonnenstrahl
> eine Sturzwelle
> sechs Musiker
> eine Tür mit Fußabtreter
> ein Herr mit der Rosette der Ehrenlegion
>
> noch ein Waschbär

Am stärksten setzt sich in »Blindenschrift« jedoch der Einfluß des Nordamerikaners William Carlos Williams durch. Enzensberger hat kurz zuvor eine Auswahl aus dessen lyrischem Werk übertragen. Im Jahr 1962 ist der Band »Die Worte, die Worte, die Worte« bei Suhrkamp erschienen, darin enthalten Williams' berühmtes »Nur damit du Bescheid weißt«. Auch dieses Gedicht ist nichts anderes als ein Küchenzettel.

> Ich habe die Pflaumen
> gegessen
> die im Eisschrank
> waren
>
> du wolltest
> sie sicher
> fürs Frühstück
> aufheben
>
> Verzeih mir
> sie waren herrlich
> so süß
> und so kalt

Williams ist einer, der genau hinsieht. Er destilliert Gedichte aus dem Stoff des Lebens, statt poetische Sauce über die Welt zu gießen. Genaue Beobachtung verbindet sich bei ihm mit einer knappen, alltagsnahen Sprache. In Enzensbergers Nachwort zu »Die Worte, die Worte, die Worte« ist das Erstaunen über die innere Freiheit dieses Dichters noch deutlich spürbar:

> Er schrieb ganz unabhängig von der jeweils kurrenten Literatursprache und scheute jeglichen Jargon, den der Gebildeten ebenso wie seine Antithese, den Slang. (...) Das Raffinement seiner Schreibweise wird durch das scheinbar Alltägliche eines solchen Sprachgebrauches gleichsam getarnt. Die Gedichte wirken auf den ersten

Blick eher unscheinbar. Der Grad von Verdichtung, den sie erreichen, wird erst beim genaueren Zusehen deutlich.

»Unscheinbarkeit« konnte man Enzensbergers eigener Lyrik bislang schwerlich nachsagen. Sein Frühwerk will – daran ist nichts Verwerfliches – auftrumpfen und Effekt machen. In dem berühmt gewordenen Titel- und Schlußgedicht des Debütbandes »Verteidigung der Wölfe« nimmt er mit einigem rhetorischen Furor die großen Schurken vor den kleinen Mitmachern in Schutz.

Wer näht denn dem General
den Blutstreif an seine Hose? Wer
zerlegt vor dem Wucherer den Kapaun?
Wer hängt sich stolz das Blechkreuz
vor den knurrenden Nabel? Wer
nimmt das Trinkgeld, den Silberling,
den Schweigepfennig? Es gibt
viele Bestohlene, wenig Diebe; wer
applaudiert ihnen denn, wer
steckt die Abzeichen an, wer
lechzt nach der Lüge?

Das sind, zwölf Jahre nach Kriegsende, durchaus ungewohnte Worte in der deutschen Lyrik – vor allem, weil man sie so lange nicht gehört hat. Die Massenverachtung des jüngeren Benn trifft auf die didaktische Rhetorik des mittleren Brecht, und die Wucht des Aufpralls ist beträchtlich. Das »Alltägliche eines solchen Sprachgebrauches« hält sich freilich in Grenzen: »Blutstreif« und »Schweigepfennig« sind nicht eben Wörter, die man beim morgendlichen Brötchenkauf wechselt. Wie früh Enzensberger gelernt hat, mit Sprache zu prunken, belegt zudem eine Passage aus dem autobiographisch gefärbten Roman »Was ist Was« des zwei Jahre jüngeren Bruders Christian Enzensberger. Der halbwüchsige Bruder wird darin wie folgt porträtiert:

> Er kennt Wörter, die noch nie jemand gehört hat. *Nonsens,* sagt er, *Betisen. Völlig inhibiert der Mann. Bärbeißerisch. Betucht. Zwielichtig. Kompatibel. Louche. Montgolfiere. Brouillon. Adlat.* Und mit jedem dieser Wörter zieht er eine niegesehene Muschel an Land. (...) *Brauch ich alles für später,* sagt er. (...) *Ich werde Dichter.*

Merke: Ungewöhnliche, schwierige, nur wenigen bekannte Wörter machen für den jungen Hans Magnus das Dichterische aus. Obendrein bieten sie sich als der scheinbar schnellste Weg aus der Dunstglocke der deutschen Nachkriegszeit an.

Bei W. C. Williams lernt Enzensberger, wie man auch ohne prunkvolles Vokabular weitreichende Wirkung erzielen kann. Doch nicht nur die Sprache, auch die Thematik hat sich unter dem Einfluß des Amerikaners geändert. Folgende Sätze aus seinem Williams-Essay lesen sich fast wie eine Gebrauchsanweisung für Enzensbergers dritten Lyrikband:

> Seine Fähigkeit, Tonfälle und Gesten dichterisch zu transponieren, erlaubte es Williams übrigens, einer überall herrschenden literarischen Konvention den Garaus zu machen, die es für ausgemacht hielt, daß die Familie, der Alltag eines gewöhnlichen Hauses, die Intimität einer Küche oder eines Badezimmers in einem modernen Gedicht nicht erscheinen dürfe. Ein absonderliches Tabu schien es den Poeten der ersten Jahrhunderthälfte nahezulegen, daß der Nordpol, die Atombombe und der Minotaurus ihrer Aufmerksamkeit würdiger wären als das Handtuch, der Kühlschrank und die Nachttischschublade.

Noch in Enzensbergers zweitem Gedichtband spielte die Atombombe eine tragende Rolle. Das Gedicht »küchenzettel« liest sich nun wie eine Befreiung von den Zumutungen der Zeit an das Gedicht. Daß diese Befreiung nicht mit Weltflucht gleichzusetzen ist, zeigt indes schon das dritte Stück des dritten Gedichtbandes, »abendnachrichten«. Hier haben wir nicht mehr das souverän weltabgewandte Ich aus »küchenzettel« vor uns, sondern eines, das vom Zeitgeschehen buchstäblich heimgesucht wird.

> massaker um eine handvoll reis,
> höre ich, für jeden an jedem tag
> eine handvoll reis: trommelfeuer
> auf dünnen hütten, undeutlich
> höre ich es, beim abendessen.
>
> auf den glasierten ziegeln
> höre ich reiskörner tanzen,
> eine handvoll, beim abendessen,
> reiskörner auf meinem dach:
> den ersten märzregen, deutlich.

Merke: Emigrieren führt nicht in die Idylle, selbst wenn es in die schönsten Gegenden der Welt führt. Daß Enzensberger auf einer norwegischen Insel lebt, sichert noch nicht sein Entkommen aus allen Weltzusammenhängen. Mit dem Radiogerät bleibt der Flüchtige auf Empfang. Hinzu kommen die ganz eigenen Gefahren der Abgeschiedenheit. Das Gedicht »abgelegenes haus« faßt noch einmal die norwegische Mischung aus Schrecken und Freuden der Einsamkeit zusammen:

> ich setze das wasser auf.
> ich schneide mein brot.
> unruhig drücke ich
> auf den roten knopf
> des kleinen transistors.
>
> »karibische krise ... wäscht weißer
> und weißer und weißer ...
> einsatzbereit ... stufe drei ...

that's the way i love you...
montanwerte kräftig erholt...«

ich nehme nicht das beil.
ich schlage das gerät nicht in stücke.
die stimme des schreckens
beruhigt mich, sie sagt:
wir sind noch am leben.

Man mag sich fragen, ob das Geplärr des Radios wirklich »die Stimme des Schreckens ist« oder nicht eher die Stimme der Banalität. Für solche Unschärfen entschädigt der wunderbar dräuende Schluß, der auch auf der Tonspur eines subtilen Gruselfilms guten Effekt machen würde.

das haus schweigt.
ich weiß nicht, wie man fallen stellt
und eine axt macht aus flintstein,
wenn die letzte schneide
verrostet ist.

Die Stille der Wildnis wirkt auf den Kulturanpasser Mensch bedrohlicher als alle Nachrichten von neuen Schrecken und alten Trivialitäten. Darin mag durchaus ein ironischer Selbstkommentar stecken: Der Essayist Enzensberger hat sich in den frühen sechziger Jahren als scharfzüngiger Medienkritiker etabliert, dem vom »Spiegel« bis zum Versandhauskatalog kein Gegenstand zu widrig oder zu niedrig ist. Hier nun sehen wir, wie der Medienkritiker am Rand der Wildnis die sedierende Wirkung des Radios plötzlich zu schätzen lernt.

Gegen Beschaulichkeit hält Enzensberger noch ein anderes probates Mittel bereit: die Sprache. In ausnahmslos allen Gedichten der »Blindenschrift« schlägt er einen betont nüchternen Tonfall der Beobachtung und Aufzählung an. Wie der Blinde die Schrift des Monsieur Braille abtastet, so tastet Enzensberger die Welt mit Wörtern ab.

Es sind einfache, unverstellte Wörter. Farbige Adjektive wie *bärbeißerisch, betucht* und *zwielichtig* kommen in diesen Gedichten nicht vor, erlesenes Vokabular wie *kompatibel, Louche* und *Montgolfiere* ebensowenig. Der genialische Jungdichter hat die Dreißig hinter sich gelassen. Rechtzeitig merkt er, daß man nicht immer frühreif bleiben kann und daß auch Wunderkinder das Altern nicht verpassen dürfen.

Wie ernst es Enzensberger mit seiner lyrischen Persönlichkeitswandlung ist, wie tief die Selbstirritation geht, zeigt das Gedicht »notizbuch«. Das Ich dieses Gedichtes sinnt den längst vergessenen Personen nach, die hinter den Namen in seinem abgewetzten Brevier stehen: »olga, roberto, claudine: / wer mag das gewesen sein?« Zum Schluß richtet sich der Blick auf den Sprechenden selbst. Auch seinem Namen ergeht es irgendwo auf der Welt nicht anders:

so steht der meinige, leicht
berieben, älter als ich,
in anderen büchern:

wer mag das gewesen sein?
wer immer es war,
streicht ihn aus.

*

Neben dem mißtrauisch umkreisten und umreisten Vaterland spielt der leibliche Vater in Hans Magnus Enzensbergers Werk eine wichtige Rolle – um so mehr, als sich der Dichter sonst in allen privaten Belangen sehr bedeckt hält. Etwas von dieser Diskretion zeigt sich noch in Jörg Laus Biographie, die nicht einmal die Geburtsorte und -jahrgänge der Eltern vermerkt. Immerhin ist dem Band zu entnehmen, daß Andreas Enzensberger von Beruf Ingenieur war, daß er den Rang eines Oberpostrates bekleidete und 1934 aus beruflichen Gründen der NSDAP beitrat. Zu den pöbelhaften Nazis soll dieser auf Manieren bedachte Mann freilich in großer innerer Distanz gestanden haben.

In dem Band »Kiosk« ist 1995 ein Gedicht namens »Der Geist des Vaters« enthalten, das so doppeldeutig ist wie sein Titel: Zum einen schildert es den Vater als Geistererscheinung, zum anderen reflektiert es dessen geistiges Erbe. Was ist, unter diesen Vorzeichen, dem Sohn im Gedächtnis geblieben?

> An manchen Abenden sitzt er da,
> wie früher, leicht gebückt,
> summend am Tisch
> unter der eisernen Lampe.
> Die Tuschfeder schürft
> über das Millimeterpapier.
> Ruhig zieht sie, unbeirrt,
> ihre schwarze Spur.
> Manchmal hört er mir zu,
> den schneeweißen Kopf geneigt,
> lächelt abwesend, zeichnet weiter
> an seinem wunderbaren Plan,
> den ich nicht begreifen kann,
> den er niemals vollenden wird.
> Ich höre ihn summen.

Der »wunderbare Plan« hat, wie wir bei Jörg Lau erfahren, die Verbesserung der Welt am Beispiel der Eisenbahn im Sinn. Oberpostrat Enzensberger widmet sich in den Nazijahren einem seltsamen Hobby:

> Er arbeitet, über Karten und Tabellen gebeugt, an einem Plan zur Verbesserung des Kursbuches – auch dann noch, als draußen schon die Truppentransporte und Deportationen laufen und die Gleisanlagen bombardiert werden. Abend für Abend zieht er sich an seinen Schreibtisch zurück, um den Fahrplan der Deutschen

Reichsbahn zu rationalisieren – ganz so, als habe ihm eine höhere Vernunft den Auftrag erteilt.

Eine Fotografie aus dem Jahr 1966 zeigt Andreas Enzensberger in der beschriebenen Positur: »Schneeweiß« sitzt der alte Herr am Schreibtisch, konzentriert sich auf eine Schreib- oder Rechenaufgabe und wirkt auf leicht entrückte, silbergraue Art präsent – auch eine Art von innerer Emigration. Entsprechend schwer erreichbar erscheint der Vater dem Sohn:

> Manchmal hört er mir zu,
> den schneeweißen Kopf geneigt,
> lächelt abwesend, zeichnet weiter
> an seinem wunderbaren Plan,
> den ich nicht begreifen kann (...)

Das ist freundlich und diskret gesagt, heißt aber bei Licht besehen nur, daß der Vater seinem Ältesten oft nicht zuhörte und sich – wenn auch lächelnd – von ihm abwandte. Der Sohn seinerseits steht in der Position eines Bittstellers vor dem Vater. Zwischen die beiden schiebt sich ein Nichtbegreifen: Jener lebt in einer eigenen Welt, an der er diesen nicht teilhaben läßt.

Diese Distanz bleibt offenbar lebenslang gegenwärtig. Warum sonst hätte Hans Magnus Enzensberger, zum Zeitpunkt der Gedichtveröffentlichung immerhin selbst schon über sechzig Jahre alt, eine Szene auswählen sollen, welche die Vater-Sohn-Konstellation in die Gegenwart rückt: Der Vater ist *jetzt* als Geistererscheinung anwesend, und das kann ja wohl nichts anderes heißen, als daß das unerlöste Vater-Sohn-Verhältnis fortlebt und sich jederzeit in Erinnerung rufen kann. In der Tat zieht sich eine deutliche »Vaterspur« durch Enzensbergers Werk, und in mancher Hinsicht mutet sein kritisches Verhältnis zum Vaterland wie ein Ersatzschauplatz für eine fällige Auseinandersetzung mit dem Vater an.

In seinem bereits erwähnten Roman »Was ist Was« schildert der Bruder Christian Enzensberger die Rückkehr des Vaters in den ersten Nachkriegstagen. Dabei wird deutlich, daß dessen Abgewandtheit auch eine weniger lächelnde Form als in dem Gedicht »Der Geist des Vaters« annehmen konnte.

> Wir sitzen bei unserem gewohnten stummen Abendessen aus Pellkartoffeln und Quark, als er in einer umgenähten Uniform bei uns eintritt. Er grüßt beiläufig wie immer. Mit einem Schlag kehrt die verlorengegangene Erinnerung an ihn zurück. (...) Er steht da, ruhig, sichtlich gealtert, ohne Anspruch, Vorwurf, oder auch nur Neugier. (...) Unser Jubel, unsere Umarmung, die große Wallung von Liebe und Dankbarkeit – alles nur ausgedacht.

Eine kalte, ruhige, selbstbezogene Autorität – das ist der Vater in Christian Enzensbergers Schilderung. Am lautstärksten begehrt offenbar der älteste Sohn auf: Christian Enzensberger porträtiert den fünfzehnjährigen Bruder als ungebärdigen Halbwüchsigen.

> Mitten auf der Königsstraße schreit er laut *natüür! natüür!* und kräht den Nonnen nach *kikeriki!* Wo man geht und steht, muß man sich mit ihm genieren. Er liest Dostojewski. Er poussiert mit der Helga. *Was fällt dir ein!* ruft die Mama. (...) *Ich bin fünfzehn,* antwortet er. Er liest Dostojewski. *Ist das auch was für dich?* fragt die Mama. Er schweigt. Er hilft nie beim Abspülen. *Dazu bist du dir wohl zu schade,* sagt die Mama. Er schweigt. *Eigentlich müßte man jetzt Nazisachen an die Amis verscherbeln,* sinniert er. *Was sagst du da!* schreit die Mama. *Wieso denn nicht? Bloß weil der Alte auch in der Partei gewesen ist?* – *Um Gotteswillen Kind schweig,* sagt die Mama.

Den Vater-Sohn-Konflikt, der hier kräftig aufscheint, hat Enzensberger später künstlerisch sublimiert: Das Bild vom kleinbürgerlichen Oberpostrat, der jahrzehntelang an einer niemals verwirklichten Eisenbahnreform arbeitet, taucht in den unterschiedlichsten Inkarnationen auf. Oft handelt es sich um kleine, versteckte Gesten der Anerkennung, die ihrerseits um Anerkennung nachzusuchen scheinen. Nachfolgend ein paar Beispiele.

Im Lyrikdebüt »Verteidigung der Wölfe« findet sich der HME-Klassiker »Ins Lesebuch für die Oberstufe«, beginnend mit dem berühmt gewordenen Wort: »Lies keine Oden, mein Sohn, lies die Fahrpläne: / sie sind genauer (...)«. Es folgt ein Ratschlag, wie man in Zeiten der Diktatur überlebt: »Versteh dich auf den kleinen Verrat, / die tägliche schmutzige Rettung.« Das ist die eine Seite der inneren Emigration. Doch auch »Wut und Geduld sind nötig, / in die Lungen der Macht zu blasen / den feinen tödlichen Staub (...)«. Man kann das ebenso als ambivalente Hommage an den Vater lesen wie als Selbstrechtfertigung des mit Oden befaßten Sohnes. An diesen ergeht im Gedicht die bezeichnende Bitte: »Lern unerkannt gehn, lern mehr als ich: / das Viertel wechseln, den Paß, das Gesicht.«

Das Odenmotiv taucht auch im Folgeband, »Landessprache«, auf, und wiederum wird es mit fast verächtlicher Geste abgehandelt: »oden an niemand« lautet der Titel eines Kapitels, und in dem abschließenden Langgedicht, »gewimmer und firmament«, heißt es: »schreib deine oden selber, kanallje!« Ein weiterer Kapiteltitel liefert dementsprechend »gedichte für die gedichte nicht lesen«. Bei aller zeitaktuellen Brisanz dieser Stücke läßt sich darin auch ein Stück privater Familiengeschichte mitlesen: Es ist offenbar nicht ganz einfach, als Sohn eines Fahrplanfanatikers Dichter zu werden.

Der grundsätzliche Zweifel am Wert der Dichtung läßt sich bis in die späten sechziger Jahre hinein verfolgen, als

Enzensberger – aus skeptischer Distanz – in den allgemeinen Abgesang auf die Literatur einstimmt. Der wird dann augenfälliger als anderswo in einer von ihm selbst begründeten Zeitschrift ausgetragen, dem »Kursbuch«. Der Titel des 1965 erstmals erschienenen Periodikums ist eine weitere Hommage an den Vater, dessen unvollendet gebliebenem Kursbuch der Sohn nun sein eigenes, tatsächlich existierendes entgegensetzt: Es soll noch einer sagen, Odenleser brächten es zu nichts.

Wo Vätern auf so zweischneidige Art gehuldigt wird, sind auch Ersatzväter meist nicht weit. Bei Enzensberger ist das Väterliche eng mit dem Politischen verknüpft, seine geistigen Vorfahren sucht er gern unter Revolutionären. »karl heinrich marx« ist so ein »großer Vater«, und das ihm gewidmete Porträtgedicht aus »Blindenschrift« beginnt folgerichtig mit den Worten:

> riesiger großvater
> jahvebärtig
> auf braunen daguerreotypien
> ich seh dein gesicht
> in der schlohweißen aura
> selbstherrlich   streitbar
> und die papiere im vertiko:
> metzgersrechnungen
> inauguraladressen
> steckbriefe

Ähnlich ehrfurchtgebietend und jahvebärtig figuriert später Fidel Castro im Hintergrund des Dokumentarstückes »Das Verhör von Habana« – seltsam genug, wenn man bedenkt, daß Enzensberger zu diesem Zeitpunkt bereits aus eigener Anschauung die trübe Realität der kubanischen Revolution kennt.

Unverfänglicher als die erfolgreichen Revolutionäre sind die gescheiterten Umstürzler. In seinem Montageroman »Der kurze Sommer der Anarchie« ist es Enzensberger um die gescheiterten spanischen Anarchisten des Sommers 1936 zu tun. Gegen Ende des Buches beschreibt Enzensberger, wie diese in Würde gealterten Männer im Heute des Jahres 1972 leben und denken.

> In ihren Wohnungen gibt es nichts Überflüssiges. Verschwendung und Warenfetischismus sind ihnen unbekannt. (...) Das Analphabetentum einer Szene, die sich von Comics und Rockmusik bestimmen läßt, betrachten sie ohne Verständnis. Die »sexuelle Befreiung« (...) übergehen sie mit Schweigen (...) Das sind keine kaputten Typen. Ihre physische Verfassung ist ausgezeichnet. Sie sind nicht ausgeflippt, sie sind nicht neurotisch, sie brauchen keine Drogen. (...) Die alten Männer der Revolution sind stärker als alles, was nach ihnen kam.

Das sind nun freilich wahrhaft konservative Rebellen, deren Verhältnis zu allem neumodischen Kram dem der Generation deutscher Kriegsteilnehmer verdächtig ähnelt. Im Vergleich zu dieser genießen sie allerdings den entscheidenden Vorzug, politisch unkorrumpiert zu sein.

Nach dem Flirt mit den alten Spaniern richtet sich Hans Magnus Enzensbergers Augenmerk in den achtziger Jahren wieder verstärkt auf den eigenen Vater. Andreas E. wird nun gar zum Helden eines höchst vergnüglichen Prosastückes. In seinem Essay »Zur Verteidigung der Normalität« tritt Hans Magnus Enzensberger im Jahr 1982 eben dazu an: das vermeintlich doofe Mittelmaß zu verteidigen gegen all jene, die sich durch ihre lauthals zur Schau gestellte Verachtung des Durchschnittlichen in den Ruch des Besonderen bringen wollen. Eingebaut in den Text sind Skizzen der Lebensläufe einiger Alltagshelden. Neben der Raumpflegerin Gretel S. und dem vormaligen Obergefreiten Mollenhauer finden wir dort auch einen Oberpostdirektor Thalmayr:

1957, einen Tag vor seiner Pensionierung – seine zwei Söhne aus zweiter Ehe haben inzwischen ihr Hochschulstudium abgeschlossen, und er verdient nun als Oberpostdirektor laut Besoldungsordnung DM 1720 –, eröffnet Thalmayr die Netzgruppe Cham (Oberpfalz). (...) Damit ist das letzte bayerische Ortsnetz an den Selbstwählverkehr angeschlossen. (...) Nach der Einweihung (...) gewährte Thalmayr einem Mitarbeiter des *Oberpfälzer Boten* ein Interview. Das Gespräch wandte sich auch den historischen Bedingungen seiner Arbeit zu. Auf die Frage, wie er die gesellschaftliche Bedeutung seines Projekts einschätze, antwortete Thalmayr: »Telephonieren wollen sie alle.«

So also sind sie gestrickt, die Helden nach Enzensbergers Geschmack: wortkarg und handlungsstark. Wir erkennen die Melodie, nur der Text hat sich ein wenig geändert. Man ersetze das Wort »Revolution« durch »Selbstwählverkehr«, und schon erhält man den neuen Refrain: Die alten Männer des Selbstwählverkehrs sind stärker als alles, was nach ihnen kam.

Festzuhalten bleibt, daß der ironische, bürgerliche, sich selbst in seiner Bürgerlichkeit hinterfragende Enzensberger der achtziger und neunziger Jahre näher bei sich selbst zu sein scheint als der rastlose, manchmal auch ratlose Kulturmigrant der fünfziger und sechziger Jahre. Da ist es nur angemessen, daß sich aus dem fiktiv-realen Oberpostrat Thalmayr und dem realen Andreas Enzensberger Mitte der achtziger Jahre jener pseudonyme Andreas Thalmayr amalgamiert, der in seinen bislang drei Büchern das Odenlesen und die Sprachsensibilität selbst wortvergessenen Tatmenschen schmackhaft zu machen versucht. Offenbar ist Hans Magnus Enzensberger mit Vater, Vaterland und Sohnesrolle endgültig ins reine gekommen.

*

Was aber ist denn nun von »Blindenschrift« zu halten? Sagen wir es so: Der Band bezeichnet einen Wendepunkt in der Entwicklung Hans Magnus Enzensbergers. Mit seinem dritten Gedichtband stellt er sich den Freischein für eine ambivalente Persönlichkeit aus: Was der Essayist und Citoyen wichtig findet, muß den Lyriker nicht ohne weiteres interessieren. Umgekehrt erlaubt sich der Lyriker Empfindungen, die dem enragierten Öffentlichkeitsmenschen suspekt sein müssen. Eine Rückkehr zu den Quellen der Posie?

Ja, aber auch ein Anschluß an die Weltsprache der internationalen Lyrik. In seiner Komposition und Konzeption ist dies der wohl geschlossenste Gedichtband unseres Dichters: Der doppelte Enzensberger verbündet sich mit sich selbst. Es entsteht ein Werk von einiger Kargheit und Klarheit, das sich aus der politisch aufgeheizten Atmosphäre der sechziger Jahre eigensinnig ausklinkt und gerade deshalb die vergangenen vier Jahrzehnte in bemerkenswerter Frische überstanden hat. Ich kann mir gut vorstellen, daß sich daran in den nächsten vierzig Jahren nicht viel ändern wird. Falls dann noch jemand Gedichte liest.

VIII

DAS GEWÖHNLICHE LICHT

Ach Gott, die siebziger Jahre. Wie sagte ein Dichter am Ende jenes Jahrzehnts: »Widerstandslos, im großen und ganzen, / haben sie sich selbst verschluckt, / die siebziger Jahre«. So kann man es auch sehen. Aber im großen und ganzen haben die siebziger Jahre vor allem eine Menge dessen verschluckt, was alt und schön war. Am anderen Ende herausgekommen sind dann vor allem großzügig zementierte Parkflächen und deren vertikales Pendant in Gestalt weitläufiger Parkhäuser. Nicht zu vergessen Wohnsiedlungen, die so aussehen, als sollten ihre Bewohner dort bis zur endgültigen Entsorgung zwischengeparkt werden.

Wenn Sie an einem frischen, klaren Herbsttag einen Spaziergang durch Ihre Stadt machen und dabei zum Spaß eine mentale Liste der häßlichsten Gebäude erstellen, die Ihren Weg säumen, dann stehen die Chancen gut, daß deren Baujahr an zweiter Stelle eine neun und an dritter Stelle eine sieben aufweist. Selten zuvor scheint so viel Unansehnliches errichtet worden zu sein wie in jener Dekade. Und da wir schon von Parkhäusern sprachen: Tankstellen sind natürlich ebenfalls wichtig, vor allem in Anbetracht der Spritmengen, welche die Automobile damals schluckten. Tanken wir also erst einmal voll, ehe wir fortfahren. Es wird Sie freuen, daß es dabei in den siebziger Jahren wesentlich kundenfreundlicher zuging als heute. Dienstleistung, das sei gerechterweise nicht verschwiegen, hieß damals noch nicht »Mach selber«, sondern »Sie wünschen, bitte?«. Und das ist sogar lyrisch belegt.

MEIN TANKSTELLENMANN

verkauft nicht bloß Super oder
Normal: nein er gibt sich selber
mit darein (wie es heißt im Lied
Schenkt man sich Rosen in Tirol)

Das Lächeln um den Kindermund
den alten zahnlückigen Mund
der immer etwas sabbert weil
er immer etwas gerade

gegessen und getrunken hat
ist ein Lächeln das wehrlos macht
Wehrlos kaufte ich ein Auto
weil er mir einen Vortrag hielt

der ein Gedicht war: Ein kleiner
Lastwagen sagte er, wie ein
kleiner Lastwagen sagte er
Obwohl ich keinen Lastwagen

brauchte verstand ich gleich: die Last
der Liebe sollte er tragen
unter Menschen die Liebe die
nie jemand allein tragen kann

An Liebesgedichten herrscht in der deutschsprachigen Lyrik kein Mangel. Dennoch bildet eine Liebeserklärung wie diese die Ausnahme unter ungezählten Versen über Herzschmerz und Brustlust. Ist die Sache mit dem »Tankstellenmann« überhaupt ein »richtiges« Liebesgedicht? Der äußeren Handlung nach wird hier von einem ungewöhnlichen Shopping-Erlebnis berichtet. Jemand erwirbt ein Auto, obwohl er vielleicht gar keines benötigt, jedenfalls nicht das angebotene Modell. Für die Verbraucherzentrale dürfte der Fall klar sein: Fehlkauf infolge falscher Beratung. Und warum das alles? Die Poesie ist schuld:

> Wehrlos kaufte ich ein Auto
> weil er mir einen Vortrag hielt
>
> der ein Gedicht war: Ein kleiner
> Lastwagen sagte er, wie ein
> kleiner Lastwagen sagte er

Nein, dies ist kein Liebesgedicht nach Art unserer Urgroßeltern. Amouröse Poesie im herkömmlichen Verständnis handelt von Küssen und Kosen, von Suchen und Sehnen, von Liebe und Lust, kurzum: vom Taumel der Gefühle. Bei Goethe klingt das, gekonnt vereinfacht, so...

> O Mädchen, Mädchen,
> Wie lieb ich dich!
> Wie blinkt dein Auge!
> Wie liebst du mich!

... und bei Kurt Schwitters klingt es, ironisch übersteigert, so:

> O du, Geliebte meiner siebenundzwanzig Sinne, ich liebe dir. Du deiner dich dir, ich dir, du mir.
> Wir?

Den Dichtern des zwanzigsten Jahrhunderts ist solcher Überschwang zunehmend abhanden gekommen. Was bei Schwitters in der Parodie noch einmal ausgelassenes Eigenleben gewinnt, verkehrt sich in den Jahrzehnten nach dem Zweiten Weltkrieg in sein Gegenteil: Nüchternheit und Skepsis nehmen zu, wie hier bei Günter Grass:

In unserem Museum – wir besuchen es jeden Sonntag –
hat man eine neue Abteilung eröffnet.
Unsere abgetriebenen Kinder, blasse, ernsthafte Embryos,
sitzen dort in schlichten Gläsern
und sorgen sich um die Zukunft ihrer Eltern.

Vollends die sogenannte »Neue Subjektivität« der siebziger Jahre verabschiedet das Liebevolle und Liebestolle aus ihren Gedichten und bedenkt den Leser statt dessen mit problematischen Beziehungskisten: Statt überschwenglicher Anrufungen gibt es nun verquälte Selbstanklagen und griesgrämige Partnerbeschuldigungen. Auch die Männerwelt bekommt endlich einmal ihr Fett weg – bei Karin Kiwus sogar im wahrsten Sinne des Wortes:

> (...)
> und wenn ich dann im ersten Licht
>   deinen fetten Arsch sehe
>   deinen Arsch
>   verstehst du
>   deinen trüben verstimmten ausgeleierten Arsch
> dann weiß ich wieder
>   daß ich dich nicht liebe
>   wirklich
>   daß ich dich einfach nicht liebe.

Nicht nur thematisch, auch formal macht sich die neue Nüchternheit allerorten bemerkbar. Anstelle von Reimen und schwungvoller Metrik bevorzugen die Dichter nun eine prosanahe Diktion, die in oft willkürlich wirkenden Zeilenbrüchen über das Blatt flattert. Trübe, verstimmte, ausgeleierte Verse, die sich zur Liebeslyrik vergangener Jahrhunderte wie ein Parkhaus zu einem reich ornamentierten Barockpalais verhalten.

Man kann der Nüchternheit aber auch positive Seiten abgewinnen: Dem kulturellen Konstrukt »Liebe« halten die Dichter der siebziger Jahre die Realität des täglichen

Zusammenlebens entgegen. Da sind sie zwar beileibe nicht die ersten, aber der nörgelige Tonfall schreibt doch an einer allfälligen Korrektur weiter: Er soll der Liebe die Formelhaftigkeit austreiben, die ihr bei den Dichtern alter Tage oft anhaftete. Zum Glück ist Nüchternheit nicht alles. Es gibt auch noch das verkappte Pathos jener coolen Nostalgiker, die sich der Rockmusik ebenso nahe fühlen wie den Traditionen der Dichtkunst. Wolf Wondratschek etwa trifft mit seinen songhaften Gedichten diesen Ton der Zeit oder zumindest den inneren Soundtrack vieler zeitgenössischer Leser. Der Film zum Gedicht ist, wenn wir Wondratschek richtig verstanden haben, ein *road movie:*

> Wir waren ruhig,
> hockten in den alten Autos,
> drehten am Radio
> und suchten die Straße
> nach Süden.

Da klingt auch behutsame Skepsis gegenüber Fernweh und Nostalgie an. Ob die Straße in den Süden gefunden wird, ist fraglich, und ob die Autos überhaupt fahrtüchtig sind, wird auch nicht gesagt. Das muß nicht in den siebziger, das kann auch in den fünfziger Jahren passiert sein. Die vierte Strophe von »In den Autos« scheint aber – zumindest in westdeutschen Zusammenhängen – deutlich auf die sechziger und siebziger Jahre zu verweisen:

> Einige verliebten sich,
> wo doch feststeht, daß ein Leben
> keine Privatsache darstellt.

Hier scheint unverkennbar Ironie durch: So fest, wie die Wortwahl uns glauben machen will, steht die Kollektivierung des Individuellen für Wondratschek wohl nicht. Dichter sind Einzelgänger, selbst wenn sie scheinbar dem

Zeitgeist aus der Seele reden. Die Dichter der siebziger Jahre suchten, nach den politisierten und kunstfeindlichen Sechzigern, auch so etwas wie eine eigene Stimme im Kollektiv.

Harald Hartung, der Verfasser unseres eingangs zitierten Gedichtes »Mein Tankstellenmann«, schlägt in dem seltsamen Jahrzehnt zwischen Ende der sechziger Jahre und Anfang der achtziger einen anderen Ton an. Trotzdem sind seine Gedichte nicht zeitenthoben. Sie verhalten sich, um mit einem damaligen Lieblingswort zu sprechen, »dialektisch« zu den Strömungen jener Jahre. Vordergründig ist Hartungs Verhältnis zu den Dichtern der »Neuen Subjektivität« allerdings von Skepsis geprägt. In einem Aufsatz aus dem Jahr 1978 bezeichnet er deren Art des Schreibens als »eindimensionale Poesie« und fährt dann fort:

> Die neue Lust der Literaten ist die an der Theorielosigkeit – was nicht hindert, daß das Fehlen von Theorie des langen und breiten beredet wird. (...) Theorien können befragt, geprüft werden, aber eine Sensibilität, die sich für neu hält, verweist Einsprüche allzu leicht ins Abseits, in den Schmollwinkel derer, die die falsche Kleidung tragen oder einfach zu alt sind.

Das mag auch eine Botschaft aus dem Schmollwinkel sein: Hartung, 1932 geboren, ist rund zehn Jahre älter als prägende Lyriker der siebziger Jahre wie Rolf Dieter Brinkmann, Wolf Wondratschek oder Karin Kiwus. Zehn Jahre – das ist weniger als die Hälfte des normalen Generationszyklus und macht doch den ganzen Unterschied zwischen der Pimpfengeneration und der Nachkriegsgeneration aus. Während die Jüngeren sich schuldfrei und gegenüber der Geschichte sozusagen allzeit im Recht wähnen konnten, haben die Älteren die Versuchungen der Diktatur noch am eigenen Leib erfahren. Auch das Bewußtsein von der Endlichkeit vermeintlich tausendjähriger Reiche hat sich den heute Siebzig- bis Achtzigjährigen frühzeitig eingeprägt.

Subjektivität ist für Hartung nichts, was nach der Gleichmacherei der heftig politisierenden sechziger Jahre erst mühsam wiedergewonnen werden müßte. Scheinbar unangefochten geht er seinen eigenen Weg. Aber es gibt auch Übereinstimmungen mit den Lyrikern der »Neuen Subjektivität«. Der Alltag etwa ist für Hartung eine wichtige Quelle der Anregung. Der Titel seines dritten Gedichtbandes bringt das lapidar zum Ausdruck: »Das gewöhnliche Licht«. Wenn wir hier beim Lyrik-TÜV den Titel recht zu lesen wissen, will Hartung seinen Blick von nostalgischer Verklärung ebenso freihalten wie von ideologischer Verbrämung.

Im gewöhnlichen Licht zeigen sich die Dinge ohne falsche Überhöhung. Der Titel des Folgebandes »Augenzeit«, in dem 1978 auch »Mein Tankstellenmann« enthalten ist, erweitert dieses Programm. Ich weiß zwar nicht recht, was eine »Augenzeit« ist, aber mir gefällt die Idee, daß es so etwas gibt. Irgendwann zwischen Brotzeit und Auszeit wird die Augenzeit fällig. Kinder, Hände waschen, es ist Augenzeit! Seid doch mal still, wir haben gerade Augenzeit! Eine Augenzeit, so stelle ich mir vor, das ist keine Sprechstunde, sondern eine Periode der Ruhe: Wer genau hinschaut, plappert nicht. »Augenzeit« als Titel eines Gedichtbandes ist deshalb auch ein Plädoyer für die Stille in Gedichten. Zwischen den Zeilen ist genug Luft zum Atmen, und in den Wahrnehmungen des Dichters bleibt ausreichend Platz für den Leser.

Es paßt deshalb, daß unser Lyriker bei aller Schärfe des Hinschens keinen kühl-sezierenden, sondern einen anteilnehmenden Blick pflegt. Das wird deutlich, wenn man »Mein Tankstellenmann« mit Wondratscheks »In den Autos« vergleicht. In beiden Gedichten geht es um Autos und um Liebe. Aber bei aller Gemeinsamkeit im großen Ganzen – was für ein Unterschied im Detail.

Während Wondratschek eine nostalgische »Wir«-Erfahrung mit leiser Ironie umkreist, erzählt Hartung eine persönliche Anekdote. Sein Titelheld vertritt keinen Typus, und er repräsentiert auch keine soziale Schicht. Schon die offene Bezeichnung »Tankstellenmann« wirkt solchen vorschnellen Verortungen entgegen.

Wo das Typische in den Hintergrund rückt, zeichnet sich der Einzelne in seiner Einzigartigkeit um so deutlicher ab. Gerade das Widersprüchliche, aus dem Rahmen Fallende des Porträtierten rührt den Betrachter und macht ihn, wie es heißt, »wehrlos«. Daß der Tankstellenmann »immer etwas sabbert«, ändert nichts an der Überzeugungskraft seiner Rede. Im Gegenteil, erst der Mangel an Perfektion überzeugt den potentiellen Käufer. Andere Menschen mit ihren Schwächen wahrzunehmen und sich gerade davon berühren zu lassen, das ist ein Merkmal von Menschlichkeit. Mitmenschlichkeit wiederum ist eine Voraussetzung für Nächstenliebe – jener Liebe also, die ohne die Überhöhungen der klassischen Poesie und ohne die Idealisierung des anderen Menschen auskommt. Anders als die meisten Lyriker der Gegenwart geht Harald Hartung zudem nicht davon aus, daß Blickschärfe mit besonders scharf formulierten Invektiven einhergehen muß. Das macht ihn zu einer Ausnahmeerscheinung unter seinen Zunftgenossen, die das Äußere oft für die Produktinformation des Inneren zu halten scheinen.

So kann es zwar überraschen, aber letztlich nicht verwundern, daß »Mein Tankstellenmann« mit einer kleinen Liebeserklärung endet – einer Liebeserklärung, die vielleicht eine der ungewöhnlichsten und schönsten in der Lyrik jener seltsamen Jahre ist:

(...) Ein kleiner
Lastwagen sagte er, wie ein
kleiner Lastwagen sagte er
Obwohl ich keinen Lastwagen

brauchte verstand ich gleich: die Last
der Liebe sollte er tragen
unter Menschen die Liebe die
nie jemand allein tragen kann

Schauen wir also, ob Harald Hartung das gewöhnliche Licht immer so gut eingefangen hat wie in diesem Gedicht.

*

In den vergangenen sechs Kapiteln haben wir uns – von Rilke bis Rühmkorf, von George bis Enzensberger – mit sehr bekannten Büchern beschäftigt. Heute nun wollen wir eine andere Kategorie von Berühmtheit in Augenschein nehmen. Den vorenthaltenen Ruhm? Den überfälligen? Sagen wir lieber: den bescheidenen.

»Das gewöhnliche Licht« ist ein Geheimtip. So geheim, daß die Erstausgabe des Bandes bis vor wenigen Jahren noch im Buchhandel lieferbar war – immerhin ein Vierteljahrhundert nach ihrem Erscheinen. Schon die Gestaltung des Buches richtet sich unverkennbar an die »happy few« der Sammler und Lyrikliebhaber: lecker Bleisatz, englische Broschur, Bindung von Doppelblättern. Auch der Umfang deutet auf hohen Anspruch. Enthalten sind gerade mal fünfundzwanzig Gedichte auf vierundvierzig Seiten, ein schmales Buch selbst für die Verhältnisse von Lyrikbänden. Solch elitären Gesten zum Trotz kann man Hartung keinen Unbekannten nennen. Als Lyrikkritiker der »Frankfurter Allgemeinen Zeitung« und als Herausgeber einflußreicher Gedichtanthologien ist er jedem ein Begriff, der sich hierzulande ernsthaft für die Poesie der Moderne interessiert. Hinzu kommt seine jahrzehntelange Tätigkeit als Literaturprofessor an der Berliner TU.

Was ja vielleicht schon ein Teil des Problems ist. Einer, der – wie Hartung – Kritiker, Lyriker und Literaturwissenschaftler zugleich ist, wird schnell zum schreibenden Professor gestempelt – ein Mußedichter, kein Musensohn –, und manchem Kritiker scheint die Kenntnis des Werdegangs die genaue Lektüre der Gedichte zu ersetzen. Folgende Sätze schrieb vor einigen Jahren ein Rezensent namens Thomas Poiss, und das ausgerechnet in Hartungs Hausblatt, der FAZ:

> Man könnte glauben, Mainstream-Lyrik zu lesen, die das Leben westdeutscher Intelligenz seit den achtziger Jahren im kunstvollen Zeilenbruch reflektiert: Gartenidylle mit Igel, Ferienhaus in Umbrien, Reisen in die Vereinigten Staaten, nach Paris, nach Rom. Dazwischen irgendwann der Fall der Mauer (...), bis dann der Golfkrieg noch einmal ein wenig schaudern läßt. Als das gravierendste Ereignis heftet sich die Einschläferung des Hundes ins Gedächtnis. Wäre es Prosa, hielte man den denkbar melancholischen Rückblick auf kindlich geborgenes Glück im sechsten Lebensjahrzehnt eines erfolgreichen Literaturprofessors und Kritikers in Händen.

Unser heutiger Proband gilt diesem Rezensenten offenbar als Vertreter eines intellektuellen Jet-sets, dem selbst Kriege allenfalls einen kurzen Kitzel zwischen zwei luxuriösen Ferienreisen bescheren können. Es fällt nicht ganz leicht, diese Aussagen mit dem unprätentiösen Gedicht vom Tankstellenmann in Einklang zu bringen. Eines allerdings stimmt daran: Hartung thematisiert lieber die kleinen Erscheinungen des Lebens, als ewige Wahrheiten und hehre Ideale zu verkünden.

Was keineswegs einen Verzicht auf große Stoffe bedeuten muß. Die Kardinalthemen der Literatur kommen bei Hartung durchaus vor, nur spiegeln sie sich in alltäglichen Ereignissen wider: Für die Liebe ist der Tankstellenmann zuständig und für den Tod, da hat der Herr Poiss ganz richtig gelesen, ein Hund. Ein Hund namens

Oskar, um genau zu sein, wie dem Gedicht »Wie eine Korrektur« zu entnehmen ist:

> Seit Wochen Schnee, wie eine Korrektur
> der Welt. Weiß füllt die Zeilen füllt das Blatt
> Für Stunden Weiß, dann bellt ein Hund. Kein Hund
> im Kopf, ein Hund dort auf der Straße
> Doch keiner bellt zurück, die Wohnung bleibt
> still. Keiner bellt das heißt doch Oskar bellt
> Also er bellt er bellt in mir er ist!
> Vielleicht bloß ein Reflex, Gehirnstrom vor
> dem Tod. Die Ärztin: *Etwas zuckt er schon*
> *das hat nichts zu besagen.* Weiße Ärztin
>
> (...) Und wirklich:
> es zuckte über seiner Stirn, nur kurz
> Und seine Augen standen weiter offen
> so feucht und so lebendig
> Wir gingen fort bei soviel totem Leben

Das ist, bei aller Privatheit bis hin zum Namen des verstorbenen Haustieres, keine persönliche Mitteilung aus saturierten Wohlstandswelten, sondern eine präzise Studie darüber, wie der Tod eines geliebten Wesens in unserer Erinnerung Platz nimmt und fortan unsere Wahrnehmung beeinflußt. Hartung vermeidet leicht zu habende Rührseligkeit ebenso wie das Pathos der Kälte. Gerade deshalb ermöglicht er dem Leser etwas viel Heikleres: diskrete Anteilnahme. Im Schein des gewöhnlichen Lichts, so könnte man sagen, entfaltet sich eine Schönheit ganz eigener Art.

*

»Muß man nicht bei der Ratlosigkeit anfangen?« So lautet die erste Zeile eines Gedichts in dem Band »Das gewöhnliche Licht«. »Muß man nicht bei der Ratlosigkeit anfangen?« – diese Frage könnte im Grunde als Überschrift über jedem der sieben schmalen Bände stehen, die bislang Harald Hartungs lyrisches Gesamtwerk bilden. Schon die Formulierung ist nicht ohne Hintersinn: Daß die Ratlosigkeit in Frageform artikuliert wird, daß sie also ihrerseits mit einer gewissen Ratlosigkeit vorgetragen wird, paßt gut zu einem Lyriker, der in seinen Gedichten keine vorgefertigten Gewißheiten verbreiten will, sondern die schöne Verskunst als Mittel zur Selbsterkundung und zur Welterkundung betreibt.

Dennoch geht das fragliche Gedicht keineswegs unschlüssig, sondern durchaus munter weiter. Es folgt die ironische Schilderung eines Milieus, als dessen Vertreter jener Rezensent der FAZ unseren »erfolgreichen Literaturprofessor und Kritiker« so schnell verorten zu können glaubte.

> Muß man nicht bei der Ratlosigkeit
> anfangen?
>   In der Altbauwohnung
> in den hohen Räumen vor Bücher-
> wänden haben sie alle wieder
> Walzer getanzt, den Kaiserwalzer
> den Frühlingsstimmenwalzer. An den
> Stellen mit dem Vogelgezwitscher
> haben die Leser Benjamins und
> Foucaults alle mitgezwitschert und
> Katrin S war kaum zur Tür herein
> da erklärte sie schon sie habe
> ihre Identität verloren
> (nur weil sie 10 Pfund abgenommen
> und eine neue Frisur hatte).
> Als dann spät nach der Vorstellung noch
> die Schaubühnenleute kamen, war
> die Situation wieder deutlich
> Sie kamen von einer wirklichen
> Bühne und Bruno Ganz trug nur weil
> er es morgen brauchte das Bärtchen

Das ist vielleicht nicht mit bösem, aber doch mit befremdetem Blick gesehen. Man fühlt sich ein bißchen an Hans Magnus Enzensbergers giftige Schilderungen des linken Intellektuellenmilieus erinnert. Hartung hat zwar, was den Giftgehalt angeht, die Dosis erheblich verringert, dennoch wird deutlich, daß von fragloser Zugehörigkeit zu einer selbstgefälligen Kulturschickeria nicht die Rede sein kann. Der Held dieses Gedichtes ist als Gast auf die geschilderte Party geladen, aber er bleibt doch ein Zaungast. Verwundert beobachtet er den Mangel an Ratlosigkeit bei Menschen, die für scheinbar alles eine wortreiche Erklärung haben und deren Eloquenz bis zur Unverantwortlichkeit gegenüber der Sprache reicht. Die Schauspieler der Schaubühne erscheinen in diesem Umfeld als erfreulich authentische Figuren. Im Gegensatz zu den Verstellungskünsten der »Leser Benjamins und Foucaults« sind ihre Verkleidungen und ihre Art des Rollenspiels Zeichen des Einklangs mit sich selbst.

Nicht immer stellt Hartung seine Skepsis mit soviel spöttischer Heiterkeit zur Schau. Ein anderes Gedicht aus »Das gewöhnliche Licht« offenbart – bei aller Gelassenheit im Tonfall – eine prekäre Distanz zur eigenen bürgerlichen Existenz. Geschildert wird ein Stilleben mit Familie. Hartung hat für dieses pastorale Idyll die griechische Bezeichnung für Schäfergedichte gewählt: Ekloge.

> Ich habe euch fortgeschickt
> um euch genauer zu sehn
> Nun sehe ich euch
> eine kleine Herde oder
> das ist schon zuviel
>
> eine Gruppe ein Bildchen
> ein Stück weg von der Straße
> auf einer Lichtung
> im langmähnigen trocknen Gras
> dich und die Kinder

> essen spielen und ruhen
> ich kann es mir aussuchen
> ein deutliches Bild
> Nun tu ich den Baum hinzu den
> Lukas-Cranach-Baum
>
> vergesse die Engel nicht
> die kleine Vögel aus den
> Nestern stehlen für
> die Madonna: da fällts mir schwer
> euch zu erkennen.
>
> Kein Zweifel die Blätter die
> da zu Boden flattern sind
> alle verschieden
> so wie keine denkbare Welt
> einer andern gleicht.

Schauen wir uns das Stück etwas genauer an. Was geschieht hier? Der reale Anlaß für die Überlegungen des lyrischen Helden könnte das Aufnehmen einer Fotografie sein – ein Schnappschuß für das Familienalbum:

> Ich habe euch fortgeschickt
> um euch genauer zu sehn

Doch durch die Entfernung verändert sich der Blick des Betrachters: Die Familie wird nun nicht mehr als der eigene Lebensmittelpunkt wahrgenommen, sondern als pittoresker Teil der titelgebenden Schäferszene.

> Nun sehe ich euch
> eine kleine Herde oder
> das ist schon zuviel
>
> eine Gruppe ein Bildchen
> ein Stück weg von der Straße

Der Betrachter hat sich sozusagen aus seiner bürgerlichen Mitte entfernt. Das gibt ihm zunächst unvermutete Macht über seine Lebensverhältnisse. Frau und Kinder scheinen auf einmal nach Belieben lenkbar:

> essen spielen und ruhen
> ich kann es mir aussuchen
> ein deutliches Bild

Doch dann passiert etwas Überraschendes. In dem Maß, wie die Familie nebensächlich wird, rückt das Drumherum in den Vordergrund. Aus dem knipsenden Familienvater wird ein Maler, der sich zunehmend in den Details seines Bildes verliert:

> Nun tu ich den Baum hinzu den
> Lukas-Cranach-Baum
>
> vergesse die Engel nicht
> die kleine Vögel aus den
> Nestern stehlen für
> die Madonna: da fällts mir schwer
> euch zu erkennen.

Was der Kunst dient, dürfte im realen Familienleben eher stören. Hartungs Gedicht ist nur scheinbar eine Idylle; in Wahrheit thematisiert es eine innere Fluchtbewegung.

In gewisser Weise ist die Wahrnehmung des Dichters also eine gestörte Wahrnehmung: Nicht nur auf den Partys der Kulturbourgeoisie, auch im eigenen Leben bleibt so ein Mensch stets Zaungast. Und Prof. Dichter Hartung, der vermeintliche Wohlstandspoet, entpuppt sich hinterrücks doch noch als jene randständige Existenz, die das deutsche Feuilleton an unseren Literaten so sehr schätzt. Wer den Alltag immer wieder schildern muß, um sich seiner zu vergewissern, der glaubt letztlich nicht daran, daß es etwas Alltägliches wirklich gibt. Er lebt in einem dauernden Ausnahmezustand. Natürlich ist diese Art von übermäßig geschärfter Wahrnehmung nicht allein Hartungs Spezialität, sondern ein über allerlei Zeit- und

Landesgrenzen hinweg verbreitetes Symptom unter Lyrikern. So schreibt der amerikanische Lyriker Charles Simic in einem Essay mit dem Titel »Poesie und Erfahrung«:

> Spätestens seit Emerson und Whitman gibt es einen Kult der Erfahrung in der amerikanischen Lyrik. Unsere Dichter sagen, genau betrachtet, letztlich immer wieder: »Das ist es, was mir widerfuhr. Das ist es, was ich sah und fühlte.« Die Wahrheit ist, wie zu bekräftigen sie niemals müde werden, nicht etwas, das in der Welt bereits existiert, sondern etwas, das beinahe täglich aufs Neue entdeckt werden muß.

Interessant, wie schnell Simic vom Begriff der »Erfahrung« zur Kategorie der »Wahrheit« gelangt. Es scheint, als gäbe es für die Dichter der Moderne so etwas wie ein fragloses In-der-Welt-Sein nicht mehr. Erst im Gedicht gewinnt die äußere Realität, also die erlebte Welt, für sie erfahrbaren Wahrheitscharakter. Umgekehrt soll das Gedicht der Realität gegenüber haftbar bleiben. Wie wichtig diese künstlerische Wahrhaftigkeit für Harald Hartung ist, zeigen seine »Notizen im Glashaus« aus dem Jahr 1984. Hartung macht in diesem Essay einen anderen Lyriker aus der angelsächsischen Welt zum Kronzeugen seiner Ästhetik, und auch hier figuriert der Begriff »Wahrheit« an prominenter Stelle. Er schreibt:

> Lyrik kann eine nüchterne Wahrheit haben. Der englische Lyriker Philip Larkin hat sein Festhalten an dieser Wahrheit einmal so begründet: »Ich glaube, ich versuche immer, die Wahrheit zu schreiben, und würde kein Gedicht schreiben wollen, daß ich ein anderer bin als der, der ich bin ... Nehmen Sie zum Beispiel Liebesgedichte. Ich würde es als falsch empfinden, ein Gedicht zu schreiben, das vor Liebe für irgend jemand überschäumt, wenn man nicht gleichzeitig die angedichtete Person heiratet und mit ihr einen Hausstand gründet.«

Ein schönes Zitat, aber stimmt es auch? Hartungs Gedicht vom knipsenden Familienvater hat ja eindrucksvoll gezeigt, wie schnell im distanzierten Blick des Künstlers auf die äußere Realität eine eigene, fiktionale Kunstwirklichkeit samt Lucas-Cranach-Baum und Puttendekor entsteht. Ob aber ausgerechnet die Poesie als Heilmittel taugt? Gedichte sind janusköpfig: Wie sehr auch immer sie sich der Realität verpflichtet fühlen mögen, so fiktionalisieren sie diese doch auch. Und der Dichter wird ein weiteres Mal aus dem Paradies der unverstellten Wahrnehmung vertrieben, hinein in eine prekäre Künstlerexistenz.

Harald Hartung ist sich dieses inneren Widerspruchs durchaus bewußt. Die Kluft zwischen Bild und Abbild, zwischen den Ansprüchen des Lebens und denen der Fiktion ist eines der Hauptmotive seiner Lyrik. Er hat sie, in seiner Freizeit selbst ein talentierter Maler, vorzugsweise am Beispiel der Bildenden Kunst abgehandelt. Unter dem Titel »Mit vierzig« hat sich Hartung am Ende des Gedichtbandes »Das gewöhnliche Licht« so ein Porträt nicht gemalt, sondern erschrieben. Und wieder beginnt unser Dichter bei der Ratlosigkeit – also mit Fragen. Diesmal endet das Gedicht mit dem störenden Einbruch des Lebens in die Kunst.

> Ein Maler, wie ist das, wenn er sein Bild übermalt?
> Ist er zufrieden, trauert er dem Versunknen nach?
>
> Er weiß daß die obere Schicht näher am Licht ist,
> verloren ist seine kunstlosere Verzweiflung.
>
> Irgendwo ist der alte Grund noch zu sehen: die Haut
> ist hier so dünn daß Gefühl eindringt, ein schöner Schmerz.
>
> Das *Selbstbildnis mit 40* wird heute nicht fertig,
> heut schabt der Maler den Farbrest fort unterm Nagel
>
> wäscht sich und überläßt der Luft die Lasur (so weit
> war ich vor drei Jahren, jetzt stimmt der Titel nicht mehr).

Die lebendige Kunst, wie realistisch sie sich auch gebärden mag, behauptet ihr Recht gegenüber dem kunstlosen Leben. Umgekehrt funkt das Leben störend in die Vollendung des Kunstwerkes hinein. Wenn der Transfer gelingt und Natur sich in Kultur verwandelt, ist das keine schöngeistige Angelegenheit, sondern etwas durchaus Grausames, das Resultat eines kaltblütigen Mordes, wie hier in »Chinoiserie«, einem späteren Gedicht Hartungs:

> Chinesen sagt man sehen
> sich gern Krokodile an
> Ich verbürge mich nicht doch
>
> klingt es plausibel. Die Alten
> liegen aufeinander
> die Jungen sperren mächtig
>
> die Mäuler auf. Wir aber
> sehen lieber das Rasenstück
> und den Dürerhasen
> dem es mundet bis er am
> Haken hängt ein Stückchen Kunst

*

Einen wichtigen Aspekt des Bandes »Das gewöhnliche Licht« haben wir bislang noch gar nicht berücksichtigt – ich meine die Form dieser Gedichte. Wer sie nur hört, anstatt sie zu lesen, könnte womöglich meinen, es mit jenem Parlandostil zu tun zu haben, der in der Lyrik der siebziger Jahre so machtvoll im Schwange war. Das ist aber keineswegs der Fall, wie schon die äußere Gestalt des »Tankstellenmanns« und der »Ekloge« ahnen läßt. »Mein Tankstellenmann« besteht ja aus fünf Strophen, die sich ihrerseits aus jeweils vier Versen zusammensetzen. Obwohl vermutlich selbst ein geschulter Hörer nicht darauf käme, besitzt das Gedicht also die äußere Form eines Volksliedes.

Reime wie einst bei Herrn von Eichendorff finden wir hier freilich ebensowenig wie ein festes Metrum. Und doch folgt das Gedicht einer gut versteckten Systematik. Man muß schon sehr genau hinschauen, um sie zu erkennen. Siehe da: Jede der zwanzig Zeilen hat exakt acht Silben, keine mehr und keine weniger. Ähnlich verhält es sich mit dem Gedicht von der Ratlosigkeit, nur daß es dort neun Silben pro Zeile sind und eine Unterteilung in Strophen nicht existiert. Im Selbstbildnis »Mit vierzig« fügen sich jeweils dreizehn Silben zu einem Vers. Kein Zweifel, der Eigensinn hat Methode. Aber wer zählt schon Silben beim Gedichtelesen. Können uns diese »geheimen« Formen in Hartungs Gedichten nicht gleichgültig sein?

Uns vielleicht; dem Autor aber nicht. Und als Voraussetzungen für den schöpferischen Prozeß werden Hartungs »geheime« Formen auch für uns Leser wieder interessant. Hören wir, was er selbst dazu sagt:

> Ich möchte sprechen, nicht singen. Mich interessiert der Punkt, an dem Prosa in Poesie übergeht. Das geschieht durch kleinere oder größere Veränderungen, Verdrehungen, wenn man will, Verspannungen, Torsionen, etwa schon dadurch, daß ich einen Prosasatz zeilenweise breche (...). Der Prosasatz, er läuft ja ungebrochen, unaufhaltsam auf sein Ziel zu. Ich glaube nicht an Ziele, ich raube ihm seinen Zielcharakter, indem ich zögere, umwende, abbreche, wie wir es auch im Sprechen tun. (...) Im Verändern und Umwenden bildet sich ein neuer Gegenstand, ein mir fremder, neuer. Beim Schreiben – so hat jemand gesagt – erfahre ich etwas, von dem ich nicht wußte, daß ich es wußte.

Schreiben als *Form* der Selbsterkundung – auch das ist eine Art, mit Formen umzugehen. Kein Wunder, daß die meisten Gedichte Hartungs autobiographisch geprägt sind: Das Eigene, Selbsterlebte ist für ihn die beste Möglichkeit, vorgestanzten Perspektiven zu entkommen und eine eigene Stimme zu entwickeln – vorausgesetzt, man hat zuvor seine Hausaufgaben gemacht.

> Wer schreibt, schreibt erst einmal ab. Er bezieht sich auf Vorformuliertes, arbeitet mit Versatzstücken, kurz: er folgt einer Tradition. Wer sich unabhängig dünkt, erliegt ihr um so eher.

Ein Merksatz für das Album aller selbsternannten lyrischen Originalgenies, die ignorieren, daß das »Abschreiben« ein wichtiger erster Entwicklungsschritt ist. Man muß nach diesem Schritt weitergehen, doch wer ihn überspringt, kommt nicht weit.

> Später begreift man, daß man damit nur das Gröbste, das Äußerlichste gelernt hat – genau das, das einen als Epigonen ausweist. An diesem Punkt geben viele auf. Wer dennoch weitermacht, fragt nach dem Eigenen hinter all den fingerfertigen Etüden. Hinter der dicken Milchglasscheibe der Sprache bewegt sich manchmal ein Schemen. Das bin ich. Bin ich das?

Hier begegnet uns das Motiv der Wahrhaftigkeit wieder, von dem schon im Zusammenhang mit Philip Larkin die Rede war. Wollen wir Harald Hartung Glauben schenken, dann ist ein »ehrlicher« Umgang mit sich selbst und dem eigenen Erlebnismaterial Voraussetzung für gute Gedichte. Es klingt fast ein bißchen pathetisch, wie Hartung die lyrische Parthenogenese schildert:

> Ich will noch werden. Ich: der eigene Lebensstoff, die Kindheit, die Liebe, die Ehe, die Umwelt. Die Probleme, die man bisher literarisierte, versifizierte, waren Scheinprobleme, Vorwände (...). Aber irgendwann kommt man mit dieser Larve nicht mehr weiter – ist

das nicht der Augenblick, in dem das Gesicht hinter der Maske sich zu erkennen geben will?

Nicht umsonst wird die Vermutung als Frage formuliert. Man darf sie durchaus verneinen: Hartung erörtert hier nur eine Möglichkeit, Lyrik zu schreiben. Zum Reiz von Literatur kann selbstverständlich auch beitragen, daß man sich vergnügt hinter den Masken der Tradition versteckt und kokett mit den Larven der Phantasie hantiert.

Insgeheim weiß Hartung das; warum sonst sollte er so großen Wert auf formale Aspekte legen. Formen schaffen Distanz zum amorphen Seelenleben, das kann unserem Probanden nicht verborgen geblieben sein. Er behauptet zwar, daß die formale Gestaltung der Sprache »ihren Zielcharakter« raube, aber ich werde den Verdacht nicht los, daß die Lust an der Sprache für diesen Dichter ein sehr klar umrissenes Ziel hat: das Unerfreuliche durch formale Symmetrie zu erhöhen und zu bändigen. So sind seine Gedichte oft kleine, wohleingerichtete Maschinen zur Aufbewahrung und Systematisierung quälender Erinnerungen. Ein bürgerliches Ich beleuchtet seine außerbürgerlichen Persönlichkeitsfacetten und verwandelt das Unbehagen an sich selbst in reulosen Selbstgenuß.

In einem Punkt allerdings dürfte es schwer sein, Hartung zu widersprechen: Wer sich selbst nicht kennt, der hat ungleich weniger zu bieten als jemand, der weiß, wie der Hase läuft. Nicht immer muß das der Hase der Kunst sein, manchmal ist es auch der Hase der Philosophie, der im Gedicht triumphiert:

Auf den Äckern von O.
sah ich wie der Hase lief
Haken schlagend wie Hegel
aus Angst vor dem Pfeffer
aber lebendig.

*

Wenn das »Ich« hinter der Maske für Harald Hartung so wichtig ist, dann sollten wir auch einen Blick auf seine Biographie werfen. Wie immer interessieren uns beim Lyrik-TÜV dabei vor allem die prägenden Jahre der Kindheit.

Harald Hartung ist in kleinbürgerlich-proletarischen Verhältnissen groß geworden. Der Vater stammt aus dem Landkreis Allenstein in Ostpreußen, die Mutter aus der Gegend um Posen. Um ihre bescheidenen Lebensverhältnisse zu verbessern, sind beider Familien ins Ruhrgebiet übergesiedelt. Dort lernen sich die Eltern Mitte der zwanziger Jahre kennen. Vater Richard Hartung, ursprünglich ein Landarbeiter, verfügt über keinerlei abgeschlossene Berufsausbildung. Im Ruhrgebiet verdingt er sich zunächst als Bergmann; nach dem Krieg ist er als Werftarbeiter und in einer Vielzahl ähnlicher Knochenjobs tätig.

Als Harald Hartung im Jahr 1932 in Herne zur Welt kommt, sind die Eltern Mitte Zwanzig. Sie kennen sich seit rund sechs Jahren und haben vier Jahre zuvor geheiratet. Erstaunlicherweise ist ihr erstes Kind trotzdem kein Wunschkind. Die Mutter beklagt sich lebenslang über die Beschwernisse der Geburt, und Harald bleibt – ein bemerkenswerter Ausnahmefall in der damaligen Zeit – das einzige Kind seiner Eltern. Die dreiköpfige Familie lebt zunächst recht beengt in einer Zweizimmerwohnung – noch als Sechsjähriger schläft der Sohn aus Platzmangel im elterlichen Schlafzimmer. Er ist ein stilles und schüchternes Kind, das oft stundenlang mit seinem Brummkreisel spielt und sich damit in eine Art Trance versetzt – fast autistisch, wie Harald Hartung heute sagt.

Das Gedicht »Sommertag, dreißiger Jahre« schildert diese Zeit auf eindrückliche Weise. Es entstammt dem Band »Langsamer träumen«, der im Jahr 2002 zum siebzigsten Geburtstag des Dichters erschien. Anders als in »Das gewöhnliche Licht« zieht Hartung in diesem Buch die klassischen Gedichtformen den »geheimen« Formen des Silbenzählens vor. So auch in »Sommertag, dreißiger Jahre«: Wir haben es mit einem Sonett zu tun, samt allem Drum (Reimschema) und Dran (fünfhebige Jamben).

Auf dem Küchentisch die Graubrotschnitte
vollgesogen mit dem Rübenkraut
krümmt sich in der Hitze ohne Laut
Drunten horcht das Kind und hört die Schritte

wer sie tut und hört wohin sie führen
schaut zum Sofa wo die Schenkel klaffen
riecht den Rauch denn Vater muß jetzt paffen
und erstarrt beim Klappen vieler Türen

Man zieht mich hervor als wär ich bös
Überm Ausguß in dem Spiegel glänzt der
helle Widerschein vom Küchenfenster

Vater steht vorm Spiegel zieht nervös
seinen Kamm durch die gewellten Haare
denn im Flur liegt Opa auf der Bahre

Kein besonders kunstsinniges Umfeld, sollte man meinen, aber Hartung sieht das anders. Den Vater, der gern Berufsmusiker geworden wäre, hält er rückblickend für einen verhinderten Künstler. Immerhin, das Spielen auf dem Kontrabaß und auf der Balalaika hat Richard Hartung sich selbst beigebracht. In seiner Freizeit spielt er in Tanzkapellen und bessert damit das karge Familieneinkommen auf. Als der Zweite Weltkrieg ausbricht, hofft er, daß ihn die Musik vor dem Kriegsdienst bewahren möge. Nachdem eine Bewerbung bei der Polizei scheitert, ist es ausgerechnet die Waffen-SS, bei der er Zuflucht sucht. In einer SS-Kasinokapelle zupft er den Baß, was ihn vor Fronteinsätzen in gewissem Umfang zu schützen scheint. An der Ardennen-Offensive des Jahres 1941 allerdings muß Richard Hartung teilnehmen. Über das, was er dort erlebt, spricht er nie.

Mutter und Sohn folgen dem Vater zu den verschiedenen Orten seiner Stationierung. Nach Mülheim an der Ruhr sind das zunächst München-Dachau im Jahr 1943, dann das von Deutschen besetzte Prag im Jahr 1944. Dachau ist, wie Hartung sich erinnert, damals bereits für das dortige Konzentrationslager berüchtigt. Dennoch erweisen sich die Umzüge für ihn als vorteilhaft. In München und Prag lernt er ein Leben kennen, das weniger beengt ist als die Existenz in den Zechenkolonien des Ruhrgebiets. Die Museen und Bibliotheken ziehen ihn magisch an. Dem hypnotischen Geräusch des Brummkreisels folgen die Verzauberung durch Literatur und Malerei. »Traum im Deutschen Museum« heißt später ein Gedicht – der Traum beginnt im Münchener Kindheitsjahr und bezieht sich auf Hartungs dritte große Leidenschaft: Technik in Gestalt von Autos und Eisenbahnen.

> (...) ich wende
> mich zu den alten Maschinen
> die mich als Kind faszinierten
> ein Zauberer der
> weiße Kaninchen in die öl-
> glatten Zylinder praktiziert
> und seine Lust hat
> an Balanziergestänge und
> Schiebersteurung, vor allem
> an der Lokomotive, dem
> alten *Puffing Bill*

Wir sagten vorhin, Hartungs Gedichte würden zuweilen wie wohleingerichete Maschinen wirken. Hier liefert der Dichter selbst – wohl unbeabsichtigt – das fehlende Verbindungsglied zwischen Magie und Maschine. Auch ein Gedicht kann ja sein »Balanziergestänge« und seine »Schiebersteurung« haben. Wer sich damit auskennt, der ist ein Zauberer im doppelten Sinn: Er darf auf den

Beifall des Publikums hoffen, und er besitzt – zumindest in seiner Vorstellungskraft – die Macht, sein Leben zu ändern.

Im wirklichen Leben bleibt Harald Hartung vorerst ein Kind armer Leute. In München und Prag läuft der Junge oft barfuß durch die Stadt – das sei für die Kinder niederer Schichten damals nichts Ungewöhnliches gewesen, sagt er. Die finanzielle Situation der Familie scheint sich in all diesen Jahren kaum gebessert zu haben. Die Mutter hätte gern gearbeitet, um etwas zusätzliches Geld zu verdienen, aber der Vater verspürte den Ehrgeiz, seine kleine Familie selbst zu ernähren. Das Ende des Krieges erlebt Hartung in Prag nicht als Befreiung, sondern als Beängstigung. Am achten Mai 1945, dem Tag der Kapitulation, versuchen die Eltern in letzter Minute, die umkämpfte tschechische Metropole im Gefolge einer Wehrmachtseinheit zu verlassen. Was dann folgt, schildert Hartung so:

> Dann sind wir auf diesen Schützenpanzerwagen, und die Panzer haben versucht, die ganze Nacht hindurch sich durch die Barrikaden zu fressen. So um halb elf Uhr abends standen wir am Altstädter Ring direkt unter der astronomischen Uhr, die mir immer so gut gefallen hatte, und das Prager Rathaus brannte. Und am nächsten Morgen um elf gerieten wir in einen Granatwerferangriff der Partisanen. Dann kamen wir in das Gefängnis Pankraz, und da wurden wir getrennt. Meine Mutter und ich kamen noch in irgendein Lager. Die Flucht war gescheitert, und wir brauchten sechs Wochen, um rauszukommen, um über das Elbsandsteingebirge ins Ruhrgebiet nach Herne zu kommen.

So lautet in groben Umrissen eine Flucht- und Rettungsgeschichte, wie sie Hunderttausenden bei Kriegsende widerfahren ist. Doch es sind die Details, die sich Harald Hartung auf immer ins Gedächtnis brennen: das Rathaus in Flammen und die Erinnerung an ein Musikinstrument, das die Flucht nicht überlebt hat – wie hier in einem »Gedicht mit Kontrabaß«, wiederum aus dem Band »Langsamer träumen«:

> Mit zwei Koffern Vater und Mutter
> und einem Kontrabaß
> an einem Maiabend
> auf einem Schützenpanzer
>
> über die gepanzerte
> Wand auf den Platz schauen
> der vom Geräusch der Flammen hallt
> die aus dem Rathaus schlagen
>
> Am nächsten Vormittag dann
> ohne Koffer und Kontrabaß
> mit Vater und Mutter
> in einem Straßengraben
>
> Das gab eine Art Haiku
>
> *Der Panzer ist ausgebrannt*
> *Mutter hält sich an der*
> *geretteten Handtasche fest*
>
> Und der Kontrabaß? Er muß
> geschrieen haben unter
> der MG-Garbe o Gott
> er muß geschrieen haben

Ein Gedicht, das auch von der Unzulänglichkeit von Gedichten handelt: Der erlebte Schrecken läßt sich nicht ins Haiku pressen, obwohl die japanische Gedichtform mit ihrer festgelegten Silbenzahl unserem Dichter eigentlich gefallen müßte. Es ist eine andere lyrische Technik, die dem Anlaß schließlich gerecht wird – die Technik der Metapher. Denn der genannte Kontrabaß steht und fällt natürlich stellvertretend für die menschlichen Opfer des Krieges. Hinter der professionellen Diskretion des Lyrikers aber stehen die traumatischen Erfahrungen eines Zwölfjährigen, der eine Nacht lang dem Tod ins Auge geschaut hat.

> In der Nacht, als wir auf dem Hof des Polizeigefängnisses saßen, wurden da gelegentlich Leute aus dem dritten Stock auf das Pflaster geworfen, und es erschien alle halbe Stunde jemand, der fragte: »SA, SS, Partei?« Und dann standen Leute auf, auch Frauen in Pelzmänteln, die gingen dann raus, und dann hörte man Schüsse. Und mein Vater mit seinem blöden tätowierten Blutgruppenzeichen saß ja auch dabei, hatte einen braunen Sonntagsanzug angezogen und die Uniform in der Wohnung gelassen und überlegte, ob er sich melden sollte. Meine Mutter riet ab, und dann überlegten meine Eltern, ob wir sozusagen gemeinsam in den Tod gehen sollten. Meine Mutter hatte ein normales Küchenmesser, also ohne besondere Schärfe, in irgendeiner Voraussicht eingepackt. Aber das kam dann nicht zum Zuge, weil ich abriet. Meine Eltern haben mich gefragt, was auch eigentümlich ist, und haben wahrscheinlich mein Votum als Gottesurteil genommen.

Ein weiteres Gedicht aus dem Band »Das gewöhnliche Licht« zeigt, wie ein solches Messer lebenslang aufblitzen kann, Nacht für Nacht. Wieder einmal geht es um das Ungenügen der Worte gegenüber dem Erlebten und um den Versuch, sich »in Zeilen« zu retten:

> In den Nächten wenn deine Kindheit dich
> aus dem Schlaf treibt in ein blindes Weinen
>
> genügen da Worte wenn eine wort-
> lose Hand die zu dir schlüpft soviel mehr

Frieden stiftet? Doch das erste beste
Wort ist immer noch das beste Wort das

füreinander wir einlegen können
(im Dunkeln sind die Zeiger empfindlich)

Dann reden wir weiter gegen den Tod
Tod auf Raten oder mit raschem Schnitt

Müd geredet ermattet da der Tod?
Soviel Worte decken ihn zu. Siehst du:

Er schläft, er ist der Schlaf, wir schlafen in
ihm, erwachen auf der andern Seite

Dann reden wir weiter (der Text ist gleich):
das macht daß wir in Zeilen vorkommen.

Hartungs weiterer Lebensweg muß wohl vor dem Hintergrund seiner von Armut geprägten und den Zeitläuften kontaminierten Kindheit gesehen werden; er scheint ganz wesentlich als Weg aus der Misere gedacht zu sein. Historisch gesehen, hat Harald Hartung damals auf der falschen Seite gestanden. Der zwölfjährige Sohn des SS-Mannes, der sich nichts sehnlicher wünscht, als daß sein Vater nicht von Partisanen erschossen werde – das ist nicht der Stoff, aus dem in der Nachkriegszeit politisch korrekte Lebensgeschichten geschmiedet wurden.

Folgerichtig hat unser Proband fortan versucht, stets auf der richtigen Seite zu stehen. Aus Armut und Unkenntnis schuldig zu werden wie der Vater, das hat er durch Bildung und gut dotierte Posten im Staatsdienst zu vermeiden gewußt. Gleich nach dem Studium der Germanistik in Münster geht Hartung als Lehrer in den Schuldienst. Andere Optionen, wie die Arbeit als Grafiker oder als Schriftsteller, schlägt er frühzeitig aus – sie sind ihm zu unsicher. Selbst als Germanist verfügt Hartung also über keinen ganz lupenreinen Werdegang – nur wenige Lehrer werden Professoren. Und den rauhen Wind des freien Literaturmarktes hat er sich vielleicht hie und da um die Nase wehen lassen – über Bord fegen konnte der ihn aber nie. Ein bißchen haben also auch jene Kritiker recht, die dem bürgerlichen Beruf unseres Dichters die wahre künstlerische Berufung entgegenhalten. Immerhin hat Hartung aus dem Zwiespalt von Künstlerexistenz und bürgerlicher Maske vieles, wenn nicht das meiste gemacht.

*

Kommen wir zu einer abschließenden Wertung, zum Ergebnis der siebten Folge im »Jahrhunderttest der Lyrik«. Was ist von Harald Hartungs Band »Das gewöhnliche Licht« zu halten?

Für mich ist dieser schmale Band mit seinen gerade mal fünfundzwanzig Gedichten eine der interessantesten Lyrikveröffentlichungen der siebziger Jahre: weil er Alltägliches thematisiert, ohne banal zu werden, und weil er einen präzisen, nie anbiedernden Ton anschlägt. In einer Zeit der auftrumpfenden Gesten setzt Hartung inhaltlich und stilistisch auf Bedachtsamkeit und Redlichkeit. Authentizität ist normalerweise keine literarische Kategorie, und die Beteuerung »Genauso habe ich das erlebt« hat noch kein schlechtes Gedicht gerettet. Um so erstaunlicher, daß ausgerechnet das Bemühen um Ehrlichkeit diese Gedichte künstlerisch auszeichnet und aus der Masse der allzu authentischen lyrischen Notate heraushebt. Doch Hartungs Ehrlichkeit im Umgang mit den eigenen künstlerischen Mitteln hat, wie wir gesehen haben, mit ungefilterter Mitteilungslust wenig zu tun.

Hinzu kommt, daß der Band nahezu perfekt komponiert ist; etliche Gedichte bestehen aus Zyklen einander ergänzender Einzelstücke, die in der Summe so etwas wie eine Privatgeschichtsschreibung im öffentlichen Raum bilden. Daß das gelingen konnte, ohne ins Peinliche oder Exhibitionistische abzugleiten, ist nicht zuletzt auf Hartungs sicheres Formbewußtsein zurückzuführen. Silbenzählerei hat hier nichts mit Erbsenzählerei zu tun. Hartung setzt seinem Schreiben planvoll Hindernisse und Widerstände entgegen, um diese mit um so größerer Souveränität zu überwinden.

Heißt das, daß Hartung sein selbstgestecktes Ziel erreicht hat und jenes Schemens namens »Ich« habhaft geworden ist, das sich hinter der »Milchglasscheibe fremder Sprache« bewegt? Nun ja. Der Lyrik-TÜV glaubt, daß Hartung 1976 noch nicht ganz bei »Ich« angekommen ist, und zwar gerade deshalb, weil er vorerst zu sehr mit der Frage nach der »eigenen« Form beschäftigt ist. Was ihn zum Gedicht treibt, das sind ja jene Traumatisierungen aus Kriegs- und Kindheitstagen, die wir kurz gestreift haben. In »Das gewöhnliche Licht« umkreist er seinen Hauptgegenstand eher, als daß er ihn direkt anginge. In späteren Gedichtbänden, vor allem in »Langsamer träumen«, zeigt Hartung weniger Scheu vor den klassischen Gedichtformen, also vor der vermeintlich »fremden Sprache«, und kann sich gerade deshalb seinem biographischen Hauptthema viel direkter zuwenden. »Ich« singt vielleicht nach alter Weise – aber ein anderer ist es nun nicht mehr, nicht immer.

Und weil ihm das im Oktober 1976, als er die Arbeit an »Das gewöhnliche Licht« abschließt, auch ein wenig bewußt gewesen sein muß, schließen wir nun unsererseits mit dem letzten Gedicht jenes Bandes. Darin geht es, wie in dem Gedicht »Mein Tankstellenmann«, noch einmal um eines der Hauptthemen Hartungs: die Verbindung von Liebe und Sprechen. Und es geht darum, daß jedes Ende zugleich der Anfang von etwas Neuem ist.

Eine Unzufriedenheit wie
vor der Liebe oder wie das
Öffnen des Munds und du weißt nicht
wozu: der angefangne Satz

zuendegeführt war er nicht
was zu sagen war. Nach der Liebe
die schöne Erschöpfung du schweigst
weil noch alles zu sagen ist.

IX

KÖRPER IN CAFÉS

Das Leben ist ungerecht, aber wem sage ich das. Mir selbst vermutlich. Schließlich bin ich es, dem dieser Tort angetan wurde und weiterhin tagtäglich angetan wird. Meist passiert es gleich nach dem Aufstehen, oft auch noch kurz vor dem Schlafengehen, und nicht selten in den unpassendsten Momenten dazwischen.

Da habe ich nun den größten Teil meines Lebens in inniger Tuchfühlung mit den Erzeugnissen der Dichter verbracht, habe die Poesie recht fleißig erst als Schüler, dann als Student bis in die feineren Faltenwürfe ihrer zahlreichen Gewänder erkundet und habe später als aufopferungsvoller Liebhaber meine kargen Mußestunden vorzugsweise in den Armen Euterpes verbracht. Und dann das. Und das mir. Daß nämlich ein launisches Fatum mir *diesen* Wurm ins Ohr gesetzt hat.

Ja, was haben wir denn hier?
Nichts als nur ein Stück Papier.

Ja, was schreiben wir denn drauf?
Arthur, bist durchschaut, gib auf!

Ja, was tut der Arthur da?
Er gibt auf, er liest dies ja.

Ja, was lehrt uns dies Gedicht?
Unterschätzt Gedichte nicht!

Zumal dann nicht, wenn ihr Arthur
heißt, ihr Hundesöhne...

Man mag einwenden, daß der reimlos ausfransende Schluß eher eine Kapitulation vor der Pointe darstelle als einen finalen Triumph. Doch solche kleinlichen Bedenken können dem Arthur-Epos beim großen Gedichte-Gedächtnis-Wettbewerb des Sieges nicht berauben. Wenn das Finale auch mehr einer Tröte als einer Fanfare gleicht, paßt es darum doch um so besser zum launigen Schunkelrhythmus und der lustigen Klipp-klapp-Logik der vorangegangenen Verse.

In der deutschen Lyrik herrscht an verbalen Peitschenhieben unterschiedlichsten Ausdruckwertes kein Mangel. »Denn alle rennen nach dem Glück / Das Glück rennt hinterher«, pfeift Brecht. – »Wer die Schönheit angeschaut mit Augen / Ist dem Tode schon anheimgegeben«, schmachtet Platen. – »Nur wer die Sehnsucht kennt / Weiß, was ich leide!« insistiert Goethe. Doch das Gedicht, das mir häufiger als alle anderen durch den Kopf geht, beginnt mit den unscheinbaren Worten:

> Ja, was haben wir denn hier?
> Nichts als nur ein Stück Papier.

Und sobald sich die beiden Anfangszeilen eingestellt haben, gibt es kein Halten mehr. Ohne weitere Umstände schnurrt die restliche Reimapparatur ab bis zu den beiden klapprigen Schlußzeilen:

> Zumal dann nicht, wenn ihr Arthur
> heißt, ihr Hundesöhne...

Weder heiße ich Arthur, noch halte ich mich für einen Abkömmling der Gattung *Canis,* doch die Trefferquote könnte höher nicht sein.

Das memorable Artefakt stammt von Robert Gernhardt, erschienen ist es im Herbst 1987 in dessen Gedichtband »Körper in Cafés«. Memorabilität, Einprägsamkeit, da habe ich mich mit Robert Gernhardt immer im Einklang gefühlt, ist ein wichtiges Merkmal großer Poesie. Ist »An alle Arthurs dieser Welt« also ein gelungenes Gedicht, gelungener gar als »Tristan«, »Mignon« und wie sie alle heißen? Ausgezeichnete Frage, ausgezeichnete Frage. Erlauben Sie, liebe Leser, daß ich die Antwort darauf noch für eine Weile aufschiebe. Lassen Sie uns statt dessen erst einmal überlegen, was diese Zeilen so einprägsam macht. Am besten, wir klopfen zunächst die einzelnen Bestandteile ab.

Da fallen zunächst (klopf klopf) die schon erwähnten Paarreime auf. Der Paarreim zählt zu den bekanntesten und beliebtesten Bürgern im kleinen Reich der Assonanzen. Bereits unsere Urahnen haben ihren mittelalterlichen Heldengesängen damit zu größerem Schmackes und länger währendem Wumm verholfen. Büttenredner allerdings auch, weshalb das bewährte Stilmittel bei manchen ein wenig im Ruf der Trivialität steht.

Dann (klopf klopf) das Metrum. »Ja, was haben wir denn hier?« Richtig, vierhebige Trochäen. Solche Vierheber sind, gleich nach ihren erstgeborenen Geschwistern, den vierhebigen Jamben, das beliebteste Metrum im Volkslied: Humta, humta, humta-ta oder, etwas feinsinniger, »Weißt du, wieviel Sternlein stehen«. Unter avancierten Reimkünstlern gilt dieser Rhythmus als ähnlich raffiniert wie, sagen wir mal, ein Viervierteltakt unter Musikern.

Auch rhetorisch (klopf klopf) ist das Stück ganz auf Eindrücklichkeit angelegt. Jeder der fünf Zweizeiler beginnt mit einer Frage, die von einem »Ja« eingeleitet wird. Die nachfolgende Zeile liefert dann die Antwort. Ja, ist das denn ein wirkungsvolles Verfahren? Worauf Sie sich verlassen können. Nach ähnlichen Mustern peitschen auch amerikanische Fernsehprediger ihre Gemeinden auf.

Kurzum: Hier werden bewährte Mittel treffsicher eingesetzt. Hilft uns das weiter bei unserem Versuch, das Gedicht »An alle Arthurs dieser Welt« zu bewerten?

Vielleicht kann man es so sagen: Vor diesem Stück deutscher Literatur sind wir alle Arthurs, ohne Lanzelot, ohne Merlin, ohne Exkalibur. Wir heißen auch nicht Arthur Rimbaud und können uns auf ein wohlfeiles »Ich ist ein anderer« herausreden. Nein, wir sind die kleinen, wehrlosen Arthurs von nebenan mit ihrem schlechten Gewissen und ihrem Mangel an sprachlicher Sensibilität. Aber wenn man uns am richtigen Zipfel packt, dann kann man uns trotzdem kriegen. Dann stehen wir da, prusten los und bekommen so ein Gedicht einfach nicht mehr aus dem Kopf. »Unterschätzt Gedichte nicht«! ruft das Gedicht uns völlig zu Recht zu. Das ist die große, kleine Kunst des Robert Gernhardt, und deshalb ist es nur folgerichtig, daß das Arthur-Gedicht im siebten Kapitel von »Körper in Cafés« steht. Wie dessen Titel lautet? »Kunst« natürlich, wie denn sonst.

*

Die achtziger Jahre waren eine wichtige Station in der Genese des Volksdichters Robert Gernhardt. Man könnte sagen: Sie waren das Jahrzehnt, in dem Gernhardt sich probeweise von seinem bisherigen Publikum abwandte, um sich der Dichtung um so rückhaltloser zuzuwenden. Der Band »Körper in Cafés« ist im Jahr 1987, trotz aller Komik, Robert Gernhardts erster »ernster« Gedichtband. Damit meine ich, daß er sich auf Dichtung nicht nur ironisierend bezieht, sondern deren Mittel zur Erkundung der Welt nutzt – so, wie es die Dichter zuvor schon seit Jahrhunderten getan haben.

Das war sechs Jahre früher, in dem Gedichtband »Wörtersee«, anders: Trotz aller Sicherheit im Umgang mit Reim und Versmaß steht in dem 1981 erschienenen Buch noch die Verspottung des hohen, vermeintlich abgehobenen Dichtertones im Mittelpunkt. Gernhardt nutzt den Reim in »Wörtersee« vor allem als Assoziationskette, und die rasselt manchmal recht vernehmlich. Daneben finden sich kurze Bildergeschichten à la Wilhelm Busch und einige charmant-debile Witze, die in einer Otto-Waalkes-Show vermutlich besser aufgehoben wären. Was da als »Noch ein Rätsel« betitelt wird, mag vieles sein; ein Rätsel ist es aber sowenig wie ein Gedicht, es sei denn, man hielte einen versprengten Reim schon für Poesie:

»Ich habe was für dich,
rate mal was:
Mit ›G‹ fängt es an,
und es endet mit ›las‹,
und man kann daraus trinken –«

»Eine Gurke?«

Wer jetzt lacht, hat natürlich recht. Das ist ordentlich gemacht und kommt mit gewinnender Heiterkeit daher. Doch andere Stücke sind gehaltvoller und eines Gedichtbandes würdiger. Mit einer zehnteiligen Hommage an den Dichterkollegen Ror Wolf etwa stellt sich Gernhardt in die Nachfolge bedeutender Dichter des Grotesken, die das simple Schema von »Spaßmacher und Ernstmacher« – so der Titel eines Kapitels in »Wörtersee« – spielend durchbrechen.

»Dichter Dorlamm« heißt der Held dieser Gedichte, und sein Name ist nicht nur eine Anspielung auf Wilhelm Buschs »Balduin Bählamm«, sondern eben auch auf Ror Wolfs lyrische Rollenfigur Hans Waldmann, die wiederum Christian Morgensterns »Palmström« zu ihren prominenten Vorfahren zählt. Auch das kann Gernhardt also: respektvoll Bezug auf die Tradition der Dichtung nehmen und trotzdem umwerfend komisch sein. Dabei hilft natürlich, daß es die *komische* Dichtung ist, die hier den Bezugsrahmen bildet.

Dichter Dorlamm läßt nur äußerst selten
andre Meinungen als seine gelten.

> Meinung, sagt er, kommt nun mal von mein,
> deine Meinung kann nicht meine sein.
>
> Meine Meinung – ja, das läßt sich hören!
> Deine Deinung könnte da nur stören.
>
> Und ihr andern schweigt! Du meine Güte!
> Eure Eurung steckt auch an die Hüte!
>
> Laßt uns schweigen, Freunde! Senkt das Banner!
> Dorlamm irrt. Doch formulieren kann er.

Da soll noch einer behaupten, Paarreime seien eine triviale Sache. Wenn sie rhetorisch so virtuos eingefädelt sind wie hier, dann kann man nur sagen: »Laßt uns schweigen, Freunde! Senkt das Banner! / Gernhardt irrt nicht, und auch dichten kann er.«

Das Gedicht vom Gurkenglas und das Gedicht von Dorlamms Deinung bezeichnen Anfang der achtziger Jahre zwei Pole in Gernhardts Werk: wo es herkommt und wo es hingeht. Als der »Wörtersee« im Jahr 1981 bei Zweitausendeins erscheint, haben das freilich die wenigsten erkennen wollen. Zwar kommen allein bis 1987 zwei Nachauflagen heraus, doch obwohl es dem Band an Lesern nicht mangelt, will sich laut Gernhardt eines partout nicht einstellen: ein vernehmbares öffentliches Echo. Als der Haffmans Verlag 1989 eine Taschenbuchausgabe des Bandes veröffentlicht, äußert sich Gernhardt in einem Nachwort zu dem, wie er findet, befremdlichen Umstand. Nicht ohne die eigenen Verdienste gebührend herauszustreichen:

> Als ich das erstemal ein Exemplar des Wörtersee in Händen hielt, durchblätterte ich es hochgemut, ja fast hochmütig: ein Gedichtband von 320 Seiten! In fünf Abteilungen! Mit drei Motti! Keine Wörterpfütze wie die anämischen, kartonierten 80 Seiten, die sich normalerweise bereits Gedichtband nennen dürfen, auch kein

Wörterteich vom Schlage poetischer Zwischenbilanzen und Sammelwerke, nein: ein veritabler Wörtersee, der dem Titel alle Ehre machte. (...) Fast bedauerte ich den Rezensenten, der diesen Reichtum im notgedrungen begrenzten Raum eines Feuilletons würde ausbreiten müssen.

Doch der »Wörtersee« paßt in keine Kategorie des Literaturmarktes, zumindest in keine, die in den achtziger Jahren vermittelbar gewesen wäre. Wer hätte denn auch ahnen sollen, daß sein Verfasser jeden lustigen Reim gleich als Gedicht verstanden wissen wollte. Wer hätte wissen können, daß ein schon dem Titel nach kalauernder »Wörtersee« nach dem Willen des Autors mit den teils vielleicht »anämischen«, teils aber auch nur streng aussortierenden Achtzigseitenbänden im Lyrikregal zu konkurrieren bestimmt war, also mit Titeln wie »Ave Vergil« (Thomas Bernhard), »So beginnen am Körper die Tage« (Gerhard Falkner), »Herz über Kopf« (Ulla Hahn) und »Herbstsonett mit Hegel« (Karl Krolow), die allesamt im nämlichen Jahr 1981 erschienen sind.
Tatsächlich hat der Band damals keinen einzigen Rezensenten nach dem Geschmack des Dichters gefunden. Wohlgemerkt: keinen Rezensenten *nach dem Geschmack des Dichters*.

Ich habe jedenfalls nur eine einzige Rezension zu Gesicht bekommen, in der »Süddeutschen Zeitung«. Sie war kurz, freundlich und vom Jazzkritiker Werner Burckhardt. Kaum an die Öffentlichkeit gelangt, war der Wörtersee für die Medien bereits wieder gestorben und begraben.

Das ist keine in allen Details schlüssige Sichtweise. Eine freundliche Besprechung in einer angesehenen überregionalen Zeitung wie der »Süddeutschen« wird dem Kontext des Totschweigens zugeordnet, weil sie vom Jazzkritiker ist? Da scheint Gernhardt fast genauso borniert zu denken wie der Kulturbetrieb, unter dessen Engstirnigkeit er leidet.

Bei allem Verständnis für Gernhardts Enttäuschung: Eine gewisse Vergötzung des Feuilletons und ein fast spießig wirkendes Zuständigkeitsdenken äußern sich in einer solchen Formulierung auch, und das nicht zum letzten Mal im Werk unseres Dichters. In der Essaysammlung »Wege zum Ruhm« taucht sechs Jahre später, mit fast identischen Formulierungen, das Motiv des verkannten, weil von den falschen Rezensenten besprochenen Buches erneut auf. Wer aber wären die *richtigen* Rezensenten? Gernhardt nennt sie die »Oberkellner« des Betriebes.

> Sie bestimmen am Empfang, wer überhaupt passieren darf und wo der Gast plaziert wird. Das ist – auf eine Zeitung bezogen – durchaus wörtlich zu nehmen: Da entscheidet weniger der Inhalt einer Kritik über den Rang des besprochenen Werkes als ihr Umfang und ihre Aufmachung. (...) Umfangreiche Rezensionen aus hochrangigen Federn in einem der fünf meinungsbildenden Blätter der Republik aber – »FR«, »SZ«, »FAZ«, »Spiegel« und »Zeit« – sind die Fensterplätze im Restaurant zur Deutschen Literatur.

Nein, so spricht nicht der souveräne Künstler, der sich lächelnd über die kleinen Tagesgeschäftigkeiten des Literaturbetriebes erhaben weiß. So eng, rigide, irgendwie nicht gut spricht einer, der nur zu gerne seinen eigenen Fensterplatz hätte und nichts mehr fürchtet, als beim nächsten »Ober-Revirement« übergangen zu werden. Seltsame Ausdrucksweise übrigens, von »hochrangigen Federn« zu reden. Soll das schiefe Bild Ironie signalisieren? Es klingt eher nach Obrigkeitshörigkeit, die hier mit Müh und Not zu einer weniger verfänglichen »Ober-Hörigkeit« umgebogen wird.

Nichts gegen Ehrgeiz, aber von einem Dichter des Komischen hätte man sich doch etwas mehr Distanz zu den etablierten Kräften gewünscht, nicht dieses leicht zu durchschauende Umschmeicheln höherer Angestellter. Woher rührt Robert Gernhardts Fixierung auf Anerkennung gerade durch die verschmocktesten Schmocker im Literaturbetrieb? Und kann das alles wirklich nur mit Literatur zu tun haben? Ihrem Prüfer beim Lyrik-TÜV will scheinen, daß dahinter eine große Bedürftigkeit steht. Nicht begeisterte Leser, nicht Zehn- und Hunderttausende Käufer waren es, die Robert Gernhardt erlösen sollten, sondern die anerkannten »Autoritäten«, und auch diese am besten in nie gekannter Einigkeit. Die Nachrufe zu seinem Tod im Sommer 2006 hätte er mit größter Begeisterung gelesen: Soviel uneingeschränkte Bewunderung war selten.

Seine Angst, übersehen zu werden, war zweifellos echt. In »Wörtersee« findet sich ein Stück, das die vermeintliche Mißachtung des Buches sogar vorwegnimmt. »Die Welt und ich« macht durch die schön ausgespielte Nonchalance angesichts unschöner Vorkommnisse lächeln.

Hab der Welt ein Buch geschrieben
ist im Laden gestanden
waren da viele, die es fanden
hat's aber keiner kaufen wollen.

Hab der Welt ein Bild gemalt
ist in einer Galerie gehangen
sind viele Leute dran vorbeigegangen
haben es nicht einmal angeschaut.

Neben dem treuherzigen Duktus trägt das Reimschema mit den schmucklos abschmierenden Strophenschlüssen erheblich zu der feinen Komik täppischer Verzweiflung bei, die Gernhardt hier kultiviert. Das gilt insbesondere für die letzte Strophe, die zunächst scheinbar auf eine

glückliche Wendung zustrebt, um in buchstäblich letzter
Sekunde doch noch in Schimpf und Schande zu enden.

> Hab ein Lied erdacht für mich
> hab's nur so für mich hingesummt
> sind alle ringsum verstummt
> haben geschrien: Aufhören!

Der Titel »Die Welt und ich« ist bezeichnend. Manches spricht dafür, daß des Dichters bisweilen maßloser Egozentrismus genau diesen Antagonismus aufgebaut hat: Dichter Dorlamm alias Robert Gernhardt gegen den Rest der Welt, auf einer nimmer endenden Mission, diesen kläglichen Rest für sich zu gewinnen. Und nochmals sei gefragt: Kann das alles wirklich nur mit Literatur zu tun haben?

Letztlich konnte der Anerkennungs-Junkie Gernhardt auf Erden wohl niemals genug Applaus bekommen. Noch sechzehn Jahre nach »Wörtersee«, zahllosen rappelvollen Sälen, »hochrangigen« Rezensionen, Preisverleihungen und sonstigen Federschmückungen gibt es im Band »Lichte Gedichte« eine Klage in die altbekannte Richtung. Die nimmt sich zu diesem Zeitpunkt freilich nur noch komisch aus – unfreiwillig komisch.

> Eine Zeitlang war Peter Handke das Thema
> Dann war auf einmal Durs Grünbein das Thema
> Im Grunde war keiner der beiden das Thema
> Das Thema war immer: Erfolg.
>
> Heute, mein Freund, ist Durs Grünbein das Thema
> Morgen ist irgendein andrer das Thema
> Du, mein Freund? Du wirst niemals das Thema
> Das Thema bleibt immer: Erfolg.

*

Robert Gernhardt konnte, wenn es um die schnelle mediale Präsenz ging, nur schlecht »Nein« sagen. Mit jeder Absage war der ständige Nachschub an Aufmerksamkeit gefährdet, auf den er nicht verzichten mochte. Natürlich hat er ein komisches Gedicht darüber gemacht, oder doch die erste Strophe zu einem Gedicht, das dann in andere Richtungen mäandert; es heißt »Sauber bleiben« und findet sich in dem Band »Weiche Ziele« von 1994.

Mich manchmal den Medien verweigert
Dachte, das würde unheimlich wahrgenommen
Aber meine Freunde vor den Fernsehern
Die haben das überhaupt nicht mitbekommen.

In seinem letzten Lebensjahrzehnt war von solch idealistischer Verweigerung schlichtweg gar nichts mehr zu spüren. Gernhardt war zur Medienperson geworden, die sich auf allen Kanälen versendete, an allen Kiosken auslag und auf nahezu jeder Hochzeit tanzte. Er bereimte das aktuelle Tagesgeschehen, er posierte als Dichter wahlweise mit oder ohne Hund, und er störte sich offenbar nicht im geringsten daran, daß hinter der vermeintlichen Anerkennung ein Medienautomatismus steckte, der mit Kenntnis und Wertschätzung seines Werkes oft wenig zu tun hatte.

Auch in Gernhardts Habitus war die Sehnsucht nach rückhaltloser Zustimmung leicht auszumachen. Benjamin von Stuckrad-Barre hat diesen Aspekt in seinem ansonsten recht befremdlichen Nachruf im »Spiegel« anklingen lassen. Die ständige Rückversicherung beim Gesprächspartner, das Lauern auf Lacher, das häufig eingestreute »Nicht wahr?«, das zwar Bestätigung vom Gegenüber erheischen, aber keinesfalls als Einladung zu größeren Eigenbeiträgen verstanden werden wollte, das Ganze kaschiert durch eine gewisse charmante Tapsigkeit, die auch einmal in säuerlichen Mißmut umschlagen konnte – all das war typisch für die meist anregenden, bisweilen aber auch anstrengenden Konversationen mit unserem großen komischen Dichter. So zumindest haben es glaubhafte Zeugen Ihrer Lyrik-TÜV-Prüfperson übermittelt.

In »Körper in Cafés« findet sich ein Gedicht, das Gernhardts scheinbar unstillbare Sehnsucht nach Anerkennung ganz unmittelbar eingesteht, auch wenn es das selbstverständlich in ironisch gebrochener Form tut. »Warum das alles?« fragt der Titel, und wiederum stehen vierhebige Paarreime nicht an – klipp-klapp –, die Antwort zu geben:

Respekt, Bewunderung und Liebe –
sie soll mein Dichten mir erringen:

Respekt für meinen Rigorismus,
von niemandem als mir zu singen,

Bewunderung für meine Kühnheit,
mein Thema direkt anzuspringen,

und Liebe dafür, daß mir Verse
so leicht und inspiriert gelingen,

daß jeder staunt: Der bringt es aber!
Und wie er's schafft, sich einzubringen!

Interessanterweise möchte Gernhardt zwar die Anerkennung von Oberkellnern erlangen, doch von Ober*kellnerinnen* ist nirgendwo die Rede. Auch das Gedicht »Ratschlag« aus »Körper in Cafés« schreibt Anerkennung und Ablehnung ausnahmslos der Männerwelt zu:

Neun Männer treten bei dir ein,
drei groß, drei mittel und drei klein.

Die großen drei, die schlagen dich,
verspotten dich, verklagen dich.

Die mittleren, die pflegen dich,
umsorgen dich, umhegen dich.

> Die kleinen drei verehren dich,
> vergöttern dich, begehren dich.
>
> Wirf alle neun aus deinem Haus,
> sonst weinst du dir die Augen aus.

Auch hier kommt die Zustimmung von den falschen Leuten, in Gestalt »mittlerer« und »kleiner« Männer. Gernhardts Wunsch nach uneingeschränkter Zustimmung mag verständlich sein, doch *selbst*verständlich ist er nicht – es gibt ja durchaus Dichter, die mit Lust Kontroversen auslösen und ihren Erfolg an der Menge der Kerben auf ihrem Gewehr bemessen: viel Feind, viel Ehr. Gernhardts lyrisches Subjekt hingegen ist so dünnhäutig, daß es sich völlige Ignoranz sogar gegenüber positiven Reaktionen verordnet, aus lauter Besorgnis, andernfalls den weniger positiven zuviel Gehör zu schenken: »Wirf alle neun aus deinem Haus, / sonst weinst du dir die Augen aus.«

Wer glaubt, daß das Gedicht »Ratschlag« gar nichts mit Literaturkritikern zu tun habe, lasse sich von folgendem Gedicht »Guter Rat Kritik betreffend« (wiederum aus »Weiche Ziele«) überzeugen, das an Klarheit nichts zu wünschen übrigläßt:

> Laß nicht zu, daß sie dich loben.
> Wer dich lobt, darf dich auch tadeln.
> Und du mußt dann sein Geseires
> auch noch durch Verständnis adeln.

In Wahrheit stimmte die Fama von Gernhardts Mißerfolg jedoch schon bei Erscheinen von »Wörtersee« nicht mehr. Über den mit F. W. Bernstein gemeinsam verfaßten Reim- und Cartoonband »Besternte Ernte« berichtet Gernhardt Mitte der neunziger Jahre, dieser habe sich in den knapp zwanzig Jahren seit seinem Erscheinen fünfundachtzigtausendmal verkauft. Fünfundachtzigtausendmal! Wenn das stimmt, ist »Besternte Ernte« nicht nur ein Longseller von hohen Graden, sondern darf als eine der kommerziell erfolgreichsten Gedichtveröffentlichungen der siebziger, achtziger und neunziger Jahre gelten.

Auch sonst ist Gernhardt alles andere als glücklos gewesen. Als Sketch- und Gagschreiber für Otto Waalkes war er an einem der größten Komikerfolge der siebziger und achtziger Jahre beteiligt. Wir dürfen getrost annehmen, daß diese Teilhabe ihn von allzu drängenden finanziellen Sorgen befreit hat, was ja für einen Autor im wenig lukrativen Marktsegment der Lyrik keine schlechte Arbeitsvoraussetzung ist.

Unser Dichter hätte also auch andere, erfreulichere Selbstbilder als die des zu Unrecht Übersehenen entwickeln können: Der unterschätzte Publikumsliebling (»J.-M.-Simmel-Syndrom«) und der erfolgreiche Humorist mit literarischen Neigungen (»Werner-Finck-Syndrom«) wären nur zwei Möglichkeiten eines solchen Selbstcastings gewesen; der erfolgreiche Mitarbeiter an Publikumsperiodika, dessen Arbeiten auch in Buchform bestens laufen, soll als dritte Variante genannt sein (»Axel-Hacke-Syndrom«). So gesehen, war der vermeintliche Pechvogel schon als Enddreißiger ein wahrer Glückspilz. Ihr Lyrik-Prüfer hebt dies auch deshalb so nachhaltig hervor, weil die Mär von der jahrzehntelangen Gernhardt-Verkennung noch heute kursiert und von einigen Leuten aus seinem Umfeld fleißig am Leben erhalten wird.

Drei Varianten also und ein äußerst erfreuliches Fazit, das Robert Gernhardt Anfang der achtziger Jahre hätte ziehen können. Geld, Erfolg und Publikum – Herz, was willst du mehr? Mehr Geld, mehr Erfolg und mehr Publikum, würde Otto Waalkes' Rollenfigur jetzt vielleicht quietschen, aber Robert Gernhardt wollte, wie wir gesehen haben, anderes und Höheres: die Anerkennung von »führenden Federn« und den Ritterschlag zum staatlich approbierten Dichter. Er wollte den Literaturbetrieb in seine Gewalt bringen.

Und das hat er dann während der achtziger Jahre mit beachtlichem Ehrgeiz versucht. Er schrieb einen Roman und ein Drama, er schrieb Essays und Erzählungen, kurzum: Er schrieb, was staatlich approbierte Schriftsteller nach landläufiger Meinung zu schreiben haben, und der neu gegründete Haffmans Verlag brachte es in vorbildlicher Aufmachung und liebevoller Gestaltung unter die Leute. Und dann, sechs Jahre nach »Wörtersee«, erschien auch ein neuer Gedichtband: »Körper in Cafés«. Ob Gernhardts Strategie damals aufgegangen ist? Schauen wir uns das Buch darauf hin an.

*

Bereits auf den ersten Blick unterscheidet sich »Körper in Cafés« deutlich von früheren Büchern Gernhardts. Mit seinen hundertfünfzig Seiten wirkt der Band zwar nicht anämisch, aber doch deutlich abgespeckter als der ausgedehnte »Wörtersee«. Diesmal bildet auch kein wohlfeiler Kalauer den Buchtitel; selbst eine vielleicht gar zu aufdringliche Assonanz nach Art von »Besternte Ernte« weiß unser Dichter zu vermeiden. »Körper in Cafés« bietet eine dezente Alliteration und paßt ansonsten ganz in die Coolness der achtziger Jahre. Das gilt insbesondere für das Titelgedicht.

> Körper in Cafés verstehn es,
> nicht zu sagen, was sie meinen.
> Trinken cool aus großen Gläsern,
> statt vollrohr in sie zu weinen,
>
> Haben kein Problem mit Gesten,
> da sie quasi null bedeuten:
> Sich umarmen geht ganz easy,
> man umarmt sich ja vor Leuten.
>
> Aber dann in den vier Wänden
> müssen Körper Flagge zeigen.

> Voll hängt er in ihren Sielen
> und die Hölle voller Geigen.

Das ist nun freilich keine Nummer, mit der man einen Saal zum Johlen bringt. Zum Thema wird hier, wenn wir es recht verstehen, die Entfremdung des zeitgenössischen Stadtmenschen von, nun ja, sich selbst und seiner Umwelt. Daß »zeitgenössisch« die achtziger Jahre meint, wird durch Vokabeln wie »quasi null«, »ganz easy« und »vollrohr« fast schon im Übermaß demonstriert.

Nun weiß natürlich jeder, der dabei war, daß die achtziger Jahre ein unerhört dialektisches Jahrzehnt waren, sozusagen ein Hegel-Adorno-Jahrzehnt *par excellence*. Nicht nur urbane Coolness war ein Phänomen jener Zeit, sondern ebenso deren kulturkritische Decouvrierung samt »alternativem« Lebensstil. Während also die einen im Café ihre Bussi-Rituale vollzogen, standen die anderen schon Mahnwache auf dem Bürgersteig. Mir scheint denn auch, daß »Körper in Cafés« mit einer authentischen Beobachtung beginnt, dann der Klischeehaftigkeit seiner kulturkritischen Haltung gewahr wird und sich daraufhin vorsichtshalber noch ein wenig über sich selbst lustig macht. Das kann eigentlich nicht gutgehen.

Tut es auch nicht. Die erste Strophe verabreicht dem Leser eine kräftig-schwächliche Prise Bekenntnislyrik, die dem Lyrik-TÜV selbst in der halbherzigen Ironisierung schwer auf den Magen schlägt.

> Körper in Cafés verstehn es,
> nicht zu sagen, was sie meinen.
> Trinken cool aus großen Gläsern,
> statt vollrohr in sie zu weinen

Die zweite Strophe hingegen treibt einem aus ganz anderen Gründen das Wasser in die Augen. Mich jedenfalls erinnert sie fatal an die sprach- oder sonstwie kritischen

Versuche des damals schon schwer gelockerten Karl Krolow. Auch so ein Zeugnis der achtziger Jahre:

> Bedien dich oder vergiß es –
> in einem kühlen Grunde
> da geht so ein gewisses
> PLOPP dir aus dem Munde.
>
> Da kommt die Kaugummiblase
> dir schon wie Sprache vor.
> Da wird dir kalt um die Nase,
> seit man den Bart dir schor.

Und so schwappt das noch zwei Strophen in schönstem grenzdebilem Reimautomatimus fort. PLOPP, die Wette gilt – daß nämlich auch Robert Gernhardt mit solchem Stuß nicht zu beglücken war. Aber mal ehrlich: Ist *das* hier soviel besser?

> Haben kein Problem mit Gesten,
> da die quasi null bedeuten:
> Sich umarmen geht ganz easy,
> man umarmt sich ja vor Leuten.

Erst zum Schluß versucht Gernhardt, das Steuer herumzureißen: Die dritte Strophe läßt ein erotisches Drama anklingen und will mit einer unerwarteten Wendung überraschen, aber um das Gedicht wirklich ins Trockene zu bringen, dafür ist es trotz der reizvoll schlingernden Schlußzeilen wohl zu spät:

> Aber dann in den vier Wänden
> müssen Körper Flagge zeigen.
> Voll hängt er in ihren Sielen
> und die Hölle voller Geigen.

»Körper in Cafés« zeigt, was dann entsteht, wenn ein Komiker die Komik einfach wegläßt, ohne etwas Neues zu finden: eine weitgehend leerlaufende Versmaschine, die hier zu allem Überfluß auch noch mit gedrosselter Reimkraft fährt. Nur jeder zweite Vers reimt sich, natürlich wieder im probaten Rhythmus der Volksliedzeile.

Man sieht, wie Gernhardts Versuch eines Imagewechsels vom virtuosen Gagreimer zum Schwerblüter im lyrischen Glashaus hätte fehlschlagen können. Doch zum Glück gibt es neben dem halbgaren Titelgedicht auch treffsichere, lebensnahe und ewigkeitstaugliche Gedichte in »Körper in Cafés«, und nicht zu wenige. Von Lessing bis Busch, von Lichtenberg bis Ringelnatz, von Goethe bis Morgenstern hat sich Gernhardt so ziemlich alles vorgenommen, was in der deutschsprachigen Dichtung der letzten Jahrhunderte hell, schnell und gewitzt gewesen ist. Dennoch ist das nachfolgende Gedicht »Obszöne Zeichnung am Volksbildungsheim« keine Melange, sondern unverkennbar Gernhardt:

> Pimmel an der Wand –
> daß ich dich hier fand!
>
> Malte ihn doch selber mal
> prahlend an die Wände,
> nahm ihn in natura auch
> in die Künstlerhände.
>
> Hielt ihn tags mit Filzstift fest
> und ihm nachts die Treue,
> taglang stand er an der Wand,
> nachts stand er aufs neue.
>
> Daß das nun schon lange her,
> ist kein Grund zum Trauern.
> Seht: Noch immer malen ihn
> Hände an die Mauern.
>
> Ist es auch nicht meiner mehr,
> den die Maler feiern,
> ist es doch noch immer er,
> der von prallen Eiern

mächtig in die Höhe wächst,
um aus seiner Ritzen
den geschwungnen Lebenssaft
in die Welt zu spritzen:

Pimmel an der Wand meint nicht
meinen oder deinen.
War nie unser, wird's nie sein,
denn wir sind die seinen.

Treffender wurde selten ein überbordendes Geltungsbedürfnis erigiert, nein: sublimiert. Wenn es denn stimmt, daß die meisten Lyriker des zwanzigsten Jahrhunderts an einer narzißtischen Störung litten, dann ist kaum einer von ihnen so wirkungsvoll zu den Wurzeln der Kunst zurückgekehrt wie Robert Gernhardt in diesem Gedicht. Der vermeintlich niedrige Gegenstand wird im hohen Ton einer feuilletonistischen Kunstexegese abgehandelt und das Ganze noch um eine gute Prise deutscher Innerlichkeit angereichert. Gleich in den ersten beiden Zeilen kollidieren treuherzige Freude und anstößiger Gegenstand mit einer Unvermitteltheit, die durch den Paarreim so richtig an den vorderen Bühnenrand gespielt wird:

Pimmel an der Wand –
daß ich dich hier fand!

Dann aber kommt der Künstler im Mann zu Wort. Der hat beizeiten selbst einen flotten Pinsel zu schwingen gewußt und schwelgt nun in nostalgischen Reminiszenzen an seine pastose Vergangenheit. Apropos Pinsel: Den allzu naheliegenden, weil etymologisch angelegten Doppelsinn von *peniculus,* dem »kleinen Penis« des Malers, und dem strammen Schwanz an der Wand hat Gernhardt wohlweislich vermieden. Statt dessen entwickelt er auf dem schmalen Raum von gerade mal vier knappen Zeilen Gernhardt eine doppelte Zweideutigkeit der Wörter »stehen« und »halten«:

> Hielt ihn tags mit Filzstift fest
> und ihm nachts die Treue,
> taglang stand er an der Wand,
> nachts stand er aufs neue.

Die vierte Strophe festigt den hohen Ton mit einer poetisierenden Ellipse (»Daß das nun schon lange her«) und einer Anrufung (»Seht«):

> Daß das nun schon lange her,
> ist kein Grund zum Trauern.
> Seht: Noch immer malen ihn
> Hände an die Mauern.

Die geschmeidig dahinströmende Syntax, die trotz der Zwänge von Reim und Metrum völlig ungekünstelt wirkt, setzt sich in der fünften und sechsten Strophe fort:

> Ist es auch nicht meiner mehr,
> den die Maler feiern,
> ist es doch noch immer er,
> der von prallen Eiern
>
> mächtig in die Höhe wächst,
> um aus seiner Ritzen
> den geschwungnen Lebenssaft
> in die Welt zu spritzen (...)

Das ist nun wirklich meisterlich gemacht, bis in die kleinsten sprachlichen Nischen und Winkel. Man beachte nur einmal die altertümliche »Ritzen«, die hier anstelle einer zeitgenössischen »Ritze« einen feinen Unterschied macht. Und sage mir keiner, der aparte Anachronismus sei allein der Notwendigkeit geschuldet, einen Reim auf »spritzen« zu finden. Nicht doch! Die altertümliche Wendung ist so gut angebahnt, die Kollision zwischen dem hochgemuten Ton und dem tiefhängenden Gegenstand in den vorangegangenen Strophen so solide etabliert worden, daß das ansonsten eher lockere Reimschema hier im Gegenteil noch gestärkt und unterstützt wird.

Ähnliches gilt für die vorangegangene fünfte Strophe. Die sich aus dem semantischen Zusammenhang ergebende Betonung am Ende der dritten Zeile paßt nicht nur bestens in das metrische Schema – der Fachmann spricht von einer »männlichen Endung« –, sondern streicht auch das Reimwort »er« gebührend heraus, das wegen seiner Einsilbigkeit andernfalls leicht überhört werden könnte: »ist es doch noch immer *er*«.

Was kann nach einer derart kunstvoll aufgebauten rhetorischen Entladung noch kommen? Die Antwort lautet: eine pseudoaphoristisches Abkühlung, die nicht nachgeschoben wirkt, sondern einen stimmigen Kontrapunkt zur vorangegangenen Klimax setzt:

Pimmel an der Wand meint nicht
meinen oder deinen.
War nie unser, wird's nie sein,
denn wir sind die seinen.

Für mich ist »Obszöne Zeichnung am Volksbildungsheim« eines der ganz großen komischen Gedichte der deutschen Literatur. Obwohl es das gleiche einfache Reimschema und Versmaß benutzt wie das mediokre Titelgedicht »Körper in Cafés«, könnten beide Gedichte unterschiedlicher nicht sein: matt ironisierter Zeitgeist dort, vitale Komik hier. Womit Gernhardt uns plastisch vor Augen führt, daß zwar die bloße Formerfüllung zum Gelingen eines Reimgedichtes keineswegs ausreicht, daß aber die gekonnte Handhabung der Form für den Erfolg des Dichters unverzichtbar ist. In diesem Fall trägt sie zum makellosen Gelingen eines Gedichtes bei, das wirklich komisch ist – und umgekehrt zu einer Komik, die auch als Gedicht verschärfter Nachprüfung standhält.

*

Die retrospektiv umkreiste Libido hat noch einige weitere Gedichte in »Körper in Cafés« inspiriert. Das vielleicht schönste trägt den Titel »Die Lust kommt«. Man beachte, wie raffiniert Gernhardt hier mit Wiederholungen arbeitet. Durch den geschickten Einsatz von Kehrreimen werden zwei ganz unterschiedliche Empfindungen in ein und dasselbe Gedicht gepackt: der Fatalismus der Resignation und die untergründige Komik, die fast jeder Wiederholung innewohnt. Das Resultat ist komische Verzweiflung.

> Als dann die Lust kam, war ich nicht bereit.
> Sie kam zu früh, zu spät, kam einfach nicht gelegen.
> Ich hatte grad zu tun, deswegen
> war ich, als da die Lust kam, nicht bereit.
>
> Die Lust kam unerwartet. Ich war nicht bereit.
> Sie kam so kraß, so unbedingt, so eilig.
> Ich war ihr nicht, nicht meine Ruhe, heilig.
> Da kam die Lust, und ich war nicht bereit.
>
> Die Lust war da, doch ich war nicht bereit.
> Sie stand im Raum. Ich ließ sie darin stehen.
> Sie seufzte auf und wandte sich zum Gehen.
> Noch als sie wegging, tat es mir kaum leid.
> Erst als sie wegblieb, blieb mir für sie Zeit.

Ein klassischer Atem weht durch dieses Gedicht – und das nicht nur der ebenmäßigen Blankverse wegen. Da hört man nicht so sehr Ringelnatz und Morgenstern im Hintergrund musizieren als vielmehr Platen und Rückert, deren Interesse an arabischen Gedichtformen einst ähnlich hypnotische Sprachmelodien hervorgebracht hat.

Und damit nähern wir uns sozusagen dem großen Geheimnis von »Körper in Cafés«. Die besten Gedichte dieses Bandes bauen keine simple Fallhöhe auf, von der das Gedicht dann jodelnd gen Tal rodelt. Statt dessen verbindet Gernhardt die formalen Finessen großer Vorgänger mit zeitgenössischen Wahrnehmungen zu aufregend formstarken und eigenständigen Gedichten. Es ist kein Zufall, daß diese Verbindung ausgerechnet einem Dichter mit komischem Hintergrund gelingt: Der Komiker lebt von der präzisen Kommunikation mit seinem Publikum, im Gegensatz etwa zu jenen Dichtern, die den hermetischen Strömungen der modernen Poesie nahestehen. Als viele der vermeintlichen Lyrikprofis längst zu Dilettanten ihres eigenen Faches herabgesunken waren, konnte Gernhardt deshalb aus dem vollen einer jahrhundertealten Tradition schöpfen.

Damit Klassizismus glücken kann, bedarf es freilich mehr als eines Handwerksmeisters, der sich mit den Werken der Klassiker gut auskennt. Benötigt wird ein Mensch, der mitten im Leben steht und bei Bedarf auch auf Distanz zu sich selbst gehen kann. Ob Robert Gernhardt so einer war? Daß er zumindest vom Dogma des Dichters im Elfenbeinturm nicht viel hielt, zeigt das folgende Gedicht, das letzte aus dem Band »Weiche Ziele«:

Wenn man mich mit etwas
jagen kann,
dann ist es diese
Kunst-contra-Leben-Schote.

Wer nichts erlebt hat,
kann keine Kunst machen.
Wer keine Kunst gemacht hat,
wie will der fortleben?

Da! Die Liebenden fangen was an,
also sind sie.
Da: Ich ende,
also werde ich sein.

An diese Maxime hat er sich gehalten. Deutsche Landschaften, deutsche Fußgängerzonen, Hotellobbys und

Bahnhofshallen sind die Schauplätze seiner Gedichte. Deutsche Prominente, deutsche Tennisspieler, Rennfahrer und Politiker figurieren in fast schon schmerzhafter Konkretion als die Helden und Antihelden seines lyrischen Werkes. Wenige deutsche Dichter haben soviel vom vermeintlich »richtigen Leben« in ihre Gedichte geholt wie Gernhardt, mit Sicherheit hat es keiner der in den letzten fünf Jahrzehnten hoch gehandelten Lyriker getan.

Boshaft könnte man statt vom »richtigen« auch vom banalen Leben sprechen und hätte so unrecht nicht. Vieles in den nach »Körper in Cafés« wieder langsam anschwellenden Gedichtbänden Gernhardts reagiert bedenklich kurzschlüssig auf Anlässe aller Art. Manches Gedicht ist mit seinem Gegenstand schnell verblaßt, andere scheinen mit dieser Vergänglichkeit nachgerade lustvoll zu spielen. Titel wie »Der ICE hat eine Bremsstörung hinter Karlsruhe« und Anfangszeilen wie »Der Pissefleck am Fuß der Rolltreppe der / U-Bahn-Station Miquel-Adickes-Allee« lesen sich aus dieser Perspektive fast schon wieder wie poetologische Statements: Nicht ewige Werte, sondern schnelle Reaktionen sind gefragt.

In dem Band »Körper in Cafés« aber gebiert das Konkrete nicht das Ephemere, sondern das Exemplarische, und ein Spaziergang durch die baden-württembergische Provinz- und Schnäppchenstadt Metzingen gibt zu Beobachtungen Anlaß, die weit über die örtlichen Outlet-Offerten hinausreichen. Das Gedicht namens »Nachdem er durch Metzingen gegangen war« findet sich folgerichtig weder in Kapitel II des Bandes (»Heimat«), noch in Kapitel V (»Fremde«), sondern bildet den Auftakt zu Kapitel IX. Dessen Titel aber lautet: »Sinn«.

> Dich will ich loben: Häßliches,
> du hast so was Verläßliches.
>
> Das Schöne schwindet, scheidet, flieht –
> fast tut es weh, wenn man es sieht.

Wer Schönes anschaut, spürt die Zeit,
und Zeit meint stets: Bald ist's soweit.

Das Schöne gibt uns Grund zur Trauer.
Das Häßliche erfreut durch Dauer.

Eine gewisse goethesche Sentenzhaftigkeit zeichnet diese Zeilen aus. Wiederum wird der hohe Ton nicht demontiert, sondern liebevoll gegen den Strich gestriegelt. Die Ironie des Gedichtes wendet sich nicht gegen dessen formale Vorbilder, sondern gegen den schmerzlichen Mangel an Schönheitsempfinden im ausgehenden zwanzigsten Jahrhundert. Im Gegenzug wirkt die Schönheit des Alten als Antidot gegen die Häßlichkeit des Jetzigen. Deshalb ist das Gedicht in der Abteilung »Sinn« auch bestens aufgehoben: Es gibt dem zeitgenössischen Unsinn einen Scheinsinn – und einen echten lyrischen Mehrwert eben in Gestalt dieser Zeilen. Das Tröstliche des Verfahrens teilt sich ohne Umschweife dem Leser mit, der bei den Metzingen-Versen schnell zu einem eifrigen Benutzer wird. Insbesondere die beiden finalen Zweizeiler lassen sich in ungezählten Alltagssituationen so erkenntnisfördernd wie schmerzlindernd anwenden:

Wer Schönes anschaut, spürt die Zeit,
und Zeit meint stets: Bald ist's soweit.

Das Schöne gibt uns Grund zur Trauer.
Das Häßliche erfreut durch Dauer.

Hinter solchen Formulierungen steht natürlich das gekränkte ästhetische Empfinden einer feinsinnigen Künstlernatur. Jenes Zweckmenschentum, das einen von der Homepage der Schnäppchenmetropole Metzingen miefig anweht (www.metzingen.de), hat Gernhardt ebenso verspottet wie eine durchrationalisierte Kunstmoderne, die sich zu Schönem nicht mehr imstande sieht. Recht so! Es ist ja auch wirklich nicht einzusehen, warum ausgerechnet die Schönen Künste sich zu Handlangern eines Kapitalismus machen lassen sollten, der Feuchtwiesen in Industriegebiete und historische Altstädte in systemgastronomische Slums verwandelt.

Das hat der klassisch bis klassizistisch geschulte Kunstmensch letztlich mit dem Komiker gemein: daß ihn das neueste Kraft-durch-Freude-Programm welches auch immer waltenden Systems nicht sonderlich in Versuchung führen kann. Was des einen Sinn für Schönheit verletzt, fordert des anderen Spottlust heraus. Wobei Gernhardt nicht verborgen geblieben sein dürfte, daß auch der Sinn für Schönheit bisweilen diktatorische Züge annimmt. Anders läßt sich das Gedicht »Herbstlicher Baum in der Neuhaußstraße« kaum verstehen.

> Wie sehr bemerkenswert ist doch
> ein dunkler Baum, durch den ein Wind geht,
> wenn dieser Wind schön mild ist und
> der große Baum scharf gegens Licht steht,
> doch so, daß er am andern Rand
> sich ganz und gar vereint dem Glänzen.
> So also, links und rechts vom Licht begrenzt
> und rechts so lichterfüllt, daß Grenzen
> im Leuchten einfach weg sind und
> ein Seufzer kommt aus meinem Mund.

Der so seufzt, ist ein bukolischer Connoisseur von hohen Graden. Ehe der gewünschte ästhetische Kick sich einstellt, muß die Natur ihm nämlich erst einmal eine Vielzahl von Wünschen erfüllen. Man beachte, wie das lyrische Ich nach den scheinbar arglos bewundernden Eingangszeilen die Bedingungen zunehmend verschärft, ehe es sich endlich zu seinem finalen Seufzer bereit findet. Der besseren Ein- und Übersicht halber habe ich die Bedingungswörter nachfolgend kursiv gesetzt:

> Wie sehr bemerkenswert ist doch
> ein dunkler Baum, durch den ein Wind geht,
> *wenn* dieser Wind schön mild ist *und*
> der große Baum scharf gegens Licht steht,
> *doch so, daß* er am andern Rand
> sich ganz und gar vereint dem Glänzen.
> *So also,* links und rechts vom Licht begrenzt
> und rechts *so* lichterfüllt, *daß* Grenzen
> im Leuchten einfach weg sind und
> ein Seufzer kommt aus meinem Mund.

Wiederum nimmt Gernhardt einen fremden Ton auf, um eigenes Empfinden auszudrücken. Diesmal ist es Rilke, dessen Dinggedichte – siehe Kapitel drei – weniger von tatsächlichem Interesse für die Erscheinungen der Welt künden als vielmehr von einer hysterischen Erregbarkeit angesichts bestimmter Schlüsselreize. Daß Gernhardt neben dem parodierten Vorbild auch die eigene Person im Sinn hat, bedeutet ziemlich unmißverständlich der Gedichttitel mit der Erwähnung der Frankfurter Neuhaußstraße, dem Wohnsitz des Dichters. So oder so halte ich »Herbstlicher Baum in der Neuhaußstraße« für einen der besseren mir bekannten Beiträge zur Rilke-Forschung, und als Parodie ist es der handelsüblichen Ware vom anderen Robert, dem Neumann-Robert nämlich, haushoch überlegen.

*

Wir wollen ein letztes Gedicht aus »Körper in Cafés« hören. Auch dies ist ein Körpergedicht, wenn auch hoffentlich keines, das in einem Café spielt. Es trägt den Titel »Aufforderung«.

> Tage gibt es, da ich mich entleere.
> Ich zieh das voll durch. Gleich einer Blase,
> die man ansticht, treib ich Stoff und Gase
> aus. Durch alle Öffnungen fällt Schwere

Von mir ab. Der Leib wird eine Hülle,
die nichts hält. Da! Jetzt entweichen
auch Hirn, Herz, Seele und dergleichen,
bis nur Leere ist. Und das meint: Fülle!

Man weiß nicht recht, wovon dieses Gedicht handelt, will es vielleicht so genau auch nicht wissen. Tatsächlich scheint Gernhardt das Motiv des Sich-selbst-Neuerfindens hier auf einer sehr körperlichen Ebene zu erzählen. Daß sich dann schließlich »Hirn, Herz, Seele und dergleichen« unter die entweichende Masse mischen, ruft einerseits einen Abwehrimpuls hervor, läßt andererseits aber auch etwas von der großen Befreiung ahnen, die eine solche Erlösung von der eigenen Person mit sich bringt. Wer will schon lebenslänglich als Sandwichmann für die eigenen Eigenschaften herumirren, wenn er im Grunde seiner selbst eine tiefe Leere verspürt?

Der Schluß des Achtzeilers ist ambivalent. Gernhardt macht sich hier eine Doppeldeutigkeit der deutschen Sprache zunutze: Das Wort »Fülle« kann ja sowohl ein Substantiv als auch einen Imperativ bezeichnen; ob die schlußendlich erzielte Leere zugleich eine Erfüllung ist, oder ob sie eine Aufforderung zum neuerlichen Auffüllen darstellt, bleibt demnach offen. Fest steht hingegen, daß wir hier zu einem zentralen Motiv im Seelenhaushalt Robert Gernhardts zurückkehren. Wir haben ja vorhin schon von der großen Bedürftigkeit dieses Autors gesprochen. Jetzt wollen wir der Frage nachgehen, woher diese innere Leere rühren könnte. Und da stellt sich zunächst die Frage, was wir eigentlich über jenen Robert Gernhardt wissen, der noch keine öffentliche Person war.

Die Antwort lautet: »erstaunlich wenig«. Lediglich der zum fünfundsechzigsten Geburtstag erschienene Band »Alles über den Künstler« bietet eine einigermaßen umfassende Zeittafel. Und da zeichnet sich in wenigen Absätzen ein veritables Kindheitsdrama ab. Robert Gernhardt wird im Jahr 1937 im estländischen Reval als Sohn des Rechtsanwalts und späteren Richters Robert Gernhardt und dessen Frau Ruth geboren. Er ist der älteste von drei Brüdern. Als Estland infolge des Hitler-Stalin-Paktes der Sowjetunion zufällt, wird die Familie nach Posen umgesiedelt und der Vater zum Militärdienst eingezogen. Die Mutter darf im Januar 1945 zusammen mit den drei Söhnen das umkämpfte Posen verlassen; der Vater muß zur Verteidigung in der Stadt verbleiben. Er fällt in den letzten Kriegsmonaten.

Acht Jahre alt ist Robert Gernhardt, als ihn die Flucht zusammen mit der Mutter und den Brüdern zunächst in eine thüringische Kleinstadt, später in die Nähe von Hannover führt. Da die Mutter nun für den Familienunterhalt aufkommen muß, werden die Kinder zeitweise in Kinderheimen untergebracht. Robert Gernhardt erlebt diese, wie er selbst sagt, »dunkle Zeit« in einer Anstalt nahe Bückeburg. Erst als die Familie im Jahr 1946 nach Göttingen übersiedelt, stabilisieren sich die Verhältnisse. Bis zu seinem Abitur im Jahr 1956 lebt Gernhardt in der niedersächsischen Universitätsstadt und bleibt, wie es scheint, von weiteren familiären Katastrophen verschont.

Magere Daten aus bewegten Jahren sind das, und viele Fragen bleiben unbeantwortet. Feststehen dürfte freilich, daß Schicksalsschläge wie der Vaterverlust, gefolgt von einem zeitweiligen Mutterverlust, nicht ohne Konsequenzen bleiben können. Da hilft es auch nichts, daß Zehntausende anderer Familien in den ersten Nachkriegsjahren mit ähnlichen Schicksalen zurechtkommen mußten. Sogar einige Parallelen zu anderen Dichtern unserer Prüfungsserie scheinen auf: Ungeliebte Verschickungen hatten wir bei Rilke, den zeitweisen Mutterverlust bei Busch, das Fluchterlebnis bei Hartung, die Rolle des ältesten Bruders in Abwesenheit des Vaters bei Enzensberger, das Aufwachsen als vaterlose Halbwaise bei Rühmkorf.

Zeichnet sich hier so etwas wie eine Dichterschule der Verluste und Vernachlässigungen ab? Muß man, um gute Dichter zu produzieren, junge Menschen lediglich der Sicherheit eines intakten Familienlebens berauben? Schwerlich, denn sonst könnten wir uns vor guten Lyrikern kaum retten. Vieles muß hinzukommen, damit aus einem isolierten Kind ein Poet von weitreichender Strahlkraft wird – Sprachvermögen, Handwerk, Kenntnis der Tradition, Wahrnehmung der Umwelt wie der eigenen Person, um nur einige Zutaten zum gelungenen Ganzen zu nennen.

Und doch scheint es, als würden Gedichte einen großen Reiz auf Menschen ausüben, die in jungen Jahren Mißachtung erfahren haben. Vielleicht liegt es daran, daß die Lyrik mehr als andere literarische Gattungen das *Subjekt* zur Sprache kommen läßt. Anerkennung dafür, daß man so ist, wie man ist (für den Rigorismus, »von niemandem als mir zu singen«, um es mit Gernhardt zu sagen), stellt zumindest theoretisch eine wunderbare Kompensation für die entgangene Kindheitserfahrung dar, nur um seiner selbst willen geliebt zu werden.

Aber eine Kompensation ist kein Ersatz für die Sache selbst. Letztlich muß das Versprechen, das die Dichtung gegenüber den Dichtern macht, uneingelöst bleiben: Zum einen kann keinerlei künstlerische Anerkennung ein grundlegendes emotionales Defizit füllen, zum anderen entspricht der oft aufwendige Produktionsprozeß von Gedichten nicht gerade dem kindlichen Wunsch, voraussetzungslos geliebt zu werden. (Vielleicht ist letzteres ja der Grund, weshalb die besonders bedürftigen Dichter den Arbeitsprozeß gern kurz gehalten haben: Rilke war so ein flotter Schreiber, bei Gernhardt verhielt es sich – will man seinem Credo vom »hellen und schnellen« Gedicht glauben – nicht viel anders.)

Zurück zur Kindheit von Dichter Dorlamm alias Robert Gernhardt: Was mag der Schock eines zeitweise doppelten Elternverlustes den sechsjährigen Robert gelehrt haben?

Seine Talente einzusetzen, um die eigene Unverzichtbarkeit unter Beweis zu stellen? Robert Gernhardt ist, wie es scheint, ein braves Kind geworden, eines, das der Mutter keinen Anlaß gab, sich seiner entledigen zu wollen. Doch hinter dieser eilfertigen Anpassung schwelte ein Zorn auf all die Institutionen, die Anpassung forderten.

Robert Gernhardt hat in den achtziger und frühen neunziger Jahren eine Reihe von Erzählungen veröffentlicht, die in der Lebenswelt eines gutsituierten Mannes um die Fünfzig angesiedelt sind. Der Band »Kippfigur« zum Beispiel, 1986 erschienen, bildet mit seinen dreizehn Erzählungen mosaikartig das Porträt eines Erzählers hinter den Erzählern ab. Die Helden dieser Geschichten sind arrivierte Intellektuelle mittleren Alters, sie wohnen in westdeutschen Metropolen, sie sind in westdeutschen Mittelstädten aufgewachsen, sie verfügen über ein Ferienhaus in der Toskana und blicken auf einen interessanten Stammbaum zurück (»mächtige Gestalten, die weitläufige estnische Güter verwaltet und schneeweiße bulgarische Pferde geritten hatten«, so das Prosastück »Fahndung und Gegenwart«). Diese Herren sind verheiratet, leben aber – teils mit Wissen und ausdrücklicher Ermunterung ihrer Ehefrauen – auch Außenbeziehungen aus.

Trotzdem haben es diese klugen, bei aller Klugheit seltsam ungereiften Männer mittleren Alters nicht ganz leicht mit den Frauen. In der Erzählung »Die Flucht in die Falle« gerät der Held dank seiner oberlehrerhaften Art in groteske Streitigkeiten mit seiner jungen Geliebten, und auch in den anderen Erzählungen ist es oft mehr das Gesagte als das Unausgesprochene, das die Beziehung zwischen Mann und Frau bestimmt. Das kurze Prosastück »Fahndung und Gegenwart« schildert beispielsweise die Anbahnung und das Drumherum eines One-Night-Stands, und auch hier ist die Annäherung des männlichen Protagonisten an die weibliche Hauptfigur durch exzessive Verbalisierung gekennzeichnet:

Wer nebeneinander sitzt, kann miteinander reden. Der kluge Mann redete mit der schönen Frau. Rasch fand er heraus, daß sie ebenfalls klug war. Von diesem Moment an schlug er eine Doppelstrategie ein. Er versuchte, seine Klugheit ins beste Licht zu setzen, indem er sich bemühte, der schönen Frau kluge Dinge zu sagen oder ihr doch wenigstens kluge Fragen zu stellen. Zugleich, doch dessen war er sich anfangs gar nicht bewußt, suchte er nach Gelegenheiten, sich der schönen Frau zu nähern, indem er ihr Feuer gab oder große geistige Zusammenhänge herstellte, die es ihm erlaubten, ebenso weitläufige Bewegungen auszuführen. So viel Beredsamkeit. Hin und her fuhren seine Hände, selbst während des Essens kamen sie kaum zur Ruhe.

Die Unkontrollierbarkeit einer Begegnung in dem Bereich, wo »Körper Flagge zeigen« müssen, wird hier durch den kontrollierbaren Bereich kluger Konversation entschärft. Dahinter steht zweifellos die Angst vor Kontrollverlust, letztlich wohl vor Zurückweisung. Das Unerlöste und Uneinlösbare eines derart überreflektierten Verhaltens kommt in der Folge der Begegnung hinreichend zum Ausdruck, daran ändert auch ein kurzes Innehalten nichts:

Doch die klare Nachtluft ließ ihn für einen Moment innehalten. Er erinnerte sich ähnlicher Momente, in denen er ähnlich innegehalten hatte. Warum die Leerräume zwischen den Wörtern ausfüllen? Konnten die Sätze, die sie zu bilden im Begriff waren, jemals das halten, was der noch unbeschriebene Raum versprach? Wie sollten sie. Konnte der kluge Mann ausgerechnet jetzt abbrechen, da doch die Möglichkeit bestand, die Verheißung der Wörter in bislang ganz unerhörten Sätzen einzulösen? Wie sollte er. Also weiterreden.

Letztlich steht hinter all den Worten eine große Bedürftigkeit, die auch nicht durch das fast nebensächlich erscheinende Gelingen der erotischen Begegnung befriedigt werden kann. Am Tag danach sucht der Mann die Frau nämlich noch einmal auf, und diesmal wird klar, daß er sich nach nichts Geringerem sehnt als nach umfassendem Verständnis:

> Der Drang, die eigene Geschichte mitzuteilen, habe sicherlich eine doppelte Ursache, warf der kluge Mann ein. Da gebe es eindrucksvolle biographische Details, die auf die Bewunderung des Zuhörers zielten, und geradezu beschämende, die es auf seinen Widerspruch abgesehen hätten. Er mache sich gern klein, in der Erwartung, sogleich vom Gegenüber aufgerichtet zu werden. Um genau zu sein: vom liebenden Gegenüber. Das sei sozusagen eine Probe; wer ihn liebe, der könne ihn unmöglich so liegenlassen. Wer ihn aber nicht aufrichte, der sei, da er ihn nicht liebe, auch keiner Gegenliebe wert. Seine Gegenliebe jedoch bestehe darin, daß er, kaum aufgerichtet, sich auf den Aufrichtenden stütze und ihn bedrücke.

Sexualität ist nur das Eintrittsgeld, das für ein regressives Sich-Überantworten an die ersatzmütterliche Geliebte zu entrichten ist, und das ununterbrochene Reden bereitet die Frau schon einmal auf das vor, was von ihr erwartet wird: niemals nachlassende Aufmerksamkeit und Fürsorge für den kleinen, pardon: den klugen Mann.
Die bittere Kehrseite solcher scheinbaren Vertrauensbeweise ist der aufwallende Zorn des nun schon nicht mehr ganz so klug wirkenden Mannes über die eigene emotionale Unselbständigkeit. Die Schuld dafür sucht er freilich nicht bei sich selbst, sondern bei denen, die seine Ansprüche erfüllen sollen, also bei den Frauen. Und sein Zorn weist weit zurück in eine angepaßte, brave Kindheit. In einer anderen Erzählung, »Reich der Sinne, Welt der Wörter«, stellt Robert Gernhardt den Zusammenhang ganz

unverhohlen her: Der Protagonist verabschiedet sich nach einem erotischen Stelldichein soeben von seiner Geliebten, da suchen ihn unvermutet Erinnerungen heim:

> Schon lagen Tarzan und Jane weit hinter ihm, gerade war er durch eine weitere trübe Überlegung geglitten, die, daß er zeit seines Lebens zum Ernstsein angehalten worden war, von Pfarrern erst, von Lehrern, schließlich von Frauen; dem Glaubens- und Lernernst war er glücklich entkommen, doch nur, um sich in Körper- und Lusternst zu verfangen. (...) Gedankenkontrolle! War das nicht schon immer das erklärte Ziel all dieser totalitären Mächte gewesen, der Pfarrer, der Lehrer, der Frauen? Jetzt trug es ihn so richtig aus der Kurve, und er genoß es.

Halten wir ganz unverbindlich fest, daß der Erzähler durch die erotischen Begegnungen in einen Kontrollzusammenhang gerät, der ihn bis in die Kindheit zurückführt. *Eine* Frau wird freilich nicht genannt, und doch ist sie vermutlich die erste in diesem Reigen: die Mutter. Diesen Zusammenhang hat Gernhardt einige Jahre später in einem Gedicht namens »Burschi« aus dem Band »Weiche Ziele« hergestellt.

Ehe wir mit diesem Gedicht schließen, sei noch auf die Rolle der Komik in Robert Gernhardts Biographie hingewiesen: Sie scheint für diesen Dichter lange Zeit den Reiz des Verbotenen, des Regelverstoßes gegen »Glaubens- und Lernernst« gehabt zu haben. Komik war ihm vielleicht ein Mittel zur Selbstbefreiung aus der Bravheit des Buben, der nie wieder in ein Kinderheim gesteckt werden wollte und sich deshalb Pfarrern, Lehrern und Frauen akkomodierte.

Aus dieser Perspektive wird denn auch schlagartig klar, warum unser Dichter sich so lange bei gereimten Parodien auf die vermeintlich ewigen Werte der Kultur und der

Religion aufhalten mußte, ehe er mit »Körper in Cafés« seinen eigenen lyrischen Ton amalgamierte. Frühe Gernhardt-Reißer wie das durch Otto Waalkes breitenwirksam interpretierte »Gebet« (»Lieber Gott, nimm es hin / daß ich was Besond'res bin«) oder »Weils so schön war« (»Paulus schrieb an die Apatschen: / Ihr sollt nicht nach der Predigt klatschen«) gewinnen vor dem biographischen Hintergrund einer angstvoll angepaßten Jugend eine ganz neue, fast schon heroische Ausdrucksstärke. Noch stärker sollten vor diesem Hintergrund jedoch die Gedichte in »Körper in Cafés« leuchten. Robert Gernhardt hatte mit ihnen seinen ganz eigenen Mischton so nachhaltig gefunden, daß die Lyrik seitdem der Schwerpunkt seiner Arbeit blieb.

Und nun kommen wir, wie angekündigt, zu dem Gedicht »Burschi« und der Beziehung, die es zwischen der ersten und den späteren Frauen im Leben des Mannes herstellt. Das Gedicht ist ein wenig obskur, die Qualität der Analyse nicht sonderlich hoch. Immerhin eines wird klar: Hinter den hochgesteckten Erwartungen an Frauen steht eine so starke wie prekäre, weil niemals ganz ins Erwachsensein überführte Mutterbindung. Mit Bezug auf die bereits erwähnten Oberkellner könnte man vielleicht sagen: Robert Vaterlos sucht die Anerkennung federführender Häuptlinge; Robert Muttersohn reibt sich an der sanften Kontrolle der Frauen. Ein doppelt schweres Los!

Niemals nie allein gewesen,
immer war da so ein Besen:

War da Frau, Geliebte, Mutter,
war'n da Socken, Liebe, Futter.

Sind da Uralt-Phantasien:
Burschi wird per se verziehen.

Niemand darf mit Burschi rechten,
Burschi aber alle knechten,

Doch da alle Burschi brauchen,
darf der vögeln, trinken, rauchen,

Darf sich mopsen, darf sich aalen,
ohne jemals zu bezahlen,

Darf bestrafen, darf beerben,
kann nur eines nicht: nicht sterben.

Superkräfte wär'n vonnöten,
wollte jemand Burschi töten,

Dreifach müßten die agieren,
sollte Burschi je verlieren,

Da je eine dieser Mächte
Burschi lediglich leicht schwächte,

Und sie auch als Paar von Mächten
Burschi nicht zur Strecke brächten –:

Dreifach also. Muß ich sagen,
Welches Trio welcher Plagen

Burschi ins Verderben triebe?
Richtig: Futter, Socken, Liebe.

X

FALTEN UND FALLEN

Heute wollen wir uns mit den neunziger Jahren beschäftigen, dem letzten Jahrzehnt jenes glorreichen Säkulums, in dem die Poesie von den Neurotikern in die Arme geschlossen und so lange nicht mehr freigegeben wurde, bis sie in deren Umhalsung schon zu röcheln begann. Als sie anfingen, die desillusionierenden Neunziger, dachte Ihr vielfach verdienter Prüfer vom Lyrik-TÜV noch, die Deutschen stünden mehrheitlich auf passablem Fuß mit ihrer Muttersprache, wenn auch mit unterschiedlicher Trittsicherheit und auf verschiedenen Ebenen der Befähigung. Am Ende des fraglichen Jahrzehnts hat er einsehen müssen, daß die einzige Ebene, auf der sich offenbar alle Mitglieder der deutschen Sprachgemeinschaft treffen, diejenige ist, auf der man kreischend und grunzend nach unten rutscht.

Sie alle, liebe Leser, wissen aus eigener Anschauung, wie es klingt, wenn heutzutage Stummeldeutsch gestammelt und geschrieben wird. Aber besteht nicht auch Anlaß zur Hoffnung, und hat nicht das segensreiche Wirken mahnender Sprachwalter und -wahrer uns Kulturpessimisten in den letzten Jahren immer wieder gestärkt und erfrischt? Konnte vielleicht sogar der eine oder andere Ratschlag dieser Volkserzieher die verrohte Kollektivseele erreichen und dort seine Wirkung tun? Werfen wir einen Blick auf das Fieberthermometer der kommunen Sprachverrohung, die sogenannten »Leserrezensionen« des populären Buchversenders Amazon. In diesem Fall geht es um ein Werk namens »Der Dativ ist dem Genitiv sein Tod«. Wir beginnen unser kleines Zitatenpotpourri bei einem Leserrezensenten namens »buecher-anaconda«:

> Ich finde die Sammlung der Kolumnen eine kurzweilige Möglichkeit ein bisschen über deutsche Sprache und Stilformen zu lernen und vielleicht auch ein bisschen nachzudenken. Man muss ja nicht alles im Anschluss ausleben, aber ich fand schon einige Dinge sehr interessant.

Das finde ich ein bißchen auch. Wer will denn alles »im Anschluss« ausleben, wenn man damit Gefahr läuft, den Anschluß zu verpassen. Jedenfalls ist das eine sehr ordentliche Leistung von »buecher-anaconda«. Cirka zwölf Korrekturen, und selbst mein alter Deutschlehrer wäre mit diesen zwei Sätzen recht zufrieden gewesen.

> Diese Sammlung von Kolumnen ist lehrreich und regt auf kurzweilige Weise dazu an, über die deutsche Sprache und deren Stilformen nachzudenken. Selbst wenn man nicht jeden Ratschlag des Autors befolgen möchte, bietet das Buch eine interessante Lektüre.

Na bitte, es geht doch. Wenn Sie bis zum Abitur keinen Ihrer Mitschüler umlegen und im Fach »Handykunde« immer auf die richtigen Tasten drücken, liebe Anaconda, werden die deutschen Elite-Universitäten der Zukunft Sie mit Kußhand nehmen. Ach so, Sie sind fünfundvierzig und Studienrat für Deutsch? Auch gut, auch gut. Einen angenehmen vorgezogenen Ruhestand wünschen wir Ihnen.

Was aber hat es mit »Teil II« von Bastian Sicks stilkritischem Epos auf sich? Bitte, Robin M., Sie haben das Wort beziehungsweise eben nicht.

> Auch Teil II lege ich Ihnen ans Herzen.

Danke, das ist aber lieb von Sie. Und daß Sie in einer anderen Leserrezension gar Lessings »Emilia Galotti« allen »die sich zu deutscher Literatur herangezogen fühlen«, wärmstens empfehlen, macht Ihnen mich gleich doppelt sympathisch. Man möchte sich Sie nachgerade, äh, herangezogen fühlen und herzen. Aber gilt das auch für Herrn Sick *himself?* Maria Conlan aus Münster, Sie sind dran:

> Ein Journalist der kritisch den aktuellen Sprachgebrauch ins Blickfeld rückt und das mit zahlreichen Infos und Tabellen untermauert – äußerst gelungen und auch für Schulen empfehlenswert!

Ja, liebe kommasparende Frau Conlan, so einen gelungenen Journalisten sollte sich tatsächlich jede Schule leisten. Woraus hätten Sie das schmucke Standbild denn gern: Marmor, Stein oder Eisen? Eigentlich egal, nicht wahr? Hauptsache, der Sockel ist schön mit »Infos und Tabellen untermauert«, und wenn noch ein paar Kommata dabei sind, soll uns das auch nicht stören. In Ihrem selbstverfaßten Amazon-Profil steht übrigens, daß Sie »Bücher in kleineren Portionen genießen, neben Berufstätigkeit und Familienmensch«. So geht es uns, neben Rumlungern und Einsiedler, mit ihrer Prosa auch.

Einen letzten Amazonisten haben wir noch an der Strippe. Bitte, frankie eyes (Berlin), sagen Sie uns doch, was nicht nur alles in diesem Buch versammelt ist.

> Das alles ist in diesem Buch versammelt und ist nicht nur zum Schmunzeln, sondern auch hilfreich.

Es ist übrigens aber auch ein Jammer, daß so gar kein Anglizismus anzutreten gewillt ist, der deutschen Sprache das »Schmunzeln« auszutreiben. Die Deutschen, ach, sie sind ein Volk der Schmunzler geworden. Wo man auch hinschaut, wird geschmunzelt. Deutsches Schmunzeln ist heute das, was früher deutsche Gemütlichkeit war. Gleich nach der Arbeit braust der Deutsche nach Hause, plumpst in seinen Poäng-Sessel und führt seiner Seele deutsches Schmunzelgut zu. Schmunzeln, das ist Lächeln mit Schäferhund, hätte ich fast gesagt, aber ich heiße ja nicht Maxim Biller und weiß deshalb, daß der deutsche Schäferhund unserer Tage ein Golden Retriever ist.

All das Geschmunzel im Neuen Deutschen Hilfreich kann nicht ohne Auswirkungen auf die Jugend unseres Volkes bleiben. Schmunzelnd hat sie die eigene Sprache in einem Tempo verlernt, das selbst eingefleischte und in der Wolle gefärbte Kulturpessimisten wie *moi* nicht für möglich gehalten hätten. Lyrik aber, das wagen wir zu prognostizieren, wird sie nicht mehr lesen. Warum sollte sie auch, wo alle sprachlichen Feinheiten doch gänzlich unbemerkt an ihr vorbeisegeln würden. Schlimm? Mitnichten. Viel übriggeblieben ist von der Schönheit der Poesie nämlich ohnehin nicht, seit die Lyriker in einer geheimen Abstimmung beschlossen haben, daß ihre Hervorbringungen statt von nachvollziehbaren Gefühlen und Wahrnehmungen fortan vor allem von der Sprache selbst zu handeln haben. Und das ist dann ja wiederum doch sehr gerecht: daß die armseligen kleinen Sprachmarotten, mit denen unsere alten und jungen Nachwuchslyriker Bedeutsamkeit simulieren, über Nacht als das erkennbar sind, was sie immer schon waren: Rechtschreibschwächen.

Kleinschreibung von Hauptwörtern? Können die Amazon-Leserrezensenten auch. Trennung von Komposita? Meine Fleischereifachverkäuferin (eine in ihrem Bereich vortreffliche Frau) wußte gar nicht, daß es auch anders geht. Durchgehender Verzicht auf Kommata? Kein Problem für den durchschnittlichen Bachelor-Absolventen von heute. Ja, sie waren die wahre Avantgarde, all die zwanghaften und unbelehrbaren »klein schreiber« und »gross sprecher« der zeitgenössischen Lyrik – die stolze, klägliche Avantgarde des neuen Analphabetismus.

»Haltbar bis 1999« hat Peter Rühmkorf, in den siebziger Jahren, einen seiner Gedichtbände genannt. Recht hatte er. Der Karren steckt im Dreck. Das Kind ist im Brunnen. Das Haltbarkeitsdatum der Lyrik ist abgelaufen. Es gibt keine Zukunft für die Poesie, jedenfalls nicht vor der nächsten Eiszeit. Vielleicht überleben ja ein paar Amseln; die scheinen mir mit ihrem abendlichen Gesang für eine künftige Poesie am besten gerüstet zu sein. Wir vom Lyrik-TÜV wünschen unseren schwarzgefiederten Freunden bei diesem Unterfangen viel Glück.

*

Nun könnte manch einer natürlich glauben, der Lyriker Durs Grünbein sei die grünende Hoffnung für alle, die sich in diesen Jahren zweifelhafter Rechtschreibreformen und zunehmender Sprachverlotterung nach der guten alten Zeit sehnen. Und tatsächlich: In seiner Generation schreibt sonst keiner Verse von solch lindem Klassizismus wie die folgenden. Was natürlich auch daran liegt, daß es technisch gar nicht so einfach ist, fünf Strophen in dieser fein abgezirkelten Manier hinzukriegen.

> Alter Erzengel, was nun?
> Müde geworden? Dein Flammenschwert
> Steht zur Auktion und die Flügel ruhn
> Im Theaterfundus. Was ist er wert,
>
> Dein heiliger Zorn, – ohne die Schranken,
> Die der Hybris gesetzt sind. So leicht
> Kommt hier nichts mehr ins Wanken.
> Wen dein Arm nicht erreicht,
>
> Soll der Strahlblick ihn strafen?
> Lächerlich bist du, vergeßlich geworden.
> Folter hast du, Geschäfte, verschlafen,
> Das zeugenlose belustigte Morden.

> Alzheimer: heißt *so* das Ende der Schrecken?
> Kranker Engel, du weißt, was geschieht
> Ist Geschichte, – danach. Laß sie stecken,
> Deinen Bann, deinen Fluch. Wer dich sieht,
>
> Lebt im Glück der Vertreibung. Das Böse
> Gibt sich politisch. Es hat kein Gesicht.
> Arbeitslos stehst du, taub im Getöse
> Des Zeitvertreibs vor dem Jüngsten Gericht.

»Alzheimer Engel« heißt das Gedicht aus dem 1999 erschienenen Band »Nach den Satiren«, bei dem sich Lyrikfreunde alter Schule scheinbar bedenkenlos unterhaken können. Das unsichere Neue wird hier mit Reminiszenzen an das gesicherte Alte umkreist. Schon die Mischung aus Dinggedicht und Engelskunde läßt unweigerlich an Rilke denken. Anders als bei Rilke macht das himmlische Wesen hier jedoch einen ziemlich irdischen, nachgerade ramponierten Eindruck. Die Idee, Gestalten aus der antiken Mythologie und der christlichen Glaubenswelt in zeitgenössische Zusammenhänge zu stellen, ist nicht neu. Vor Grünbein haben sich bereits ganze Kohorten von Lyrikern dieses Kunstgriffs bedient, mit sehr amüsantem Effekt zum Beispiel Peter Maiwald:

> Es ist alles in Ordnung:
>
> Nessos Hemd ist von Lacoste.
> Kain sitzt im Resozialisierungskurs römisch vier.
> Prokrustes ist eine Hotelkette.
> Keine Erinnye darf wegen ihres Geschlechts
> oder ihres Motivs benachteiligt oder verfolgt werden.
> Die Trompeten von Jericho sind das Erkennungszeichen
> von Abbruchunternehmern.
> Midas ist ein Bankangestellter (...)

Durs Grünbein strebt eine weniger erheiternde Wirkung an. Schon der Titel deutet es an: »Alzheimer Engel«, das klingt ein bißchen nach »Isenheimer Altar«, wie ein Stück intakter Engelsmythologie also, nur daß »Alzheimer« keinen realen, sondern einen geistigen Ort bezeichnet. Besser gesagt: einen Unort des Vergessens und der Weltferne, vor allem aber des schmerzlichen Traditionsverlustes. Entsprechend deutlich sind die kulturkritischen Akzente gesetzt. Mit zwei Zeilen steckt Grünbein das geistige Terrain so unmißverständlich ab, daß selbst ein Erstsemester verstehend nickt: Aha, *Posthistoire*.

> Kranker Engel, du weißt, was geschieht
> Ist Geschichte, – danach.

Was diese Nachgeschichte im einzelnen auszeichnet, haben wir anderswo schon in ähnlicher Diktion gehört:

> (…) Das Böse
> Gibt sich politisch. Es hat kein Gesicht.

Das klingt nun nicht mehr nach Lyrik *für* Erstsemester, sondern nach Lyrik *von* Erstsemestern – jener begabten Sorte, die mehr gelesen als erlebt hat. Gleiches gilt für das »Getöse des Zeitvertreibs«, das »zeugenlose belustigte Morden« und einige ähnlich altkluge und gut abgehangene Formulierungen lyrifizierter Kulturkritik. Und noch eine Spezialität dieses Dichters läßt sich in »Alzheimer Engel« besichtigen: DIE RHETORISCHE DONNERFRAGE. Wie heißt es gleich zu Beginn der vierten Strophe?

> Alzheimer: heißt *so* das Ende der Schrecken?

Wer genau hinhört, merkt schnell: Die unschöne Realität einer Alzheimer-Erkrankung ist das letzte, worauf Grünbein sich jetzt ernsthaft einlassen möchte. Es geht ihm um den Effekt, der sich mit einer scheinbar so weitreichenden Frage erzielen läßt. Entsprechend ungerührt fährt das Gedicht fort. Die erwünschte Reaktion auf die DIE RHETORISCHE DONNERFRAGE lautet folglich nicht »ja«, »nein« oder »vielleicht«. Sie besteht vielmehr im inneren Erröten eines imaginierten Ideallesers, der sich geschmeichelt fühlt, daß man ihn solcher Fragen für würdig befindet. Wer sich nicht blenden läßt, denkt vielleicht eher an einen prahlenden Youngster als an einen reifen Lyriker.

Unser Dichter freilich ist zum Zeitpunkt des Erscheinens nicht zwanzig, sondern siebenunddreißig Jahre alt, Büchner-Preisträger, Mitglied der Darmstädter Akademie für Sprache und Dichtung und hochgefeiert als *das* herausragende lyrische Talent seiner Generation. Dürfen wir von ihm nicht etwas mehr erwarten als ein paar schmissig in Versform gebrachte Feuilletonphrasen »aus dem Theaterfundus«? Wir dürfen. Und deshalb will Ihr dienstbarer Lyrikprüfer kurz vor dem finalen Abschmieren rasch noch ein paar Kreuz- und Querzüge durch das Werk dieses Durs Grünbein unternehmen: um zu schauen, ob und wo dieser Dichter den hohen Erwartungen, die in ihn gesetzt werden, gerecht wird und wie es zu diesen Erwartungen überhaupt kam. Sozusagen das Epizentrum unserer Nachforschungen bildet der 1994 erschienene Band »Falten und Fallen«, mit dem Grünbein seinen Durchbruch erzielte. Doch auch was vorher war und was nachher kam, soll uns – wie immer beim Lyrik-TÜV – hinreichend beschäftigen.

*

Etliche Gedichte des Bandes »Nach den Satiren« schwanken, ähnlich wie der »Alzheimer Engel«, zwischen altkluger und altväterlicher Attitüde. In dem Gedicht »Club of Rome« präsentiert Grünbein in knarzigem Altphilologen-Jargon Schmankerl von Anno dunnemals.

> Tote Carthagos im Rücken, vor den Augen schneeweiß,
> Die Alpen, ein Friedhof für Elefanten.
> War nicht der Römer ein Überlebender, dem die Zeit
> Ostwärts davonlief?

Tja, das ist nun auch wieder so eine fragwürdige Frage. Erneut setzt Grünbein auf das einverständige Kopfnicken humanistisch vorgebildeter Menschen, denen ein paar nostalgische Reminiszenzen wichtiger sind als ein eigenständiger Gedanke. Auch sonst stört, daß den Dingen immer die nächstbeste Bildungsassoziation angeheftet wird, so als säße man im Auffrischungskurs »Römische Geschichte I«. Wo die Alpen sogleich an Hannibals Elefanten denken lassen, stellt sich zu Rom unweigerlich die Katakomben-Assoziation ein. Ziemlich unterirdisch mutet auch die gewundene Sprache an, mit der die Geschichte jenes überlebenden Römers fortgesponnen wird. Schwerer aber wiegt, daß hinter alldem kein emotionaler Gehalt spürbar wird, keine Tragik, keine Dramatik, keine Bestimmung, keine Heiterkeit, nicht einmal die Simulation solcher Gefühle.

> Unterm Fuß Katakomben, in deren tropfenden Gängen
> Fanatiker wohnten, Verdammung kochend
> Mit dem täglichen Mahl, war die Angst vor Barbaren
> Sein letzter Zauber.

Natürlich ist gegen Motive der Antike in zeitgenössischen Gedichten nicht das geringste einzuwenden. Alles zwischen Himmel und Erde kann, darf und soll zum Gegenstand von Gedichten werden. Joseph Brodsky und Zbigniew Herbert haben vorgemacht, wie man Altes aufgreift, ohne ältlich zu wirken. Aber dahinter steht bei diesen wahrhaft klugen Dichtern, mit einem Gedichttitel Herberts zu sprechen, immer die Frage: »Warum Klassiker.« Und wo der unselige Zauberlehrling Grünbein keine andere Antwort weiß als: »Weil's so schön bedeutsam wirkt«, hebt Meister Herbert zu einem meisterhaft verknappten Dreiteiler an, von dem hier zumindest das elegante Oberteil präsentiert sei:

Im vierten Buch des Peloponnesischen Krieges
erzählt Thukydides unter anderem
die Geschichte seines mißlungenen Feldzugs

Neben den langen Reden der Führer
Schlachten Belagerungen Seuchen
dichten Netzen von Intrigen
diplomatischen Schritten
ist diese Episode wie eine Nadel
im Wald

Die griechische Kolonie Amphipolis
fiel in die Hände des feindlichen Führers Brasidas
weil Thukydides mit dem Entsatz zu spät kam

Er zahlte der Heimatstadt dafür
mit lebenslänglicher Verbannung

Die Exilierten aller Zeiten
kennen den Preis

Da gibt es nun allerdings eine Menge zu lernen, nicht zuletzt über das Hantieren mit dem Antiken in den Ländern des früheren Ostblocks. Dort bot das Überstreifen der Toga eine probate Verkleidung, mit der man dem Zugriff des schurkischen Zensors entkommen konnte. Schon Brechts »Das Verhör des Lukullus« bediente sich 1950 dieses simplen Kniffs aus der Verwechslungskomödie. Die hohe Wertschätzung für klassische Bildung, wie sie etwa noch in Christa Wolfs Kassandra- und Medea-Variationen spürbar wird, war nicht zuletzt ein aus der totalitären Not geborenes Kostümspiel.

Ein Problem des literarischen Kassibers besteht darin, daß er nach Gebrauch poetisch quasi nutzlos wird. Ein Meister wie Herbert wußte deshalb allzu enge Zuschreibungen zu vermeiden. Für den sehr viel jüngeren Durs Grünbein spielen die literarischen Kassiberstrategien der totalitären Ära von Anfang an eine untergeordnete Rolle.

Dennoch mag er auf das schöne mythologische Geklingel auch nach der Wende nicht verzichten. Das hat vermutlich weniger mit Schiller als mit der DDR der sechziger, siebziger Jahre zu tun: Grünbein hofft auf die gespannte Aufmerksamkeit eines entschlüsselungswilligen Publikums. Doch seine Kassiber sind schon vor ihrer Entschlüsselung nutzlos, weil es in ihnen gar nichts mehr zu entschlüsseln gibt.

Vielleicht fallen dem Dichter zur westlichen Welt unserer Tage zündendere Formulierungen als zu Carthago und Co. ein? Hören wir sein Gedicht »Avenue of the Americas«, wiederum aus dem Band »Nach den Satiren«.

Dort an den Kistenholzständen, wo die Verkäufer
Mit hageren Händen Spielzeug und Elektronik,
Asiatischen Tand in die Menge hielten:
Erschien dir zum ersten Mal diesseits des Traums,
Gesenkt den Kopf, wie auf den Bildern des Botticelli,
Der schweigende Dante.
                        Sarkasmus, das war sein Hund,
An den Tanksäulen schnüffelnd, an einem Preisschild,
Bevor er das Bein hob, erregt vom Benzingeruch.

Man mag bezweifeln, daß ein umständliches Kompositum wie »Kistenholzstände« wirklich Platz hat in einem so kurzen Gedicht. Immerhin ist es genau diese Kürze, die am meisten für »Avenue of the Americas« spricht. Welche äußere Realität aber wäre es, die in dem Gedicht geschildert wird? Avenue of the Americas wird die sechste Avenue genannt, eine der großen Längsachsen Manhattans. Wie ihre berühmtere Nachbarin, die Fifth Avenue, durchquert sie verschiedene Milieus und Bezirke: Im Süden in Soho beginnend, führt sie durch das West Village, streift Chelsea, führt am Rockefeller Center vorbei durch Midtown und endet schließlich im Norden am Central Park. Mit anderen Worten: Es gibt viel zu sehen auf dieser

Straße. Dante »wie auf den Bildern des Botticelli«, noch dazu mit einem Hund namens »Sarkasmus« an seiner Seite, gehört nicht unbedingt dazu.

Auch diesmal vertraut Durs Grünbein nicht seinen Wahrnehmungen, sondern spickt sie mit Vergleichen aus dem abendländischen Kulturkreis. In diesem Fall könnte die dreiunddreißigste Zeichnung aus Sandro Botticellis Dante-Zyklus »Inferno« als Vorbild gedient haben. Sie zeigt Dante mit gebeugtem Kopf zwischen den nackten, gepeinigten Leibern von Vaterlandsverrätern. Die Straßenhändler auf der Avenue of the Americas sind dem Gedicht hingegen nicht mehr als einen Nebensatz wert. Im Hauptsatz aber macht sich wieder einmal jener prahlende Held der geschwollenen Rede breit, der bereits in »Club of Rome« und »Alzheimer Engel« die Strippen seiner Holzfiguren zog. Dieses Subjekt, das sollen wir allen Ernstes glauben, hat »Erscheinungen« und tauscht sich im Traum regelmäßig mit Dante aus (Hervorhebung v. m.):

> Dort an den Kistenholzständen, wo die Verkäufer
> Mit hageren Händen Spielzeug und Elektronik,
> Asiatischen Tand in die Menge hielten:
> *Erschien dir zum ersten Mal diesseits des Traums,*
> Gesenkt den Kopf, wie auf den Bildern des Botticelli,
> Der schweigende Dante.

Das Pathos des »Erscheinens«, das bedeutsam bebende »zum ersten Mal«, das zum »dir« übersteigerte lyrische Ich – all diese Reiz- und Wallungswörter beschwören eine höchst bedeutsame Erfahrung, wenn nicht gar ein Erweckungserlebnis. Doch das Gedicht mit seiner verknäulten Syntax und seiner geborgten Symbolik erfüllt die hochgesteckten Erwartungen nicht. Es bleibt, wie vieles bei Grünbein, ein uneingelöstes Versprechen. Oder, um es mit Grünbeins Vorliebe für knotige Gerundivkonstruktionen zu sagen:

Avenue of the Americas, das war sein Gedicht,
im Buch Nach den Satiren stehend, mehr
behauptend als zeigend:
                        So fand es sich nicht.

Finden Sie nicht auch, daß sich dieser Satz liest, als hätte
ihn Goethes Hausmaus namens Schicksal auf einem Gemälde von Tischbein gepiepst?

*

Als der Band »Nach den Satiren« im Jahr 1999 erschien, zählte die Wahrnehmung der Außenwelt offenkundig nicht mehr zu Durs Grünbeins Stärken. Angestrengt mußte unser Dichter durch den dichten Nebel seiner Selbstfixierung blicken, um überhaupt etwas wahrzunehmen. Das war nicht immer so. Sechsundzwanzig Jahre alt ist Durs Grünbein, als 1988 sein erster Gedichtband bei Suhrkamp herauskommt. Die Gedichte in »Grauzone morgens« sind in den letzten Jahren der DDR entstanden. Sie lassen sich als Lebenszeichen eines jungen Mannes lesen, den nichts so sehr umtreibt wie die Befürchtung, ein grauer Staat könnte ihm Gegenwart und Zukunft rauben.

DEN GANZEN MORGEN GING   dieses Geräusch gleich
förmig und offenbar   unterirdisch   dieses
Geräusch so unablässig daß   kaum jemand es hörte

dieses Geräusch   tausender Reißwölfe einer un
sichtbaren Institution   die jeden lebendigen
Augenblick frisch vom Körper weg   wie Papier
kram verschlangen.

Befreiung aus dem niederdrückenden Einheitsgrau der DDR verspricht schon damals ein fernes Land namens Amerika. »Grund, vorübergehend in New York zu sein« heißt eines der Gedichte, und es handelt keineswegs von der Sehnsucht, auf der Sixth Avenue kunsthistorische Kenntnisse unter Beweis zu stellen. Es ist das innige Verlangen nach einem ideologisch unbelasteten Alltag, das aus Zeilen wie diesen spricht:

> (...) In New York
>
> hättest du todsicher jetzt den
> Fernseher angestellt, dich zurückgelehnt
> blinzelnd
> vom Guten-Morgen-Flimmern belebt.

»Guten-Morgen-Flimmern« statt »Grauzone morgens« – das ist das einfache, aber einleuchtende Programm, dem Durs Grünbein als Mittzwanziger mit aller mitreißenden Kraft eines ungestillten Verlangens folgt.

Die Amerika-Connection durchzieht das Buch recht deutlich. »Glimpses & Glances« ist eines der Kapitel in »Grauzone morgens« betitelt, dessen Miniaturen sich als simple, aber einleuchtende Kontrafakturen auf W. C. Williams' berühmtes Gedicht von den Pflaumen im Eisschrank lesen lassen (nachzuschlagen im siebten Kapitel unserer Untersuchungen). Am deutlichsten wird das Vorbild in dem Gedicht »Verdorbene Fische« nachbuchstabiert:

> ›Erschrick nicht, wenn du die Krusten
> Brots, die Kartoffelschalen weg
> wirfst, am Boden der Futtertonne
>
> liegt wohl ein Halbdutzend verdorbener
> Fische (Makrelen) mit steif
> aufgerichteten Schwänzen und starren
>
> Augenringen, die Bäuche geschlitzt, nein
> erschrick nicht, es ist ein
> so sinnloser Anblick, verzeih ...‹

Während freilich Williams' Miniaturen das Leben in allen unwiderstehlichen Erscheinungsformen feiern, benutzt Grünbein die vorgeprägte Form vorzugsweise, um Ekel an seiner Umwelt zu artikulieren. Die angebliche Kälte angesichts einer »Wärmeplastik nach Beuys« verdankt ihre Attitüde nicht nur Williams, sondern auch den »Morgue«-Gedichten des jungen Benn:

> Erst als der geile Fliegenschwarm
>   aufstob in äußerster Panik
>   um seine Beute tanzte wie
>
>   eine Wolke von Elektronen mit
> hohem Spin, sah man die beiden
>
>   Jungvögel nackt.
>
> Es war Zwölf Uhr mittags und dieser
>   böse Zufall nichts
> als eine Gleichgewichtsformel
>
>   für zwei gedunsene Madennester
>   wie Spiegeleier
> leicht angebraten im Straßentiegel
>   aus Teer und Asphalt.

»Gleichgewichtsformel«, »Elektronen mit hohem Spin« – in solchen verbalen Auspolsterungen läßt sich bereits die spätere Masche Grünbeins vorausahnen. Aber das abschließende Bild von den »Spiegeleiern ... im Straßentiegel« ist präzise ausgemalt. Grünbein begeht nicht den Fehler, seine Alltagswahrnehmung durch möglichst edle und entlegene Assoziationen nobilitieren zu wollen.

In Grünbeins frühen Gedichten sind viele typische Merkmale talentierter Anfängerschaft versammelt, gute wie schlechte. Vorbilder werden im Stil eher nachgeahmt als anverwandelt; ein adoleszent wirkender Narzißmus äußert sich teils weltschmerzverzerrt, teils hochtrabend; auch ein Hang zu schwerfälligen Metaphern, die gerne mit den Wörtern »Wie« und »Als ob« eingeführt werden, zeigt sich allerorten. Doch all das läßt sich hier, im Erstling, noch als Kinderkrankheit abtun. In seinen besten Momenten gelingen dem jungen Lyriker ebenso schwungvolle wie einprägsame Zeilen. Ein frischer Blick auf die Welt macht wett, was den Gedichten manchmal an gedanklicher Tiefe fehlen mag, gelegentliche Laxheit schlägt als Lässigkeit zu Buche, und selbst die Lücken im Versbau lassen Licht und frische Luft herein.

Das gilt insbesondere für das vielleicht originellste Gedicht des Bandes, das den Titel »Badewannen« trägt. Klar, es gibt einen schlechten Kalauer darin – Badewannen werden ihrer Unbeweglichkeit wegen als »typische Immobilien« bezeichnet – , und es gibt ein schiefes, wenngleich nicht unwitziges Bild in Gestalt einer »Oase voller nostalgischen Schaums«. Aber es findet sich auch manches Gute in dieser Wanne: gußeiserne alte Ladies, jede Menge Dreck, und sogar »ein einzelnes vögelndes Paar«.

Was für liebliche klare Objekte doch
    Badewannen sind makellos
        emailliert ganz unnahbar mit dem

heroischen Schwung rundum gußeiserner
    Alter Ladies nach ihren
        Wechseljahren noch immer frisch.

Typische Immobilien (wann hätte jemals
    sich eine vom Fleck
        gerührt) sind sie doch immer

wieder von neuem gefüllt, aller Dreck
    aufgelöst in die Kanalisation
        fortgespült muß unfehlbar

durch dieses enge Abflußloch auf dem
    Wannengrund. Wahre Selbst-
      mordmaschinen auf ihren

stummeligen Beinen, Warmwasserbetten mit
    Platz genug für ein ein-
      zelnes vögelndes Paar in

sovielen Wohnungen etwas wie eine Oase
    voller nostalgischen
                Schaums.

*

Heute steht Durs Grünbein seinem Frühwerk denkbar kritisch gegenüber. Kürzlich hat er »Grauzone morgens« einer »Revision« unterzogen, und er ist dabei zu einem wenig schmeichelhaften Ergebnis gekommen:

> Dieses erste Buch liegt so lange zurück, daß es mir wirklich leid tut: daran, wie es zustande kam, kann ich mich kaum noch erinnern. Unvorstellbar der Gedanke, ich sollte bei einer der üblichen öffentlichen Lesungen daraus vortragen. Seit Jahren lasse ich, wenn ich auf Lesereise gehe, das kleine Debüt-Büchlein mit dem Titel »Grauzone morgens« zuhause. Dieser zitronengelbe Broschurband mit seiner zerrauften Typographie erinnert mich an das häßliche junge Entlein aus Andersens Märchen, von dem gesagt wird, es hätte zu lange im Ei gelegen und darum sei es etwas mißraten. (...) Nichts um alles in der Welt kann den Autor dazu bringen, dieses Dokument seiner Unmündigkeit noch einmal in Betrachtung zu ziehen.

So spricht einer, der glaubt, Besseres im Angebot zu haben und den Besuchern »einer der üblichen öffentlichen Lesungen«, wie es etwas herablassend heißt, keine häßlichen zitronengelben Entlein, sondern majestätische Schwäne vorführen zu können. Die weitere Rezeptionsgeschichte scheint ihm recht zu geben. Nicht »Grauzone morgens« markiert den Durchbruch Grünbeins, auch nicht der Folgeband, »Schädelbasislektion«, sondern der 1994 erschienene dritte Gedichtband, »Falten und Fallen«. Schon ein Jahr später wird Grünbein der Büchner-Preis zuerkannt; mit dreiunddreißig Jahren ist er einer der jüngsten Preisträger in der Geschichte dieser Auszeichnung.

Den Erfolg von »Falten und Fallen« bezeichnet maßgeblich eine einzelne Besprechung von beträchtlicher Signalwirkung: Im März 1994 eröffnet die Frühjahrs-Literaturbeilage der »Frankfurter Allgemeinen Zeitung« mit einer ebenso umfangreichen wie euphorischen Rezension des Bandes. Verfasser ist der damals leitende Literaturredakteur des Blattes, Gustav Seibt. Seibt hat seinen Posten erst kurz zuvor angetreten; der seitenfüllende Artikel über »Falten und Fallen« ist also nicht nur für den Rezensierten, sondern auch für den Rezensenten von karrieretechnischer Bedeutung. Entsprechend auftrumpfend präsentiert der Kritiker seinen Fund:

> Am 12. November 1989 schrieb der damals siebenundzwanzig Jahre alte Ost-Berliner Dichter Durs Grünbein ein paar Zeilen, die, wie man jetzt sieht, eine neue Epoche in der deutschen Literatur eröffneten.

Nähme man Seibt beim Wort, wäre nicht etwa mit dem Mauerfall eine neue Epoche in der deutschen Geschichte und Literatur angebrochen, sondern mit Zeilen wie diesen:

> Komm zu dir Gedicht, Berlins Mauer ist offen jetzt.

Nein, sie ist nicht jetzt offen, die Berliner Mauer, sie ist »offen jetzt«, weil, das ist ja so dichterisch. Schade nur, daß der sächsische Genitiv »Berlins Mauer« der poetisierenden Inversion einen ziemlich provinziellen Riegel vorschiebt. Aber es kommt noch schöner:

> Wehleid des Wartens, Langweile in Hegels Schmalland
> Vorbei wie das stählerne Schweigen ... Heil Stalin.

Im Grunde ist Seibts hochtönende Eröffnungsfanfare für den, der zu lesen versteht, jetzt bereits als schrille Karnevalströte erkennbar. Heil Stalin, Helau Grünbein – auf die sprachlichen und historischen Feinheiten kommt es offenbar nicht mehr an, wenn sich in »Hegels Schmalland«, was immer das sei, geschichtliche Umwälzungen vollziehen. Wer glaubt, daß neue Epochen der Literatur mit spätpubertären Sprachklingeleien eingeläutet werden, sollte freilich unbedingt weiterlesen:

> Letzter Monstranzen Glanz, hinter Panzern verschanzt.
> Langsam kommen die Uhren auf Touren, jede geht anders...

Der Rezensent räumt munter ein, daß das »etwas albern« ist, meint aber seltsamerweise, man könne »diesen Versen ihre grellen Effekte (...) nicht übelnehmen«. Lieber greift er, nach eigenem Bekenntnis, »zu hohen Vergleichen«. Und, bei Zeus und Wotan, das tut er:

> Seit den Tagen des jungen Enzensberger, ja, vielleicht seit dem ersten Auftreten Hugo von Hofmannsthals hat es in der deutschsprachigen Lyrik einen solchen alle Interessierten hinreißenden Götterliebling nicht mehr gegeben. (...) Die Kritik hat seine ersten Bände (...) mit wachsender Zustimmung aufgenommen. Überrascht entdeckte sie den souveränen Rückgriff auf die klassische Moderne, auf den hohen Anspruch von T. S. Eliot, Pound und Williams. Die anspruchsvollsten Literaturzeitschriften drucken ihn, Preise, Stipendien, Einladungen an die German Departments in aller Welt ließen nicht auf sich warten.

Gewährsmann um Gewährsmann wird in den Zeugenstand gerufen und mit keiner einzigen Silbe um Auskunft befragt. Enzensberger, Hofmannsthal, Eliot und Pound – soviel *namedropping* läßt stutzen. Mißtraut da einer dem eigenen Urteil? In Wahrheit hat es mit dem vollmundig behaupteten »souveränen Rückgriff« nicht viel auf sich. Gewiß, Grünbein übt seine Skalen, spielt fleißig seine Etüden und hat manche schöne Eigenkomposition im Repertoire. Vieles von dem, was er macht, zeichnet sich durch Charme aus, und manches durch einen Anhauch potentieller künftiger Größe. Aber für eine Grünbein-Eloge dieses Ausmaßes mit anschließender Ernennung zum inoffiziellen Staatsdichter ist es bei Erscheinen von »Falten und Fallen« schlichtweg verfrüht.

Und seitdem ist es zu spät für sie. Denn das frühe Lob hat Grünbeins weitere Entwicklung bis auf weiteres verdorben. Weil ihm nicht die Stärken, sondern die Schwächen seines Schreibens den größten Erfolg beschterten, hat er fortan ebendiese Schwächen in Serie reproduziert: die Bildungshuberei, die sprachliche Überorchestrierung, die intellektualistische Dünnbrettbohrerei. So ist neben allen Mißlichkeiten der Lektüre auch eine verpaßte Chance zu beklagen. Denn daß Grünbein ein beachtliches Talent einzubringen hat, das steht ganz außer Zweifel.

*

»Falten und Fallen« hat auch seine guten Seiten, die ersten achtundvierzig zum Beispiel. Auf ihnen findet sich ein Zyklus in vierzig Teilen, »Variation auf kein Thema« benannt. Dies sind gewissermaßen Gelegenheitsgedichte ohne besonderen Anlaß; sie umkreisen eine Wahrnehmung oder einen Gedanken, und sie sind mit ihren jeweils dreizehn Zeilen kurz genug, um nicht langweilig zu werden. Auf Seite dreiundvierzig charakterisiert Grünbein seinen nervösen Helden wie folgt:

Die Nerven blank wie unter Flügeldecken,
  Genügt ein kreischender Baukran
Am Mittag, dich zu erschrecken, ein Pfiff
  Ums Eck, eine zischende Dose.
In diesem jüngsten Himmel-Hölle-Spiel
  Bricht etwas auf, sprengt Risse
Ins alte Hirngewölbe des Jahrhunderts.
  Der Boden dröhnt. Sixtinisch
Hallt es von musealen Stunden, tickend
  Im Zentrum, über leere Plätze.
Derselbe Kalk, der die Schlagadern engt,
  Drängt die Straßen ins Weite,
Teilt die Geister vor einer Hochhauswand.

Die ersten vier Zeilen etablieren einen angespannt-erregten Zustand, und sie tun dies recht wirkungsvoll. Der Rhythmus stimmt, und der Binnenreim von »erschrecken« auf »Flügeldecken« wirkt nicht übertrieben, sondern unterstreicht das beschleunigte Tempo:

Die Nerven blank wie unter Flügeldecken,
  Genügt ein kreischender Baukran
Am Mittag, dich zu erschrecken, ein Pfiff
  Ums Eck, eine zischende Dose.

Dann allerdings wird die Beschleunigung an einige verrenkte Verse verschenkt:

In diesem jüngsten Himmel-Hölle-Spiel
  Bricht etwas auf, sprengt Risse
Ins alte Hirngewölbe des Jahrhunderts.

Was das beschworene »etwas« ist, bleibt unklar. Das »alte Hirngewölbe des Jahrhunderts« immerhin bildet mit seiner Vermischung architektonischer und medizinischer Ausdruckswelten ein eindrucksvoll oszillierendes Sprachbild.

Solche Biologismen tauchen seit dem zweiten Band »Schädelbasislektion« vermehrt in Grünbeins Arbeiten auf. Manchmal erfüllen sie eine Funktion, oft sind sie auch nur wichtigtuerisch. Die Vorstellung, daß avancierte Poesie sich mit dem Fortschritt in den Naturwissenschaften zu beschäftigen habe, gehört zu den Lieblingsmarotten im Lyrikbetrieb der neunziger Jahre. Warum nur niemand auf die Idee gekommen ist, die Naturwissenschaften ihrerseits sollten ein wenig poetischer werden?

Die letzten drei Verse unseres Testgedichtes führen sprachrhythmisch zu einem präzisen Schlußpunkt des Gedichts.

> Derselbe Kalk, der die Schlagadern engt,
>   Drängt die Straßen ins Weite,
> Teilt die Geister vor einer Hochhauswand.

Die beiden unmittelbar aufeinanderfolgenden Reimwörter »engt« und »drängt« fungieren wie ein Scharnier, mit dem sich das Gedicht in die auch semantisch beschworene Weite öffnet, um es dann »vor einer Hochhauswand« geteilten Geistes verharren zu lassen. Das ist sehr schön gelöst, solange man nicht allzu beharrlich nachfragt, was Grünbein eigentlich sagen will. Ich jedenfalls habe nicht kapiert, was es mit dem Kalk, den Straßen und der Hochhauswand auf sich hat.

Auf Seite fünfundvierzig sucht unser nervöser Held die Toilette auf. Für die meisten Menschen ist das ein klar umrissener Vorgang, nicht so für den Protagonisten dieses Gedichts:

> Auch der kälteste Raum wird zur Sauna,
>   Solange du irrläufst. Wie steil
> Führt ins Endreich die Treppe, wie streng
>   Der Geruch ist, die Trennung
> In *Damen* und *Herren*... Die falsche Tür,
>   Kaum berührt, lockt ins Abseits,

> In verbotne Zonen, vor Wände, markiert
>   Mit den Zoten der Gegenseite.
> Nichts macht so einsam wie das Geschlecht.
>   In Kabinen gesperrt, lauschend
> Der stygischen Spülung, den Eingeweiden,
>   Allein mit dem Ekel, der Lust,
> Klebt an den Fliesen der Körper und träumt.

Der freie Rhythmus wird mit Schwung gehandhabt, und das Schlußbild des »an den Fliesen« klebenden, träumenden Körpers ist aussagekräftig und einprägsam. In solchen Momenten hat das Gedicht die Eindrücklichkeit eines Albtraumes. Aber der Rest? Wieder sind da diese unbelegten Behauptungen, die keinen Widerspruch zu dulden scheinen, obwohl sie keineswegs über jeden Zweifel erhaben sind: »Auch der kälteste Raum wird zur Sauna, / Solange du irrläufst.« Wirklich? Wird nicht vielmehr der kälteste Raum erst dann zur Sauna, wenn man ordentlich Holz nachlegt?

»Nichts macht so einsam wie das Geschlecht.« Auch das ist so ein Aufschneidersatz, wie man ihn einem Anfangszwanziger verzeihen *muß,* einem Anfangsdreißiger aber nicht mehr verzeihen *darf.* Mancher meint, Fragen zu stellen sei die Aufgabe der Kunst. Durs Grünbein gibt Scheinantworten auf Fragen, die keiner gestellt hat. Ähnlich unklar bleibt die Stillage des Gedichtes. Ist wirklich alles so ernst gemeint, wie der dröhnende Proklamationston befürchten läßt? Die »Trennung in *Damen* und *Herren*« kann man eigentlich nur mit einem Grinsen quittieren, nachdem Grünbein die schnöde Toilettenszene mit erheblichem Pathos etabliert hat:

> (...) Wie steil
> Führt ins Endreich die Treppe, wie streng
>   Der Geruch ist, die Trennung
> In *Damen* und *Herren*...

Und was, bitte schön, ist ein »Endreich«? Es stimmt schon, daß sich in vielen Lokalen die Toiletten im Untergeschoß befinden, also gewissermaßen im »Erdreich«. Aber ob Grünbein die Implikationen dieser seltsamen Hochzeit aus unterirdischer Notdurft und Führers »Endsieg« wirklich bis in alle Konsequenzen bedacht und mitgemeint hat?

Das unmittelbare Nebeneinander von Ge- und Mißlungenem findet sich in vielen Gedichten von »Falten und Fallen« wieder. Ist Durs Grünbein also eher ein Dichter starker Einzelzeilen als starker Gedichte? Nicht nur, zum Glück. Im hinteren Teil des Buches stößt der gebeutelte Leser auf mehrere Stücke, die wirklich aus *einem* Guß sind. Das erste dieser Gedichte heißt so wie die Tagelieder der alten französischen Troubadoure: »Alba«.

> Endlich sind all die Wanderer tot
> Und zur Ruhe gekommen die Lieder
> Der Verstörten, der Landschaftskranken
> In ihren langen Schatten, am Horizont.
>
> Kleine Koseworte und Grausamkeiten
> Treiben gelöst in der Luft. Wie immer
> Sind die Sonnenbänke besetzt, lächeln
> Kinder und Alte aneinander vorbei.
>
> In den Zweigen hängen Erinnerungen,
> Genaue Szenen aus einem künftigen Tag.
> Überall Atem und Sprünge rückwärts
> Durchs Dunkel von Urne zu Uterus.
>
> Und das Neue, gefährlich und über Nacht
> ist es Welt geworden. So komm heraus
> Aus zerwühlten Laken, sieh sie dir an,
> Himmel, noch unbehelligt, und unten

Aus dem Hinterhalt aufgebrochen,
Giftige Gräser und Elstern im Staub,
Mit bösem Flügelschlag, Diebe
In der Mitte des Lebensweges wie du.

An diesen fünf Vierzeilern stimmt eigentlich alles: der von einer Beobachtung zu einer Aufforderung führende Spannungsbogen; der freie, aber stimmige Rhythmus; die nicht zu knalligen Enjambements – lediglich an der etwas überinstrumentiert wirkenden Zeile »Durchs Dunkel von Urne zu Uterus« könnte man sich stören. Aber man muß ja nicht. (Sie ergibt sogar einen ganz wundersamen Sinn, wenn man sie als versteckte Selbstmitteilung liest. Man muß nur zwei Buchstaben streichen, um von »Durchs« auf »Durs« zu kommen. Schon wird aus »Falten und Fallen« ein Superheldencomic und eine präzise Grünbein-Poetologie obendrein: »Durs Dunkel: Von Urne zu Uterus«.)

Im Zentrum des Gedichts steht eine Zeitenwende: Neue Sänger braucht das Land, und die sollen, so Durs Grünbein, wie »Elstern im Staub« sein, »Diebe in der Mitte des Lebensweges«, noch dazu »mit bösem Flügelschlag«. Ach, hätte er sich nur selbst in seinen anderen Gedichten immer daran gehalten, unser Dichter. Man hört nämlich selten, daß Elstern durch antike Referenzen zu imponieren versuchen, und ist ihr Gesang auch nicht geschmeidig, so wird er doch selten durch Gefallsucht getrübt.

Vielleicht aber ist Durs Grünbein insgeheim ein weicher Charakter, der weniger durch bösen Flügelschlag als durch freundliches Zwitschern zu überzeugen weiß? Das würde zumindest erklären, warum das wohl schönste Gedicht in »Falten und Fallen« allem Hang zur Übersteigerung zum Trotz weniger mit dem mehrfach beschworenen »Europa« zu tun hat als mit einem – Igel. Da mag der Titel auch noch so sehr abgeklärten Sarkasmus à la Benn signalisieren, es bleibt doch ein ungeklärter Rest Melancholie, wenn nicht gar Sympathie in diesem Gedicht namens »Pech für den zweiten Wurf«. Das also wäre unser *happy end,* oder doch der glücklichste Ausgang, den wir für die letzte Folge in unserem »Lyrik-TÜV« anbieten können. Und nun: Gute Nacht, Europa! Und Ihnen, liebe Leser, vielen Dank für Ihre Aufmerksamkeit und Ihr Interesse.

> Zwei Uhr nachts, Zeit des Igels der
>   Bei den Mülltonnen stöbert
>   Während du zögernd
>   Wie auf Stacheln vorbeigehst
>
> Irgendwo in Europa, im selben
>   Mondflutlicht heimisch
>   Und wie dieser Igel
>   Raschelnd im Rinnstein
>
> Irgendwo in Europa, nichtsahnend
>   Erfrischt von Novemberkälte
>   Und wie dieser Igel
>   Allzu mager für einen langen
>   Winterschlaf, allzu naiv
>
> Sich nicht doch noch mit Äpfeln
>   Vollzustopfen um zwei Uhr nachts
>   Irgendwo in Europa
>   Und wie dieser Igel
>
> Eine so leichte Beute der Zeit.

*   *
 *

ZUM NACHLESEN

I. Zu guter Letzt

Wilhelm Busch: *Zu guter Letzt*. 1. bis 10. Tausend, Fr. Bassermann, München 1904
Wilhelm Busch: *Sämtliche Werke*. Bd. 1–8. Herausgegeben von Otto Nöldeke. Braun & Schneider, München 1943
Wilhelm Busch: *Die Gedichte*. Herausgegeben von Gerd Haffmans, Gerd Haffmans bei Zweitausendeins, Frankfurt am Main 2004
Friedrich Bohne: *Wilhelm Busch – Leben – Werk – Schicksal*. Fretz & Wasmuth, Zürich 1958
Joseph Kraus: *Wilhelm Busch*. Rowohlt, Reinbek bei Hamburg 1970
Christian Dettweiler: *Wilhelm Buschs menschliche Problematik. Versuch einer psychoanalytisch-schriftpsychologischen Deutung.* In: Wilhelm-Busch-Jahrbuch 1976, Wilhelm-Busch-Gesellschaft, Hannover 1976
Herwig Guratzsch: *Je reifer, desto progressiver ... Zum Spätwerk von Wilhelm Busch*. In: Wilhelm-Busch-Jahrbuch 1988, Wilhelm-Busch-Gesellschaft, Hannover 1988
Ingrid Haberland: *Zur Handschrift der Gedichtfolge »Zu guter Letzt« von Wilhelm Busch*. In: Kulturstiftung der Länder-Patrimonia 36, Wilhelm-Busch-Gesellschaft, Hannover 1992
Theodor Fontane: *Gedichte in einem Band*. Herausgegeben von Otto Drude. Insel, Frankfurt am Main und Leipzig 1998

II. Der Stern des Bundes

Stefan George: *Der Stern des Bundes.* Georg Bondi, Berlin 1914
Stefan George: *Die Gedichte. Tage und Taten.* Klett-Cotta, Stuttgart 2003
Blätter für die Kunst. Begründet von Stefan George. Hrsg. von C. A. Klein. Folge I–XII. Bondi, Berlin 1892–1919
Friedrich Gundolf: *Stefan George in unserer Zeit.* Weiss, Heidelberg 1913
Robert Boehringer: *Mein Bild von Stefan George.* Küpper, München 1951
Percy Gothein: *Erste Begegnung mit dem Dichter.* In: *Castrum peregrini, Heft 11,* Castrum, Amsterdam 1951
Franz Schonauer: *Stefan George.* Rowohlt, Reinbek bei Hamburg 1960
Stefan Breuer: *Ästhetischer Fundamentalismus. Stefan George und der deutsche Antimodernismus.* Wissenschaftliche Buchgesellschaft, Darmstadt 1995
Ernst Osterkamp: *Ihr wisst nicht wer ich bin. Stefan Georges poetische Rollenspiele.* Carl Friedrich von Siemens Stiftung, München 2002

III. Die Sonette an Orpheus

Rainer Maria Rilke: *Die Sonette an Orpheus.* Insel, Leipzig 1923
Rainer Maria Rilke: *Sämtliche Werke in 12 Bänden.* Herausgegeben vom Rilke-Archiv. In Verbindung mit Ruth Sieber-Rilke besorgt durch Enst Zinn. Insel, Frankfurt am Main 1975
Rainer Maria Rilke: *Die Gedichte.* Insel, Frankfurt am Main 1986
Rainer Maria Rilke: *Briefe.* Herausgegeben vom Rilke-Archiv. In Verbindung mit Ruth Sieber-Rilke besorgt durch Karl Altheim. Insel, Frankfurt am Main 1980
Rainer Maria Rilke, Lou Andreas-Salomé: *Briefwechsel.* Herausgegeben von Ernst Pfeiffer. Insel, Frankfurt am Main 1985
Hans Egon Holthusen: *Rainer Maria Rilke.* Rowohlt, Reinbek bei Hamburg 1958
Peter Rühmkorf: *In unseren Händen hängt der Hammer schwer. R. M. Rilke, zum 100. Geburtstag.* In: P. R.: *Strömungslehre I: Poesie.* Rowohlt, Reinbek bei Hamburg 1978

Wolfgang Leppmann: *Rilke. Sein Leben, seine Welt, sein Werk.*
Scherz, Bern und München 1981
Ingeborg Schnack: *Rainer Maria Rilke – Chronik seines Lebens und seines Werkes.* 2 Bände. Insel, Frankfurt am Main 1990
Ulrich Baer: *Das Rilke-Alphabet.* Suhrkamp, Frankfurt am Main 2006

IV. Adel und Untergang

Josef Weinheber: *Adel und Untergang.* Adolf Luser, Berlin und Leipzig 1934
Josef Weinheber: *Sämtliche Werke.* 5 Bände. Herausgegeben von Josef Nadler und Hedwig Weinheber. Otto Müller, Salzburg 1953–1956
Josef Weinheber: *Sämtliche Werke.* 5 Bände. Neu herausgegeben von Friedrich Jenaczek. Otto Müller, Salzburg 1970–1996
Josef Nadler: *Josef Weinheber. Geschichte seines Lebens und seiner Dichtung.* Otto Müller, Salzburg 1952
Fritz Feldner: *Josef Weinheber. Eine Dokumentation in Bild und Wort.* Das Bergland-Buch, Salzburg und Stuttgart 1965
Albert Berger: *Josef Weinheber (1892–1945). Leben und Werk – Leben im Werk.* Otto Müller, Salzburg 1999
Wystan Hugh Auden: *Anrufung Ariels. Ausgewählte Gedichte Englisch/Deutsch.* Piper, München 1987
Wystan Hugh Auden: *Collected Poems.* Edited by Edward Mendelson. Faber and Faber, London 2004
Charles Osborne: *W. H. Auden: The Life of a Poet.* Harcourt, Brace, Jovanovich, New York 1979

V. Statische Gedichte

Gottfried Benn: *Statische Gedichte.* Arche, Zürich 1948
Gottfried Benn: *Gedichte in der Fassung der Erstdrucke.* Mit einer Einführung herausgegeben von Bruno Hillebrand. Fischer, Frankfurt am Main 1982
Gottfried Benn: *Essays und Reden in der Fassung der Erstdrucke.* Mit einer Einführung herausgegeben von Bruno Hillebrand. Fischer, Frankfurt am Main 1989

Gottfried Benn: *Ausgewählte Briefe.* Mit einem Nachwort von Max Rychner. Fischer, Frankfurt am Main 1986
Gottfried Benn, Ursula Ziebarth: *Gottfried Benns Briefe an Ursula Ziebarth.* Mit Nachschriften von Ursula Ziebarth und einem Kommentar von Jochen Meyer. Wallstein, Göttingen 2001
Gottfried Benn: *Gesammelte Werke in 4 Bänden.* Herausgegeben von Dieter Wellershoff. Klett-Cotta, Stuttgart 1959–1977. Lizenzausgabe in 3 Bänden: Zweitausendeins, Frankfurt am Main 2003
Walter Lennig: *Gottfried Benn.* Rowohlt, Reinbek bei Hamburg 1962
Hans Egon Holthusen: *Gottfried Benn. Leben, Werk, Widerspruch 1886–1922.* Klett-Cotta, Stuttgart 1986
Dieter Wellershoff: *Gottfried Benn. Phänotyp dieser Stunde. Eine Studie über den Problemgehalt seines Werkes.* Kiepenheuer & Witsch, Köln 1986
Bruno Hillebrand (Hrsg.): *Über Gottfried Benn. Kritische Stimmen 1912–1956.* Fischer, Frankfurt am Main 1987
Fritz J. Raddatz: *Gottfried Benn: Leben – niederer Wahn. Eine Biographie.* List, o.O. 2003

VI. Irdisches Vergnügen in g

Peter Rühmkorf: *Irdisches Vergnügen in g. Fünfzig Gedichte.* Rowohlt, Reinbek bei Hamburg 1959
Peter Rühmkorf: *Die Jahre die Ihr kennt. Anfälle und Erinnerungen.* Rowohlt, Reinbek bei Hamburg 1972
Peter Rühmkorf: *Das lyrische Weltbild der Nachkriegsdeutschen.* In: P. R.: *Strömungslehre I: Poesie.* Rowohlt, Reinbek bei Hamburg 1978
Peter Rühmkorf: *Tabu I. Tagebücher 1989–1991.* Rowohlt, Reinbek bei Hamburg 1995
Peter Rühmkorf: *Tabu II. Tagebücher 1971–1972.* Rowohlt, Reinbek bei Hamburg 2004
Peter Rühmkorf: *Gedichte. Werke 1.* Herausgegeben von Bernd Rauschenbach. Rowohlt, Reinbek bei Hamburg, 2000
Peter Rühmkorf: *Wenn ich mal richtig Ich sag ... Ein Bilder-Lesebuch.* Steidl, Göttingen 2004

Willi Fehse (Hrsg.): *Deutsche Lyrik der Gegenwart*. Dritte, erweiterte Auflage, Philipp Reclam jun., Stuttgart 1960

Barthold Heinrich Brockes: *Irdisches Vergnügen in Gott. Naturlyrik und Lehrdichtung. Ausgewählt und herausgegeben von Hans-Georg Kemper.* Philipp Reclam jun., Stuttgart 1999

VII. Blindenschrift

Hans Magnus Enzensberger: *blindenschrift.* Suhrkamp, Frankfurt am Main 1965

Hans Magnus Enzensberger: *Verteidigung der Wölfe.* Suhrkamp, Frankfurt am Main 1957

Hans Magnus Enzensberger: *landessprache.* Suhrkamp, Frankfurt am Main 1960

Hans Magnus Enzensberger: *Die Furie des Verschwindens.* Suhrkamp, Frankfurt am Main 1980

Hans Magnus Enzensberger: *Kiosk. Neue Gedichte.* Suhrkamp, Frankfurt am Main 1995

Hans Magnus Enzensberger: *Poesie und Politik.* In: *Einzelheiten II: Poesie und Politik.* Suhrkamp, Frankfurt am Main 1962

Hans Magnus Enzensberger: *Der kurze Sommer der Anarchie. Buenaventura Duruttis Leben und Tod.* Suhrkamp, Frankfurt am Main 1972

Hans Magnus Enzensberger: *Zur Verteidigung der Normalität.* In: *Politische Brosamen.* Suhrkamp, Frankfurt am Main 1982

Hans Magnus Enzensberger (Hrsg.): *Museum der modernen Poesie.* Suhrkamp, Frankfurt am Main 1960

Peter Rühmkorf: *Die Jahre die Ihr kennt. Anfälle und Erinnerungen.* Rowohlt, Reinbek bei Hamburg 1972

Reinhold Grimm (Hrsg.): *Hans Magnus Enzensberger.* Suhrkamp, Frankfurt am Main 1984

Hans Werner Richter: *Im Etablissement der Schmetterlinge. Einundzwanzig Porträts aus der Gruppe 47.* Carl Hanser Verlag, München und Wien 1986

Christian Enzensberger: *Was ist Was.* Die Andere Bibliothek, verlegt bei Franz Greno, Nördlingen 1987

Julian Barnes: *Flauberts Papagei.* Aus dem Englischen von
Michael Walter. Haffmans, Zürich 1987
Jörg Lau: *Hans Magnus Enzensberger: Ein öffentliches Leben.*
Alexander Fest Verlag, Berlin 1999
Michael Jürgs: *Bürger Grass. Biografie eines deutschen Dichters.*
Bertelsmann, München 2002
William Carlos Williams: *Die Worte, die Worte, die Worte.*
Gedichte amerikanisch und deutsch. Übertragen und mit einem
Nachwort von Hans Magnus Enzensberger. Suhrkamp,
Frankfurt am Main 1962

VIII. Das gewöhnliche Licht

Harald Hartung: *Das gewöhnliche Licht.* Neske, Pfullingen
1976
Harald Hartung: *Augenzeit.* Neske, Pfullingen 1978
Harald Hartung: *Traum im Deutschen Museum. Gedichte
1965–1985.* Piper, München 1986
Harald Hartung: *Jahre mit Windrad.* Steidl, Göttingen 1996
Harald Hartung: *Langsamer träumen.* Hanser, München und
Wien 2002
Harald Hartung: *Aktennotiz meines Engels. Gedichte 1957–2004.*
Wallstein, Göttingen 2005
Harald Hartung: *Eindimensionale Poesie – Zur Lyrik der Neuen
Subjektivität.* Zuerst als: *Die eindimensionale Poesie* in *Neue
Rundschau* (89), S. Fischer, Frankfurt am Main 1987;
veränderter Nachdruck in: H.H.: *Deutsche Lyrik seit 1965.
Tendenzen, Beispiele, Porträts.* Piper, München 1985
Harald Hartung: *Notizen im Glashaus – (Über) Lyrik schreiben.*
In: H.H.: *Deutsche Lyrik seit 1965. Tendenzen, Beispiele,
Porträts.* Piper, München 1985
Thomas Poiss: *In jeder Silbe eine Muse.* In: Frankfurter Allgemeine Zeitung, 7.9.1996
Karin Kiwus: *Von beiden Seiten der Gegenwart.* Suhrkamp,
Frankfurt am Main 1976
Kurt Schwitters: Das literarische Werk in 5 Bänden. Herausgegeben von Friedhelm Lach. Band 1: Lyrik. DuMont,
Köln 1988

Günter Grass: *Werkausgabe in 18 Bänden. Band 1: Gedichte.*
Steidl, Göttingen 1997, 2002
Wolf Wondratschek: *Gedichte/Lieder.* Zweitausendeins,
Frankfurt am Main 2003

IX. Körper in Cafés

Robert Gernhardt: *Körper in Cafés.* Haffmans, Zürich 1987
Robert Gernhardt: *Wörtersee.* Zweitausendeins, Frankfurt
am Main 1981. Lizenzausgabe, um ein Nachwort ergänzt,
als Haffmans Taschenbuch 44, Zürich 1989
Robert Gernhardt: *Weiche Ziele.* Haffmans, Zürich 1994
Robert Gernhardt: *Lichte Gedichte.* Haffmans, Zürich 1997
Robert Gernhardt: *Kippfigur. Erzählungen.* Fischer, Frankfurt
am Main 2004
Robert Gernhardt: *Wege zum Ruhm. 13 Hilfestellungen für junge
Künstler und 1 Warnung.* Haffmans, Zürich 1995
Lutz Hagestedt: *Alles über den Künstler. Zum Werk von Robert
Gernhardt.* Fischer, Frankfurt am Main 2002
Karl Krolow: *Herbstsonett mit Hegel.* Suhrkamp, Frankfurt
am Main 1981

X. Falten und Fallen

Durs Grünbein: *Falten und Fallen. Gedichte.* Suhrkamp,
Frankfurt am Main 1994
Durs Grünbein: *Grauzone morgens. Gedichte.* Suhrkamp,
Frankfurt am Main 1988
Durs Grünbein: *Nach den Satiren. Gedichte.* Suhrkamp,
Frankfurt am Main 1999
Durs Grünbein: *Gedichte. Bücher I–III.* Suhrkamp,
Frankfurt am Main 2006
Gustav Seibt: *Mit besseren Nerven als jedes Tier.* In: Frankfurter
Allgemeine Zeitung, 15.3.1994
Zbigniew Herbert: *Bericht aus einer belagerten Stadt.* Suhrkamp,
Frankfurt am Main 1985
Peter Maiwald: *Springinsfeld.* Fischer, Frankfurt am Main 1992

* * *

STEFFEN JACOBS, geboren 1968
in Düsseldorf, lebt seit 1987 in Berlin. Er studierte
Germanistik und Theaterwissenschaft an der Freien
Universität und arbeitete als Kritiker und Kolumnist
u. a. für die »Frankfurter Allgemeine Zeitung«,
»Die Welt«, die »Neue Rundschau« und verschiedene
Rundfunksender. Seit 1996 ist Steffen Jacobs freier
Schriftsteller. Seine Gedichte wurden vielfach
ausgezeichnet, u. a. mit dem Kunstpreis Berlin,
Förderungspreis Literatur (1998), dem Hugo-Ball-
Förderpreis (2002) und dem New-York-Stipendium
zum Kranichsteiner Literaturpreis (2003);
zuletzt mit dem Heinrich-Heine-Stipendium (2007).
Jacobs übersetzte Romane u. a. von Neil Jordan
und Philip Larkin aus dem Englischen, gibt Lyrik-
seminare und geht mit seinen Lieblingsgedichten
aus vierhundert Jahren deutscher Literatur-
geschichte auf Vortragsreise.

Buchveröffentlichungen
(Auswahl)

Der Alltag des Abenteurers. Gedichte.
S. Fischer, Frankfurt am Main 1996

Geschulte Monade. Gedichte.
S. Fischer, Frankfurt am Main 1997

Lyrische Visite oder Das nächste Gedicht, bitte.
Ein poetologischer Fortsetzungsroman.
Haffmans Verlag, Zürich 2000
(unter dem Namen Jakob Stephan)

Angebot freundlicher Übernahme. Gedichte.
Gerd Haffmans bei Zweitausendeins,
Frankfurt am Main 2002

Die komischen Deutschen. 881 gewitzte Gedichte
aus 400 Jahren (Herausgeber).
Gerd Haffmans bei Zweitausendeins,
Frankfurt am Main, 5. Auflage 2005

Die liebenden Deutschen. 645 entflammte Gedichte
aus 400 Jahren (Herausgeber).
Gerd Haffmans bei Zweitausendeins,
Frankfurt am Main 2006

Steffen Jacobs LYRIK-TÜV
ist im Mai 2007 als zweihundertacht-
undsechzigster Band der *Anderen Bibliothek*
im Eichborn Verlag, Frankfurt/Main, erschienen.
Das Lektorat lag in den Händen
von Katharina Theml.

Dieses Buch wurde in der Korpus
Garamond Antiqua von Wilfried Schmidberger
in Nördlingen gesetzt und bei der Fuldaer
Verlagsanstalt auf 100 g/m² holz- und säurefreies matt-
geglättetes Bücherpapier der Papierfabrik Schleipen
gedruckt. Den Einband fertigte die Buchbinderei
G. Lachenmaier, Reutlingen.
Ausstattung & Typographie Greno GmbH.

1. bis 6. Tausend, Mai 2007.
Von diesem Band der *Anderen Bibliothek*
gibt es eine handgebundene Lederausgabe mit
den Nummern 1–999; die folgenden Exemplare
der limitierten Erstausgabe werden
ab 1001 numeriert.

Dieses Buch trägt die Nummer:

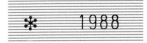